HOLZER

Peter Noll
Diktate über Sterben & Tod

Serie Piper
Band 539

*Zu diesem Buch*

Peter Noll, Professor für Strafrecht in Zürich, erfährt im Dezember 1981, daß er an Blasenkrebs erkrankt ist. Eine vielleicht lebensverlängernde Operation lehnt er ab: »Ich will nicht in die urologisch-chirurgische Maschine hineinkommen, weil ich dann Stück für Stück meine Freiheit verliere.« Noll will sich vielmehr bewußt mit dem Sterben auseinandersetzen. Durch Aufzeichnungen, die er von Dezember 1981 bis kurz vor seinem Tod im Oktober 1982 führt, will er seine Erfahrungen weitergeben an die Lebenden – die ja auch einmal sterben müssen: »Meine Erfahrung war die: Wir leben das Leben besser, wenn wir es so leben, wie es ist, nämlich befristet.« Aber nicht nur von Sterben und Tod handeln diese Diktate, sondern von allem, was Peter Noll im Leben wichtig ist: Politik und Recht, Kunst, Musik und Literatur, seine Erfahrung mit Frauen und Freunden ... Diese Reflexionen »sind sympathisch, mutig, ängstlich oder gedankenschnell; freiheitsliebend, kritisch, frivol, kokett, eitel, auch gekränkt, kurz: menschlich und so lebendig, daß wir dabei an den Tod am allerwenigsten denken möchten.« (Paul Badde in der *Neuen Zürcher Zeitung*).
Auf ausdrücklichen Wunsch Peter Nolls wurde in das Buch, das sofort nach seinem Erscheinen 1984 ein internationaler Bestseller wurde, auch ein von ihm 1968 verfaßtes Theaterstück, «Jericho», und die Totenrede von Max Frisch aufgenommen.

*Peter Noll*, geboren 1926 in Basel, studierte Rechtswissenschaft in Basel und war ab 1955 Obergerichtsschreiber in Liestal und gleichzeitig Privatdozent an der Universität in Basel. 1961 Berufung nach Mainz, 1969 nach Zürich als ordentlicher Profesor für Strafrecht. Seit 1974 Mitglied des Kassationsgerichts des Kantons Zürich. Neben seinen zahlreichen juristischen Veröffentlichungen war Peter Noll auch journalistisch tätig; Freundschaft mit Max Frisch und Friedrich Dürrenmatt. Gestorben 1982 in Zürich.

Peter Noll

# DIKTATE ÜBER STERBEN & TOD

Mit der Totenrede
von Max Frisch

Piper
München Zürich

Die Orthographie des Originals, die schweizerischen Regeln folgt, wurde unverändert übernommen.

ISBN 3-492-10539-4
Januar 1987
3. Auflage, 29.–33. Tausend Dezember 1989
R. Piper GmbH & Co. KG, München
Lizenzausgabe mit Genehmigung des Pendo Verlages, Zürich

Umschlag: Federico Luci,
unter Verwendung des
Gemäldes »Felsenlandschaft« (1984) von Katrin Meschkowski
Photo Umschlagrückseite: Pendo Verlag
Gesamtherstellung: Clausen & Bosse, Leck
Printed in Germany

# INHALT

*Heute ist der 28. Dezember 1981,* ich sitze in meiner Wohnung in Laax, habe den Blick auf das zugeschneite Seelein und den Wald dahinter, von den Tannen fällt der Schnee, es ist ziemlich warm, wahrscheinlich föhnig, die Sonne scheint nur als heller Fleck durch die Wolkendecke.

Meine Wahrnehmungen über das zu protokollierende Ereignis haben am 17. Dezember begonnen. Die leichten Schmerzen in der linken Niere hatten sich in den vorangegangenen Tagen etwas verstärkt, so dass Christoph mir riet, eine Röntgenaufnahme mit Pyelogramm machen zu lassen, da wir beide vermuteten, es handle sich um einen Nierenstein, wie er in der rechten Niere – schmerzlos – seit langem festsitzt. Die zusätzliche Symptomatik eines häufigeren Wasserlösens fiel mir erst hinterher auf, und ich hätte sie auch nicht ernst genommen.

Das Röntgeninstitut von Dr. X. ist eine gänzlich normale Einrichtung. Ich werde in einem der wahrscheinlich mehreren Röntgenzimmer auf den Schragen gelegt und im Abstand von 10–20 Minuten geknipst, in der zweiten Hälfte der Zeit von etwa zwei Stunden mit dem Kontrastmittel. Für die Injektion kam der Chef (etwas verspätet, weil er noch an einem Spital mit einem biblischen Namen, den ich inzwischen vergessen habe, zu tun hatte), und am Schluss kam er auch wieder, verabschiedete sich ganz kurz, sagte etwas von einem Stein, den man zwar nicht recht sehe, der aber den Abfluss des Urins in der linken Niere behindere. Ein Röntgeninstitut ist ein rein technischer Betrieb; der Chef hat nur mit der Interpretation der Bilder zu tun, nicht mit den Patienten. Komisch fand ich, dass mein Röntgenzimmer zugleich Umkleideraum war für die Assistentinnen, die zum Teil einen erstaunlich späten Arbeitsbeginn hatten.

Am 19. (Samstag) kam dann das Telefon von Christoph: Tumor.

Nach dem Röntgenbild ist die Blase nicht mehr schön rund, sondern hat die Form eines stark abnehmenden Mondes. Christoph ist sehr beunruhigt; er organisiert alles weitere mit seinem Zürcher Kollegen, und so gelange ich am 22. Dezember (Dienstag) um 10.00 Uhr in die sehr gediegene Praxis des Urologen. An den Wänden im Flur hängen Stiche von berühmten Rennpferden; sie sehen alle gleich aus, es gelingt mir nicht, charakteristische Unterschiede zwischen den verschiedenen Tieren festzustellen.

Die Zystoskopie ist eine ekelhafte Prozedur, trotz Lokalanästhesie; nicht sonderlich schmerzhaft, aber von einer schlechten Schmerzqualität, mit Stechen, Jucken, Brennen, sinnlosem Harndrang. Etwas später im Sprechzimmer wird der Urologe sehr ernst, bei routinierter Gefasstheit, er kennt diese Fälle. In der Blase sehe man ein kleines, grobgewebiges (was auf Bösartigkeit hindeutet) Geschwür, welches den Harnleiter fast zudecke und dafür verantwortlich sei, dass die linke Niere nur wenig und langsam arbeitet. Man muss unbedingt jetzt genauere Untersuchungen anstellen: unter Narkose Gewebeproben entnehmen, um festzustellen, wie bösartig die Geschwulst sei, und dann komme das Computertomogramm. Auf jeden Fall müsse operiert werden. Es gebe eine leichtere und eine schwierigere Variante: wenn das Geschwür nur auf der Haut der Blase aufsitzt, kann ich mir einen Teil der Blase wegschneiden lassen und nachher mit einer etwas kleineren Blase gleich weiterleben wie bisher; wenn das Geschwür die Blasenwand durchwachsen hat, muss die ganze Blase entfernt werden, und ich bekomme einen künstlichen Ausgang, der ausserhalb des Körpers in einen Plastikbeutel führt, den man auf sich trägt und von Zeit zu Zeit leert. Beide Nieren würden dann wieder arbeiten, und die Überlebenschancen seien bei Blasenkrebs verhältnismässig gut, vor allem wenn man den Eingriff mit Bestrahlung kombiniere. Wie hoch die Chancen sind, lässt sich nur nach der Statistik feststellen – etwa 50 %. Auf meine Fragen: Geschlechtsverkehr sei nicht mehr möglich, da es keine Erektion mehr gibt, doch sonst keine wesentliche Beeinträchtigung; Wandern, Sport in mässigem Umfang, sogar Ski fahren, die Patienten, die die kritischen fünf Jahre überlebt haben, haben sich alle an das beschnittene Leben gewöhnt. Da ich erkläre, dass ich einer solchen Operation unter keinen Umständen zustimmen würde, sagt er, er habe grossen Respekt vor einer solchen Entscheidung, aber ich solle mich doch vorher möglichst vollständig informieren, auch bei anderen Ärzten. Ob ich die Röntgenbilder mitnehmen wolle? Nein, der Fall scheint mir ziemlich klar.

Ich stosse wieder auf eine von meinen Eigenschaften, die mir eigentlich längst vertraut sein sollte. Obwohl eher Zweifler und Zögerer von Natur aus, neige ich zu brüsken, schnellen und radikalen Entschlüssen in Krisensituationen, die mich selber betreffen.

Die Respektbezeugung scheint gewissermassen eine Standardaussage zu sein; denn ich habe sie später noch einige Male gehört. Natürlich gehört es sich auch, einem solchen Patienten, der die Metastase wählt statt der apparativen Hinauszögerung des Todes, eine gewisse Ehrfurcht entgegenzubringen, obwohl er diese genau besehen gar nicht verdient; denn er hat ja nur die Wahl zwischen zwei Übeln, und es ist fast nur eine Frage des Geschmackes, welches Übel er vorzieht.

Das Gespräch zwischen einem, der weiss, dass seine Zeit bald abläuft, und einem, der noch eine unbestimmte Zeit vor sich hat, ist sehr schwierig. Das Gespräch bricht nicht erst mit dem Tod ab, sondern schon vorher. Es fehlt ein sonst stillschweigend vorausgesetztes Grundelement der Gemeinsamkeit.

Nach dem üblichen Ritual des Sterbens müssen beide, der Sterbende und der Weiterlebende, sich an bestimmte Regeln halten; doch sind die Regeln, anders als beim Fussball, für beide Teile ganz verschieden, so dass eben kein «Zusammenspiel» entsteht. Auf beiden Seiten wird viel Heuchelei verlangt. Darum auch die gequälten Gespräche an den Spitalbetten. Der Weiterlebende ist froh, wenn er wieder draussen ist, und der Sterbende versucht einzuschlafen.

Ich muss aufpassen, dass ich nicht überinterpretiere und dem ganzen einen zu tiefen Sinn gebe. Zum Beispiel ärgert es mich jetzt schon, wenn Bekannte, die ich informiert habe, so tun, als wäre gar nichts los, und beispielsweise Pläne entwerfen, für deren Verwirklichung es völlig gleichgültig ist, ob ich dabei bin oder nicht.

Wem habe ich es mitgeteilt, wem nicht? Am Anfang ziemlich zufällig allen Freunden, mit denen ich in Kontakt kam. Dabei hat, wie ich schon gleich fühlte und jetzt klar sehe, eine Rolle gespielt, dass ich mich an meinen Entscheid nach aussen hin binden wollte, so wie einer, der aufhört zu rauchen: er sagt es seinen Bekannten, damit er sich blamiert, wenn er schwach wird. Später bin ich selektiv und überlegter vorgegangen.

Nach dem röntgenologischen Befund habe ich mit Martin Gschwind telefoniert. Zuerst reagierte er nach dem ärztlichen Schema, allerdings mit seinem unüberbietbaren Temperament: Du spinnst, der Sch. läuft seit 15 Jahren mit einer auf dem Bauch befestigten Blase herum, und er ist ganz zufrieden. Was soll das? Solange das Gehirn intakt ist, bist du ein intakter Mensch. Anscheinend waren dann doch meine Argumente besser, jedenfalls haben sie ihn überzeugt: Ich will nicht in die chirurgisch-urologisch-radiologische Maschine hineinkommen, weil ich dann Stück um Stück meiner Freiheit verliere. Mit Hoffnungen, die zusehends kleiner werden, wird mein Wille gebrochen, und am Schluss lande ich dann doch in dem bekannten Sterbezimmer, um welches alle einen grossen Bogen machen. Vorraum des Friedhofs.

Inzwischen habe ich entdeckt, dass mir der Schlaf immer lieber wird.

Selbst Gschwind konnte aus seiner (zweiten) Argumentation die Hoffnung nicht verbannen: «Es ist gut möglich, dass der Tumor nicht mehr weiter wächst oder nur ganz langsam, und dann hast du noch zehn bis zwanzig Jahre. Ich habe selber solche Fälle gesehen, und ich glaube, dass dann die Chance grösser ist, wenn man nicht operiert als wenn man operiert.» (Ich erinnerte mich an die Mutter mit sieben Kindern, die zu Gschwind kam, als er seine Landpraxis noch hatte. Die Frau hatte im Magen einen nussgrossen Tumor – kleiner Rosenkohl, wie Gschwind sagte –, und Gschwind wollte sie sofort zur Operation ins Spital einweisen. Die Frau sagte nein, ihre Jüngsten seien erst sechs bis zehn Jahre alt, und die brauchen eine Mutter, die zu Hause ist und nicht im Spital. Als der Jüngste die Lehre abgeschlossen hatte und keiner die Mutter mehr brauchte, starb sie innerhalb von wenigen Tagen an einer massiven Metastase. Also hatte sie mit dem Tumor noch zehn Jahre gelebt, um alle ihre Pflichten zu erfüllen.)

29. Dezember 1981

Es schneit ganz fein und unaufhörlich, jetzt wieder ganz dicht, die erste Waldkulisse ist noch sichtbar, die zweite schon nicht mehr, der Hang gegen Falera löst sich nach oben im Nebel auf. Ich bin kurz vor neun aufgestanden, hatte etwas zuviel Schlafmittel genommen, ging ins Hallenbad, wollte eigentlich von Mittag an Ski fahren, doch bei solchem Schneetreiben ist das kein Vergnügen – oder der Schneefall dient als Entschuldigung dafür, dass ich schon etwas passiver werde. Warum eigentlich? Die Schmerzen sind bisher sicher nicht bedeutend und lassen sich mit einem Spasmo-Cibalgin alle vier Stunden vertreiben. Vielleicht bekommen viele Beschäftigungen ihren Sinn nur von der (unbestimmten) Zukunftsdimension.

Ich überlege, was ich eigentlich gedacht habe, als der Urologe mir den Befund erklärte. Er sass mir gegenüber am Schreibtisch, die Handflächen aufeinander gelegt, aber nicht wie zum Gebet, sondern mit den Handkanten auf dem Tisch. Mein Hauptgedanke war wohl: es lohnt sich nicht. Es war jedenfalls kein Schock. Auch später nicht. Eher das Gefühl: Pech gehabt. Kein Aufbäumen, keine Verzweiflung. Jedoch der Tumor scheint nicht nur den Körper, sondern auch die Gedanken zu absorbieren. Immer ist er mit dabei, wenn auch unbewusst. Die Konzentrationsfähigkeit hat nicht nachgelassen.

Schon bald nach dem Befund kam mir wie eine Erlösung der Gedanke, mein Tod solle zelebriert werden, vielleicht schon auf der letzten Strecke des Weges vom Tumor zum Tod, sicher aber nach dem Tod. Ich bin Mitglied der Grossmünstergemeinde. In dieser Kirche, die nur so heisst, weil sie eben die grösste ist in dieser Stadt, soll die Trauerfeier stattfinden. Der Gemeinde soll mitgeteilt werden, was ich denke über Sterben und Tod und wie ich das Sterben erlebt habe. Es soll eine Aufforderung an das Publikum sein, sich mit dem – abgesehen von der Geburt – wichtigsten Ereignis auseinanderzusetzen. Nichts soll vertuscht, nichts verharmlost werden, auch den Ausweg der Verdrängung möchte ich versperren. Auch das fromme Tun als ob. Der hastig wie zwischen alten Kleidern hervorgeholte Gelegenheitsglaube, für die meisten allerhöchstens eine vage Hoffnung, die sie sich eventuell für den letzten Moment aufsparen. Eine Verhöhnung für den christlichen Glauben, der ja gelebt, nicht gestorben wird. Wir alle kommen ja nur noch zu Beerdigungen in eine Kirche. Der Pfarrer weiss genau, was das Publikum von ihm erwartet. Er spricht vom lieben Verstorbenen, vom Dahingegangenen oder gar Verblichenen, er tröstet und bagatellisiert, er nennt die Stellen aus der Bibel, an denen von Erlösung und ewigem Leben gesprochen wird. Er spricht nicht von der Grausamkeit des Sterbens, nicht von der dunklen Unfassbarkeit des Todes. Kein Begräbnisritual kann daran etwas ändern. Leben kann nicht nur, Leben will auch nicht den Tod kennen, kann es nicht wollen, Leben kann nur leben wollen. Ohne diesen geheimnisvollen Zwang der Natur zum Lebenwollenmüssen gäbe es längst kein Leben mehr. Der Lebensdrang wird um so stärker, je grösser Not und Gefahr. Darum so wenige Selbstmorde in Konzentrationslagern. Offenbar bringt man sich leichter um, wenn die äusseren Bedingungen in Ordnung sind; es fehlt der Zwang, das Leben aus Not und Gefahr zu retten.

Max Frisch findet es nicht geschmacklos, dass ich meinen Tod öffentlich zelebrieren lassen will. Wir waren am Sonntag (27. Dezember) zum Nachtessen in den «Zimmerleuten», nach einem Gang durch die fast leere Stadt. Die «Zimmerleuten» sind in den letzten Jahren mein Lieblingslokal geworden, sie zeigen die freundliche Seite des kleinstädtisch-bürgerlichen, konservativen Zürich. Frisch spricht von Freitod im Gegensatz zu Selbstmord. Für ihn ist das, wie ich mich jetzt wieder erinnere, seit langem ein zentrales Thema. Der Selbstmörder handelt im Affekt, erschiesst sich zum Beispiel, nachdem ihn die Freundin verlassen hat, oder er stürzt sich aus dem Fenster. Derjenige, der den Freitod wählt, begeht seine Handlung (oder in meinem Fall: Unterlassung) überlegt, nach Abwägung aller Umstände. Unwillkürlich muss ich an die strafrechtliche Unterscheidung zwischen Mord (mit Überlegung) und Totschlag (im Affekt) denken. Wer im Affekt handelt, ist weniger schuldig. Lässt sich diese Vorstellung auf die Selbsttötung übertragen? Nach alten religiösen Überzeugungen würde sicher so geurteilt. Hinter meinem Entschluss steht vielleicht zuviel Stolz und Hochmut. Wahrscheinlich sogar Lebensverachtung. Kann sein, dass ich meinen Entscheid wieder kassiere. Der dunkle Wald hinter dem zugeschneiten Seelein und der weisse Hang gegen Falera sind so schön, dass ich das alles noch lange sehen möchte. Auch wenn mein Unterleib verstümmelt ist, die Blase weg, die sexuelle Potenz ebenfalls. In jedem Fall hätte ich nach einer Radikaloperation noch zwei bis drei Jahre, im günstigsten Fall mehr als die kritischen fünf Jahre. Christoph versucht, mich davon zu überzeugen, dass ich alle Informationen sammle, die für den Entscheid nötig sind, vor allem das Computertomogramm machen lasse. Das werde ich nun auch tun. Nur glauben wir beide nicht an einen Befund, der die kleine Lösung, Teilresektion der Blase, zulassen würde. Trotzdem können wir einander nicht überzeugen. Er bleibt dabei, dass das Leben mit dem Plastiksack auf dem Bauch von ausreichender Qualität sei.

Merkwürdige Koinzidenz: An der Weihnachtsfeier bei Mutter erwähnte Markus beiläufig, dass amerikanische Molekularbiologen die Struktur des Blasenkrebses enträtselt hätten und dabei seien, Antikörper zu entwickeln. In einem Jahr oder in zwei Jahren wird es soweit sein: man schluckt Antikörper oder lässt sie sich spritzen, und der Krebs verschwindet wie durch ein Wunder, einfach so.

Das Weihnachtsfest mit Mutter, den Geschwistern, den Neffen und Nichten und meinen Töchtern war, wie schon früher immer, laut, lustig, bewegt, vor allem durch die Kinder. Ich habe T. nicht erwähnt, um das Fest nicht zu vermiesen. Almuth, Rebekka und Sibylle sind im Bild. Auch hier glücklicherweise kein Schock. Sibylle meinte, sie könne sich einfach nicht vorstellen, dass ich nicht mehr da sein werde. «Ich denke, ich möchte den Papi sehen, und dann geht das nicht, einfach nicht.»

Seit dem Befund viele Telefongespräche mit Christoph. Er kämpft um mein Leben, das ist sein Beruf; zugleich gegen mich, das ist wahrscheinlich schwieriger. Ich bemerke, dass ich störrisch werde, obwohl ich doch wirklich gar keinen Trotz oder Zorn empfinde, höchstens eine sehr melancholische Gelassenheit, keine eigentliche Traurigkeit.

Das Wort, das am häufigsten fiel, wenn ich meinen engsten Freunden den Befund mitteilte, war «Scheiss», auf Hochdeutsch; Christoph und Frisch z. B. verwendeten es. Kein Zufall, denn es ist treffend, bezeichnet genau und ohne Pathos das plötzlich aufgeschreckte Mitgefühl.

Marrakesch, 3. Januar 1982

Für die ersten Tage des Jahres bin ich, wie schon lange geplant, in den Süden geflogen, mit Christoph und Eva. Das «Sonnenzwischenspiel» ist mir seit Jahren schon fast zur Gewohnheit geworden. Seit der Scheidung stellte sich vorrangig immer das Problem der Begleitung. Allein reisen wird je länger je schwerer, im doppelten Sinne des Ausdrucks: je älter ich bin und je länger die Reise dauert. Viele, vielleicht die meisten Reisen sind nur im Rückblick schön, ich habe sie für die Erinnerung gesammelt.

Death Valley, März 1980

Ich sitze am Rand der Landstrasse, die längs durch das ganze Death Valley führt. Mein Mietauto, mit dem ich eine Nebenstrasse auf der anderen Seite des Tales befahren wollte, ist im Sand steckengeblieben. Nach ergebnislosen Versuchen, das Auto wieder auf festen Boden zu bringen – am Schluss hatten die Hinterräder sich bis zu den Kotflügeln eingegraben –, ging ich eine halbe Stunde lang zur Hauptstrasse zurück und wartete auf Autos. Es war ein sehr stiller, schöner Abend, hin und wieder flog ein kleiner Vogel vorbei, ein Strauch hatte schon ein paar weisse Blüten. Es war Sonntag. Alle zehn Minuten kam ein Auto, aber jedes aus der falschen Richtung, alle wollten sie nach Los Angeles, und ich musste zum Hotel Furnace Creek, das 60 Meilen in der anderen Richtung lag. Alle hielten sie an, obwohl ich nicht Autostop machte, oder vielleicht gerade deswegen, und fragten was los sei. Sie fanden es sehr auffällig und eindrücklich, einen wohlangezogenen Menschen auf einem Stein am Strassenrand sitzen zu sehen, dazu noch einen Europäer, Schweizer oder Schweden, wie auch immer, und sie drückten mir ihr grösstes Bedauern aus, bevor sie weiterfuhren. Langsam kommt die Dämmerung, und ich denke, schlimmstenfalls muss ich zurück zum Auto und darin übernachten, lästig aber nicht tödlich, denn in der Nähe ist ein kleiner Bach; deshalb war ich ja auch steckengeblieben – weil der Sand nass war. Ich denke, diese Geschichte ist jetzt sehr unangenehm, als Erinnerung aber wird sie sich dir als bedeutsam einprägen: der schöne stille Abend, die vielen Farben, wechselnd, am Himmel und auf der Erde. Das langsame Dämmern. Die Gefühle von Angst und Spannung. Und so ist es auch geblieben; damals hätte ich das Erlebnis vermeiden wollen, heute möchte ich es nicht missen. Es kommen keine Autos mehr. Die Sonne ist gerade untergegangen, es ist unendlich still. Ich stehe auf von meinem Stein und will zu meinem Wagen zurück, da kommt das einzige Auto, das in Richtung Furnace Creek fährt. Von weitem schon verlangsamt es seine Fahrt und hält vor mir an: Are you the Swiss with the car which got stuck in the sand? Das Ehepaar nimmt mich mit zum Hotel, dort wird mir gesagt, für solche Fälle haben wir Jerry; dieser nimmt seinen Truck, rast, nun schon in der Dunkelheit, wie ein Verrückter mit mir zur Stelle der Panne zurück, zieht mich nach einigen vergeblichen Versuchen schliesslich raus, ich fahre durch den Bach zur Hauptstrasse, die Windschutzscheibe ist vom dreckigen Wasser fast undurchsichtig geworden, ich finde den Knopf für die Scheibenwischer nicht, dafür aber die Alarmleuchten, kann sie nicht mehr abstellen, hefte mich an die Rücklichter von Jerry's Wagen, muss sein verrücktes Tempo einhalten, um die Orientierung nicht zu verlieren. Vor dem Hotel frage ich ihn, was es kostet. «It's up to you.» Ich gebe ihm 100 $, noch nie war ich so begeistert von Amerika.

Es ist offensichtlich unmöglich, in der Gegenwart zu leben. Der Gehirncomputer hat dafür keine Registratur. Dass man nur in der Vergangenheit und in der Zukunft lebt, in den Erinnerungen und in den Hoffnungen, im Geschaffenen und im Geplanten, beruht auf einem jener merkwürdigen Gesetze der menschlichen Psyche. Wenn die Zukunftsdimension plötzlich entscheidend verkürzt wird und man dies weiss, so ändert sich dennoch an dieser Gesetzmässigkeit nichts Grundlegendes. Manche sagen, dass sie dann die Gegenwart um so intensiver erleben. Für mich stimmt das nicht, und vielleicht stimmte es auch für die anderen nicht. Für mich bleibt sich das Verweilen in der Vergangenheit gleich, doch gerät die Zukunft unter einen Zeitraffer. Ich will jetzt schnell noch das alles tun, was ich immer aufgeschoben habe. Ich werde jetzt versuchen, die Bücher, die ich noch schreiben wollte und die mir eigentlich wichtiger schienen als das bisher Geschriebene, in Kurzform zu skizzieren:

Die Endzeit und Selbstvernichtung als Gesetz der bewohnten Planeten

Der Kleine Machiavelli, Handbuch der Macht für den alltäglichen Gebrauch (und Waffe für die Kritiker der Macht)

Macht- und Rechtsphilosophie

Die Geburt der deutschen Musik aus der Reformation

Das Buch der Lebens- und Todesweisheit

Inzwischen ist mir klargeworden, dass auch das Schreiben von Büchern Ersatzreaktion ist, nicht anders als die Handlungen der Politiker. Erich Fromm war zweifellos ein weiser Mann, und er beschreibt genau, was man ändern müsste, um die Katastrophe, in die die Menschheit hineingerät, zu vermeiden. Nur sind seine Variablen nicht variabel, d. h. das, was man nach seiner Meinung ändern müsste, nämlich das Bewusstsein der Menschen, ist nicht zu ändern, jedenfalls nicht durch Bücher, auch wenn sie in noch so hoher Auflage erscheinen. Also macht auch er uns etwas vor, auch er reagiert symbolisch und nicht realistisch. Vielleicht geht es ihm doch um seinen Ruhm, um die hohen Auflagen usw. Würde er schreiben, wenn er nicht gelesen würde? Ich habe grosse Hochachtung vor den vielen, die schweigen, weil sie wissen, dass durch Reden und Schreiben nichts mehr bewirkt werden kann. Sie sollten statt dessen die Regierenden dazu zwingen, die Vernichtungswaffen zu vernichten und mit der Umweltzerstörung aufzuhören. Wenn aber solche Bewegungen entständen, müssten sie, um die nötige Macht zu erringen, nach den Gesetzen der Macht sich organisieren (wie die Kirche in der Zeit nach der urchristlichen Gemeinde), und die Selbstgesetzlichkeit der Organisation würde wieder zu genau denselben Reaktionen führen, die auch bei den jetzt schon Mächtigen zu beobachten sind. Auch den Organisatoren der Bewegung wird es wichtiger sein, in der Organisation der Bewegung ihren Platz zu behalten oder einen höheren zu erringen, als das Ziel der Bewegung zu verwirklichen. Leider sind dies immer zweierlei Dinge. Die Erringung und Bewahrung der Macht setzt ganz andere Charaktereigenschaften und Verhaltensweisen voraus als diejenigen, die nötig wären, um die Ziele des Friedens und der allgemeinen Genügsamkeit auf dem Planeten mit seinen begrenzten Ressourcen zu erreichen.

Zug der Lemminge. Zu Hunderttausenden machen sie sich auf die Wanderschaft, dem Eismeer zu, stürzen sich ins Wasser, schwimmen noch eine Zeitlang, ertrinken. Alle sagen: es ist Unsinn, was wir tun, stoppt doch endlich den Zug, wir müssen uns verteilen, andere Lösungen finden, so kann es nicht weitergehen. Auch ihre Führer erklären: wir tun alles, um den Zug in eine andere Richtung zu lenken, wir wollen doch nicht in den Tod laufen, wir werden eine Verhandlungslösung finden; vorläufig allerdings müssen wir in dieser Richtung weiterlaufen, denn es gibt keine andere Möglichkeit. Und die anderen sagen: wenn die Führer, die es sich ja genau überlegt haben, so urteilen, dann müssen wir uns vorerst fügen, die werden schon eine Lösung finden. Dabei laufen ständig alle weiter, dem Eismeer zu. Doch gibt es gewaltige Diskussionen während des Laufes, Überlegungen von Alternativen, einige mahnen sogar zur Rückkehr, finden aber kein Gehör, kehren auch selber nicht zurück, sondern laufen mit. Alle sind dagegen, dass das getan wird, was alle tun. Schliesslich kann man ja auch einen so grossen Zug nicht plötzlich umkehren, das gäbe eine Katastrophe, weil die Vorderen von den Nachrückenden zertrampelt würden; erst muss man herausfinden, wo andere Futterplätze auf dem Lande sind, und dieses Problem studieren wir genau, sagen die Führer. Doch der Zug läuft weiter, dem Eismeer zu.

Werden Gedanken in Taten verwandelt, gehen die Gedanken verloren, und umgekehrt: oft kann eine gute Tat nur dadurch verwirklicht werden, dass man sich auf einen bösen Gedanken beruft, der aber uminterpretiert wird ins Gute (weil der böse Gedanke nicht als solcher erkannt, sondern allgemein anerkannt ist). Das habe ich in «Jericho» versucht zu zeigen. Wir sind jetzt mitten in der Argumentatorik. Doch bleiben wir im Einfacheren! Zum Beispiel war es ein dunkler Gedanke von Jesus – die Stelle soll allerdings unecht sein –, dass diejenigen, die die Sünde gegen den Heiligen Geist begehen, nie jemals Gnade finden. Diesen Gedanken muss ich uminterpretieren, indem ich sage, dass die Gnade – und besonders die Gnade, die Jesus gepredigt hat – vollständig sein muss und kein Loch haben kann. Eine Erlösung mit Ausnahmen ist keine Erlösung.

Mit dem Bücherschreiben weichen wir aus. Wir wissen, dass wir nichts bewirken, aber wenigstens haben wir unser Gewissen entlastet, indem wir gesagt haben, was zu sagen war. Doch sollten wir zugeben, dass es sich dabei um eine nutzlose Beschäftigung handelt. Siehe oben: wir müssen eben die Organisation gründen und führen, die den nötigen Wechsel bewirkt, und bis jetzt ist es niemandem gelungen, die inneren Gesetze der Organisation, die immer zum Bösen treiben, ausser Kraft zu setzen.

Christoph ist gut im Erfinden von schlimmstmöglichen Lösungen (ganz im Sinne von Dürrenmatt). Neuestens gibt es auch noch die Möglichkeit, dass der Tumor den Abfluss der Blase verstopft. Dann gäbe es nicht den schönen Tod der Urämie (mit zwei toten Nieren), sondern die Urinproduktion der Nieren würde die Blase überfüllen, immer mehr, zu unsäglichen Schmerzen führen, man müsste eine sinnlose Operation durchführen oder eben ganz schnell Schluss machen.

Es ist gut, alle Möglichkeiten zu kennen. Das Protokoll dieser Tage wird sehr harmlos anmuten gegenüber dem Protokoll der letzten Tage. Wahrscheinlich wird es zuletzt eine ungeheure Beschleunigung geben, die ich aber nicht mehr beherrsche. Je dramatischer der Ablauf, desto schlechter die Beschreibung. Eitelkeit und Stolz werden abgelöst durch die Hilflosigkeit und Sprachlosigkeit des Verendens.

Auch wenn es nur eine Konvention sein sollte, so gehört zum erinnernden Rückblick der Versuch, offen zu sein. Nicht notwendigerweise ist dieser Versuch eine besonders raffinierte Form der Verlogenheit. Merkwürdigerweise erinnere ich mich am deutlichsten an Kränkungen, am zweitdeutlichsten an Anerkennung. Beides natürlich nur durch Menschen, die ich mag, während ich mich zum Glück seit langem darauf konditioniert habe, dass mir Lob und Kränkungen durch Personen, die mir gleichgültig sind, ebenso gleichgültig sind. Dass zum Beispiel C. mehrmals Verabredungen mit mir kurz vor dem Datum abgesagt hat, obwohl unser Verhältnis seit Jahren beidseitig ohne jeden Anspruch war, hat mich enorm gekränkt und mir Mühe gemacht. Sicher ist es kleinlich, solche Kleinigkeiten zu erwähnen. Aber worin läge die Grosszügigkeit, sie zu verschweigen oder gar zu verdrängen?

Die in solchen Situationen wie der meinigen erwartete «Abrechnung mit dem Leben» gibt bei mir nichts her. Für das, was ich noch sagen will, ist es völlig belanglos, was für eine Erziehung, Ausbildung usw. ich genossen habe. Dass ich die Schule nicht ausstehen konnte, das Studium nicht sehr seriös betrieb, das hat alles nichts mit der Situation zu tun, die ich beschreiben möchte. Allerdings habe ich seit langem gesehen, dass ich Menschen nicht ertragen kann, die gerne Macht ausüben, und dass dies wahrscheinlich der Grund dafür gewesen ist, dass ich das Rechtsstudium wählte. Dass ich dann auch ein nachdenklicher und skeptischer Jurist geworden bin, hängt wieder ganz damit zusammen, dass ich die Menschen hasse, die sich nach der Macht drängen. Obwohl Macht unvermeidlich ist. Noch verhasster sind mir die Menschen, die die Macht in der Verkleidung des Rechts ausüben. Das Recht muss, will es sich bewahren, der Stachel in der Fleischmasse und Fettmasse der Macht sein. Die unkritischen Juristen sind etwas vom Schlimmsten, was uns das gegenwärtige System beschert hat, das gesellschaftliche, das schulische, dasjenige an der Universität. Und dann vor allem die Praxis. Am übelsten sind die höheren Kader, weil sie zusätzlich zur positivistischen juristischen Borniertheit die Überheblichkeit des höheren Ranges besitzen.

Ausgangspunkt der Rechts- und Machtphilosophie: Gegenstand des Rechts ist nicht das Recht, sondern die Macht; Recht ist Kritik der Macht.

Wir bräuchten eine Reformation des Sterbens und des Todes. Die Beerdigungen, auch die religiösen, sind wohl die leersten Rituale, die es gibt. Es kommen Formeln wie etwa: «Wie wir leben und sterben, so sind wir des Herrn.» Das heisst natürlich überhaupt nichts ohne den Kontext des Glaubens. Die riesige historische Distanz hat den Ausdruck, der einmal etwas Entscheidendes bedeutete, völlig entseelt. Reformation des Todesrituals: Die Pfarrer müssten nicht mehr Bestattungsbeamte sein, die die Realität des Sterbens und des Todes verdrängen. Sie sollten vielmehr das Sterben genau vorzeigen und den Gedanken an den Tod pflegen. Auch Kritik üben an dem medizinisch-technischen Ritual des Sterbens. Da wir mit dem Tode leben, sollten wir auch im Leben an ihn denken. Wichtig und hilfreich ist es, vorher abzurechnen, die Summe zu ziehen. Der Pfarrer müsste dem Publikum klarmachen, dass jeder der nächste sein kann, der drankommt, dass alle drankommen, dass es gut ist, sich darauf einzurichten, und dass es dann vielleicht ganz leicht werden kann.

Der Mensch hat sich immer als ein äusserst vernünftiges Wesen gepriesen. Er sollte damit aufhören.

Was heisst eigentlich trösten? Schon als Kind ist mir das nie ganz klargeworden. Ich hatte eine Beule, die Mutter tröstete mich, aber die Beule blieb. Auch der Tumor und der Tod widerstehen jedem Trost, d. h. sie bleiben trotzdem; auch wenn ich sie mit Jenseitsvorstellungen kompensiere. Wenn ich aber dennoch – jetzt noch – dem Tod mit einer gewissen Gelassenheit entgegensehe, so wohl nur, weil und solange ich ihn ruhig gegen das Leben abwäge. Aber die Ruhe des Abwägens und die zusätzliche Freiheit, die dadurch entsteht, dass ich auf keine Zukunft mehr Rücksicht nehmen muss, hat mit Trost gar nichts zu tun. Die Beule bleibt, der Tumor auch und der Tod.

Eigentlich hätte ich im Ruhestand auch über die Zürcher Fakultät schreiben wollen, dieses Gremium aus Leuten, die so vorsichtig sind, dass man aus ihrem Verhalten auf ringsum bestehende Gefahren schliesst. In einer solchen Gruppe schafft die Furcht des einen die Stärke des andern. Matter z. B. war ein eher schwächlicher, sicher neurotischer, wenn auch keineswegs ängstlicher Mann. Jahrelang konnte er die ganze Fakultät beherrschen. Mein erster Auftritt gegen ihn schien mutig, aber nur wegen meiner völligen Naivität und Uninformiertheit. Ich hatte es gewagt, das Mitspracherecht der Studenten als eine ganz normale Beziehung zwischen Lehrer und Schüler darzustellen. Dann ging es um die Fakultätssitzungen, die Matter gegen den Willen aller anderen Mitglieder der Fakultät unbedingt am Samstag nachmittag stattfinden lassen wollte, wie bisher. Seine Argumente – es gebe keinen anderen vorlesungsfreien Nachmittag – waren so dünn, dass ich widersprach, immer noch ohne zu wissen, dass dies eine Sensation war. Die Fakultät einigte sich auf die Einsetzung einer Kommission, und diese Kommission tagte so lange, bis Matter zurückgetreten war. Danach wurde plötzlich verkündet, dass die Fakultätssitzungen auf den Mittwoch nachmittag verlegt würden, was doch vorher unmöglich gewesen war. Einige Monate früher hatte mich Fäsi beiseite genommen und in seiner salbungsvollen Art gesagt, er sei betrübt darüber, dass ich Unfrieden in die Fakultät gebracht habe, und es sei eben nicht üblich, dass ein Fakultätsmitglied schon im ersten Jahr (dabei war ich vorher schon acht

Jahre in Mainz) zu kontroversen Fragen Stellung nehme.

Dem erwähnten Erlebnis entspricht es, dass im Fakultätszimmer eine feste Sitzordnung herrscht, die ungefähr einer Rangordnung entspricht – zum Teil schwer durchschaubar. Auch da ist mir in der ersten Sitzung ein grosser Fehler passiert. Ich setzte mich einfach auf einen Stuhl an der Wand, wurde dann aber höflich darauf aufmerksam gemacht, dass dies der Sitz von Fäsi sei. Schnell begab ich mich an die unterste Ecke des anderen Tisches, und dort blieb ich unbehelligt. Irgendwann später bin ich dann doch wieder an die Wand zurückgekehrt, als dort ein Sitz frei wurde. Ich hasse es, zu Leuten zu sprechen, die in meinem Rücken sitzen.

Das Gebot der gegenseitigen Rücksichtnahme wird streng eingehalten. Das hat vor allem in zweierlei Hinsicht Vorteile. Jedem kann es zum Beispiel passieren, besonders bei der heutigen Literaturflut, dass er als Dissertation ein Plagiat abnimmt. Also wird man mit dem Doktoranden zwar sehr streng verfahren, über das Versehen des Doktorvaters aber grosszügig hinweggehen. Zum anderen vermeidet man weislich Streit und unnötige Aggressionen, wenn man die nötige psychische Entladung nicht dadurch bewirkt, dass man dem Betroffenen gegenüber seine Missbilligung äussert, sondern in dessen Abwesenheit gegenüber einem Dritten, so dass der Betroffene nicht durch seine überflüssigen Verteidigungsbemühungen das Konsensklima beeinträchtigen kann.

Auch in der Mainzer Fakultät gab es feste Sitze, dazwischen aber sehr viele wechselnde, und auch die festen Sitze entsprachen keiner Rangordnung. Einige Inhaber der festen Sitze mochten dies vielleicht gemeint haben, doch nahm es ihnen niemand ab. Die beiden Städte liegen weit auseinander. In Mainz zählte für die Anciennität die Berufung zum Professor, wo auch immer; in Zürich zählte die Berufung nach Zürich. So gelang es mir, nie im Leben Dekan werden zu müssen; in Mainz wäre ich gerade dran gewesen, aber da hatte ich schon den Ruf nach Zürich, und hier war ich in der Anciennität wieder ganz unten. Schliesslich wäre ich auch in Zürich an der Reihe gewesen, doch war die Fakultät geradezu erleichtert, als ich dem Dekan erklärte, ich werde auf die Ehre verzichten. Man hat mich immer als Einzelgänger, Aussenseiter – und dann natürlich auch als «Linken» empfunden. Alles wohl zu Recht.

Das Bücherschreiben und Publizieren als einzige Art des intellektuellen Handelns muss abgelöst werden durch etwas anderes. Das Handeln und die Macht haben sich längst vom Denken emanzipiert. Sie ereignen sich in den grossen Apparaten z. B. der multinationalen Gesellschaften. Es ist vollkommen sinnlos, deren ausgesprochene oder unausgesprochene Ideologie schriftlich oder sonst verbal zu kritisieren. Man müsste vielmehr untersuchen, *wie* sich dieses überall herrschende Handeln konstituiert und wie es dies mit einem Minimum an «Philosophie» unangefochten kann. Vielleicht müsste man die Rollen umkehren. Man müsste die Generäle der Multis zu Philosophie-Professoren ernennen und damit zwingen, darüber nachzudenken, was sie tun. Die Masse der Literatur legt sich selber lahm; gegen jedes Gutachten gibt es ein Gegengutachten; dass die Denkenden meinen, sie könnten durch ihr Formulieren und Publizieren irgend etwas in *ihrem* Sinne beeinflussen, ist ihr grösster Irrtum.

Zürich, 7. Januar 1982

Heute nachmittag bin ich bei dem Biologen B. gewesen. Ich hatte ihn angerufen, da ich von Honegger wusste, dass er sich wegen Blasenkrebs hatte operieren lassen. Ich glaubte, B. sei noch im Spital, aber er war schon zu Hause; die Operation hatte am 23. Dezember stattgefunden. Er hatte von sich aus versucht, mich anzurufen, doch war ich noch im Süden.

Bei B. wurde nur die Innenhaut der Blase ausgeschält, die Harnleiter waren unberührt. Wir sprachen lange über seinen Fall, und ich bin der Meinung, dass ich in seinem Fall dasselbe wie er getan hätte; die Chancen sind relativ gross; natürlich kann alles wieder von vorn anfangen, doch auch der Aufschub ist in seinem Falle sinnvoll. Als Biologe kennt er sich in dem Problem so gut aus, dass die Unwägbarkeiten ins Unendliche wachsen.

Es gelang mir dann, ihn davon zu überzeugen, dass mein Fall ganz anders liegt. Jedem sein eigener Krebs und jedem seine eigene Lösung, gewissermassen. Erstens müsste bei mir die ganze Blase entfernt werden mit all den Folgen, die ich nicht akzeptiere: Harnplastiksäckchen auf dem Bauch (das fand B. überhaupt nicht schlimm), dauernde Impotenz, Rückfallrisiko von 60%. Dann habe ich ihm meine «positive» Theorie erklärt: Ich habe eine relativ kurze, überblickbare Zeitspanne, in der ich nochmals ein neues, freieres Leben beginnen kann. Ich werde mich – nach dem Freisemester im Sommer – pensionieren lassen und dann noch alles tun, was ich immer aufgeschoben habe. Es ist wirklich eine Chance, den Tod auf sich zukommen zu sehen. Erstens muss man keine Rücksichten mehr nehmen; mehr als das Leben kann dir niemand nehmen. Zweitens kann man alles vorbereiten und abschliessen. Der Tod tritt weder als scharfe Zäsur mitten ins Leben, noch kommt er auf seinen bösen leisen Sohlen, indem er dir Stück für Stück das Leben wegnimmt und dich schliesslich ins Nichts stösst, nachdem du schon ein Nichts geworden bist. Dazu bedient er sich noch der medizinischen Technik und Apparatur, indem er jede deiner Körperöffnungen an eine Kanüle anhängt. Der Lebenszwang darf einfach nicht so stark sein, dass du all dies über dich ergehen lässt. Der Lebenswille muss sich dem entgegensetzen.

Wir waren uns schliesslich einig, weil unsere Fälle ganz verschieden sind; B. ist immerhin 62 Jahre alt, und da wächst das Zeug nicht mehr so schnell.

Nach einer Stunde haben wir das Thema gewechselt, und da wurde es richtig interessant. Ich entwickelte meine Theorie vom gesetzmässigen Ende der Planeten und war erstaunt, dass ihn diese Theorie – als Biologen – erstaunte. Offenbar gelingt es mir, schliesslich jeden von jeder These zu überzeugen. Die Theorie ist so einfach, dass man sie unmöglich sogleich akzeptieren kann. Es gibt eine Gesetzmässigkeit, nach welcher die Intelligenz durch Kampf und Aggression entsteht und sich entwickelt. Ganz nach Darwin. Dabei ist Intelligenz zu definieren als die Fähigkeit, andere Lebewesen zu vernichten oder über sie Macht zu erringen. Da die Intelligenz so entsteht, da insofern wirklich der Krieg der Vater aller Dinge ist, ist sie zugleich böse. Sie schweift und forscht unentwegt nach Mitteln, mehr Macht, mehr Genüsse zu erringen, sie muss schliesslich dahinterkommen, wie man die Kräfte der Materie entfesselt (Atombombe). Sind diese Gesetze bekannt, werden sie auch angewendet. Dazu kommt ein zweites. Die Gesetzmässigkeit der menschlichen Systeme. Ein Albert Einstein oder ein Niels Bohr hätten nie eine Atombombe gebaut und schon gar nicht abgeworfen. Aber ihre Ideen wurden ihnen abgenommen und von denjenigen verwertet, die in allen Systemen die Macht besitzen. Und diese sind völlig einfallslos. Ihr Verhalten wird durch das System bestimmt. Inzwischen ist dies zur totalen Groteske geworden. Die Apparatschicks in Amerika und in Russland rüsten auf und auf, weil das System es von ihnen verlangt. Reagan und Breschnew würden sofort entthront, wenn sie, was eigentlich sehr nahe läge, beschlössen, sich an einen Tisch zu setzen und alle ABC-Waffen zu vernichten. Schon ihre Berater, die zum System gehören, würden dies verhindern, schon allein dadurch, dass sie die Fragen so kompliziert machen, dass es dafür keine Lösung mehr gibt. Also muss es zum Knall kommen, sei es durch Vorsatz, sei es durch Fahrlässigkeit.

In der Diskussion, die natürlich ganz anders verlief, als ich sie jetzt darstelle, kam mir sofort der Biologe und Zoologe entgegen. Ich erinnerte mich an Portmann, als ich den Rationalismus, und zwar den bösen, als einzige Möglichkeit verteidigte, die der hier zivilisierte Mensch hat; er müsste sich die moralische Rationalität nachzüchten, aber dafür ist es biologisch zu spät.

B. verwies auf die vielen friedlichen Stämme, die es geschichtlich und ethnologisch gegeben hat. Ich zeigte, dass sie alle untergegangen sind oder unterworfen wurden. Die Friedensliebe zahlt sich nicht aus, und die Aggression führt zum allgemeinen Holocaust. Bei dem Machtspiel ist freilich nicht zu übersehen, dass auch die Vermehrung eine wichtige Rolle spielt. Staaten wie Südafrika und Israel, die Mehrheiten oder Minderheiten unterjochen, werden das nur für ganz kurze Zeit tun können; denn die Vermehrung der Unterjochten wird automatisch eine Umkehrung der Machtverhältnisse herbeiführen.

Nach B. ist das Christentum verantwortlich für alle grossen Plagen, für die Eroberungen, die Ausrottungen, die ständigen Kriege. Ich: Erstens, nicht Christentum mit Christus verwechseln, zumal Jesus immerhin der erste war, der die Feindesliebe predigte; die Nächstenliebe ist sowieso normal: man sorgt für seine Frau und seine Kinder; man kämpft für die Gemeinde, für den Staat usw. Zweitens hat die Kirche, die ja erst in den frühen Konzilen, um sich gegen Ketzer abzugrenzen, entstanden ist, zwar die Ermordung von Indianern und die Eroberung von neuen Kontinenten abgesegnet, jedoch nicht den heute als verheerend zu beobachtenden Prozess ausgelöst. Was hat zur Entfesselung der Materie, zur Schrankenlosigkeit der Genüsse mit allen zerstörerischen Folgen geführt? Es waren die Wissenschaft und die Technik. Und die Gier des Menschen, natürlich. Aber die Kirche wollte ja diesen Prozess um ihrer eigenen Macht willen zunächst stoppen und eben Zustände erhalten, wie sie bei den Indianern bestanden. Daher der Prozess gegen Galilei usw. Also auch die Kirche ist nicht schuld. Wer dann? Es ist die Emanzipation der naturwissenschaftlichen Forschung zusammen mit deren kommerzieller und militärischer Verwertung. Dahinter steht jener faustische Geist, jener unermüdlich schweifende, unersättliche, bohrend fragende, mit allem experimentierende Geist, der amoralisch ist, d. h. weder moralisch noch unmoralisch, wie das Wissen selbst. Dieser Geist ist weder in den Hochkulturen von Ägypten und Babylon entstanden, noch in Griechenland und Rom. Noch weniger natürlich bei den Ureinwohnern von Amerika oder Australien. Er ist wahrscheinlich entstanden in der Renaissance und bei den kritischen Humanisten und wurde von der Kirche bekämpft. Die kirchlichen Fesseln aber hat er gesprengt zunächst in der Reformation und dann definitiv in der Aufklärung und der ihr folgenden französischen Revolution. Er ist eindeutig ein Produkt des westlichen Europas. Das wissenschaftliche Zeitalter begann in England und griff dann auf die anderen westlichen europäischen protestantischen Länder über. Die katholischen Länder kamen etwas später – Ausnahme: das konfessionslose Frankreich –, weil die Kirche den Prozess noch ein wenig bremsen konnte. Dann aber wurde der Konkurrenzdruck der hochindustrialisierten Staaten (die meisten von ihnen zugleich Kolonialmächte) auf die anderen Staaten so gross, dass diese sich anpassen mussten: Japan, Russland, China. Es waren eindeutig die Westeuropäer und die ihnen teilweise folgenden Juden, die den Prozess auslösten. Die Völker, die mit ihnen nicht konkurrieren wollten oder konnten, sind wie die Indianer vernichtet oder unterworfen worden. Diejenigen, wie die Afrikaner und die Inder usw., die man wegen ihrer zu grossen Bevölkerung aus der Kolonialherrschaft wieder entlassen hat, leben unter der Herrschaft des Hungers, weil die westeuropäische und nordamerikanische Welt alle Güter, die die Erde produziert, an sich reisst und auffrisst.

Faust, Galilei und Einstein sind wie gesagt unschuldig, obwohl grösste Repräsentanten jenes unermüdlich bohrenden Geistes, der hinter alle Dinge kommen will. Durch sie allein wäre die Katastrophe nicht möglich geworden. Sie wurde erst möglich durch die unselige Verknüpfung jenes Geistes mit dem Macht- und Wirtschaftssystem der modernen Industriestaaten. Dürrenmatt hat diese Verknüpfung in den «Physikern» in genialer Weise durchschaut. Die Wirklichkeit ist aber noch makaberer. Das Stück müsste da aufhören, wo es anfängt. Die Physiker gehen nicht ins Irrenhaus, und schon gar nicht entspricht es unserem System, dass die verrückte Irrenärztin, Fräulein Dr. Zahnd, sich der gefährlichen

Forschungsergebnisse bemächtigt und damit die Macht über die Welt erringt oder diese in die Luft sprengt, wie auch immer. Die Herrschaft von politisch Verrückten wie Hitler wird nur in grossen Umwälzungen möglich. Diese grossen Umwälzungen können aber schon deshalb nicht mehr stattfinden, weil die staatlichen Machtapparate zu stark sind, um irgendeine Gegenbewegung aufkommen zu lassen. Reagan und Breschnew sind Produkte ihrer Systeme und genauso normal wie Bundesrat Honegger. Dass Breschnew und alle andern im Kreml reine Apparatschiks sind, die durch Anpassung an die Macht kamen, wird niemand bezweifeln. Doch verhält es sich genauso bei den amerikanischen Präsidenten. Zwar werden diese durch das Volk gewählt, und es könnte – theoretisch – sein, dass das Volk einen Verrückten wählt. Doch sorgen in Amerika die grossen Wirtschaftssysteme, die genauso strukturiert sind wie Kreml und Kurie, dafür, dass ein Verrückter gar nicht gewählt wird. Auch wenn er im Amt ist, wird er vom politischen und wirtschaftlichen Apparat kontrolliert und notfalls abgesetzt. Das konnte man genau beobachten, als Nixon nach Watergate durchdrehte.

Die meisten halten es für beruhigend, dass überall die Apparatschiks die Macht haben; denn diese, meint man, machen keine Dummheiten. Das Gegenteil ist der Fall. Die Dummheit oder Verrücktheit ist zwar keine individuelle, jedoch, was viel schlimmer ist, eine kollektive, kolossale, im System unentrinnbar angelegte. Niemand trägt dafür die Verantwortung. Die Systeme handeln völlig logisch und konsequent und werden logisch und konsequent die totale Vernichtung herbeiführen. Es ist logisch und konsequent, dass die Sowjetunion sich eingekreist fühlt und mit ihren neuen Raketen wenigstens Europa als Erpressungspfand nimmt. Es ist wiederum völlig logisch und konsequent, dass Amerika und Nato-Europa darauf mit einer Nachrüstung antworten. Apparatschiks handeln nach Gesetz, und sei es dem Gesetz der gegenseitigen Vernichtung. Sie haben keine ausgefallenen Einfälle und keine prognostische Phantasie. Insofern wissen sie gar nicht, was sie tun. Kein Apparatschik wird als erster auf den Knopf drücken, doch wird er es automatisch tun, wenn er meint, die andere Seite habe es soeben getan oder werde es sogleich tun.

Machtapparate sind wie ihre Computer unfähig, ganz einfache, zum Beispiel von der konkreten Vorstellung des Grauens diktierte Überlegungen zu vollziehen. Sie schweifen sofort ab ins Komplizierte und Unübersichtliche. Es wäre wirklich ganz einfach und realistisch und würde niemandem schaden, wenn die Supermächte sich einigten, alle ABC-Waffen zu vernichten. Der Gedanke ist aber zu einfach. Zu einfach ist auch die folgende Frage: Was könnten denn die USA mit der Sowjetunion anfangen, gesetzt den Fall, es gelänge ihnen, sie zu unterwerfen? Was könnte umgekehrt die Sowjetunion mit Westeuropa und den USA anfangen, gesetzt den Fall, ein Sieg wäre möglich? Wir brauchen also gar keine Verrückten, sondern die Systeme selber produzieren die Stupidität und Absurdität.

Die hohe Aggressivität der Systeme gegeneinander scheint einer anthropologischen Gesetzmässigkeit zu entsprechen. In allen Systemen sind es die Apparatschiks, die die Macht ausüben, die Durchschnittlichen, Mittelmässigen, Angepassten, Unkreativen. An ihnen wird die Welt zugrunde gehen, nicht an den Verrückten und nicht an den Aussenseitern. Das System bringt natürlich keine Menschen hervor, die die Systemgesetzlichkeit durchbrechen würden. Nur dieses Unmögliche könnte uns noch retten.

Ich überlege, ob es jetzt schon nötig ist, mit dem Testament zu beginnen. Nach dem Gesetz muss ja alles handschriftlich verfasst sein; auf keinen Fall Ort und Datum vergessen. Das Unangenehmste ist, dass ich nicht weiss, wieviel Zeit mir bleibt. Gschwind meint, es könne noch Jahre dauern. Ich glaube nicht daran. Aber etwa zwei Jahre hätte ich gerne noch. Am 14. wird das Computer-Tomogramm gemacht. Vielleicht werde ich dann mehr wissen. Ich möchte genau wissen, in welche Richtung der Tumor weiterwächst. Wenn er die rechte Niere ebenfalls staut, so ist dies zwar ein schöner, aber zu schneller Tod. Geht er auf die Harnröhre des Penis zu, so werde ich das wahrscheinlich rechtzeitig merken. Im Moment tut die linke Niere saublöd. Vermutlich hängt das damit zusammen, dass ich heute unheimlich viel Kaffee getrunken habe, um die Schlafmittel wegzuschwemmen. So streng ist der Körper, dass er bis zuletzt ein moralisches und enthaltsames Leben verlangt. Kaffee wirkt eben verkrampfend. Über Nikotin und Alkohol sieht der Schmerzregent hingegen bisher gelassen hinweg. Am Schluss werden nur noch die straflosen Taten geahndet.

Frisch hat mir schon zugesagt; ich muss noch mit Pfarrer G. sprechen, dann mit dem Vorsteher der Juristischen Abteilung.

Manchmal verfolgt mich der komische Gedanke, dass ich noch fünf bis zehn Jahre lebe – als medizinisches Wunder gewissermassen. Der Sinn meines Unternehmens kann indessen sicher nicht von der Frist abhängen, die mir noch zur Verfügung steht. Eigentlich sollte das Denken an den Tod für jedermann eine lebenslange Beschäftigung sein. Doch ist damit die menschliche Psyche überfordert. Wir müssen so leben, als wären wir unsterblich. Das Leben will und kann den Tod nicht kennen. Die dauernde Beschäftigung mit dem Tod, schon lange bevor er aktuell wird, führt höchstens zu leeren Ritualen: memento mori.

Dennoch ist der Satz voll von Wahrheit: «Herr, lehre uns bedenken, dass wir sterben müssen, damit wir weise werden» (Psalm 90,12). Luther übersetzt mit «klug»; das ist falsch; denn der Satz zeigt genau den Unterschied zwischen Klugheit und Weisheit. Klugheit ist zweckbezogen, Weisheit zweckfrei, auf direkte Erfüllung bedacht, sei es auch durch Verzicht und Gleichmut. Die Bedürfnislosigkeit macht freier als die Erfüllung aller Bedürfnisse. Nach unserem Sprachgebrauch ist Klugheit dasselbe wie Intelligenz, die heute sogar mittels IQ-Tests quantifizierbar ist. Weisheit bedeutet nicht mehr, sondern etwas ganz anderes. Darum heisst es in der Zürcher Übersetzung treffend: «... dass wir ein weises Herz gewinnen.» Wurden deshalb alte Männer so oft weise genannt, weil sie dem Tod so nahe waren? Alter und Todesnähe mit Weisheit zu verbinden, ist keineswegs zwingend. Jedoch eröffnet mir das Bewusstsein des nahen und nicht zu nahen Todes die *Möglichkeit*, weise zu werden. Weisheit scheint vor allem ein Ablösungsvorgang zu sein, zugleich eine Konzentration auf das Wesentliche. Dabei bin ich lange genug durch die Schule des Kritischen Rationalismus gegangen, um zu wissen, dass das wissenschaftlich nichts bedeutet. Aber der Kritische Rationalismus stellt eben nur Fragen, die beantwortbar und falsifizierbar sind, und das sind genau die Fragen, die uns am wenigsten interessieren. Letztlich kommt man zu dem stupiden Satz: Was nicht messbar ist, kann nicht erforscht werden, und das heisst: alle existentiell wesentlichen Dinge wie Liebe, Freude, Trauer, Zufriedenheit, Auflehnung usw. Die moderne Wissenschaft hat eine ungeheure Fähigkeit entwickelt, Fragen auszuklammern. Dafür kommen dann diese Fragen in der Form von Pseudowissenschaften wie Astrologie und Traumdeuterei uns wieder ins Haus.

Zürich, 10. Januar 1982

Ich sitze wieder in der kleinen Wohnung, seit zwei Tagen allein. Höchstens hin und wieder ein Telefon. Neue Weisheit: Frei sein kann nur, wer allein sein kann. Heute ist Sonntag. Warum können die Menschen am Sonntag am wenigsten allein sein? Warum passieren die meisten Selbstmorde am Sonntag und ausserdem, mit einem besonders deutlichen Höhepunkt, an Weihnachten? Die Sozialnormen schaffen für diese Zeiten eine moralische Pflicht, mit anderen zusammen zu sein, und wer die Pflicht nicht erfüllen kann, fühlt sich unglücklich. Einige bringen sich um.

Gestern und heute konnte man auch gar nicht aus dem Hause. Schneefall, dann Eisregen. Alle technischen Vorrichtungen zur Fortbewegung werden durch das Wetter ausgeschaltet. Selbst die Füsse. Man müsste auf allen Vieren gehen. Morgen muss ich nach St. Gallen fahren für die Gesetzgebungs-Vorlesung; hoffentlich kommt der Zug durch die neue Vergletscherung. Am Freitag abend assen wir hier, Ruth, Ursula und ich. Es schneite und schneite, und dann plötzlich der Eisregen. Darauf hatte ich Lust, nach dem Essen und Trinken nackt auf die Terrasse zu gehen, die mit 20 cm Schnee und darüber einer dünnen Eisschicht bedeckt war. Wie nach einer Sauna. Ich konnte meinen Körper im Schnee abbilden, da die Eisschicht genau da durchbrach, wo die Gewichte lagen. Ruth und Ursula haben es mir nachgemacht, und am Schluss hatten wir so kalt, dass wir alle ins Bett gehen und einander wärmen mussten. Ich hatte so etwas noch nie erlebt, aber schon lange irgendwie erwartet, und es war gut, dass sich alles von selber ergab.

Heute im Tages Anzeiger-Magazin gelesen, dass George F. Kennan schon lange die Meinung vertritt, dass jedenfalls die alten Männer im Kreml den Krieg nicht wollen. Sie sind nur ängstlich darauf bedacht, ihren Besitz und ihr System zu erhalten. Ihre Alternative ist schlecht. Sie befinden sich – das ist nun *meine* Meinung – in der Situation der Kurie zur Zeit der Renaissance. Entweder lassen sie es zu, dass ihr ganzes System zugrunde geht, aufgelöst wird, von den Randstaaten her, zuerst von Polen, oder sie bleiben überall die furchterregenden Herren. Wie man sieht, haben sie sich für das letztere entschieden. Was Kennan zu wenig erkennt, ist die Tatsache, dass die Systeme in ihrer Eigengesetzlichkeit undurchbrechbar geworden sind. Und dies gilt auch für das amerikanische System. Auch Reagan muss aufrüsten, damit er und sein Land als der furchterregende Herr dastehen. Diese Eigengesetzlichkeit lässt sich nicht dadurch durchbrechen, dass man sagt: Habt doch keine Angst voreinander. Denn im System befinden sich so viele Köpfe, dass es unmöglich ist, sie alle miteinander von Angst zu befreien oder gar abzuhauen.

Das zunehmende Tempo meiner Schreiberei in den letzten zwei Jahren hängt vielleicht damit zusammen, dass mein Unterbewusstsein wusste, dass ich nur noch wenig Zeit habe. Das Viele-Bücher-Schreiben scheint ein schlechtes Zeichen zu sein.

Nach dem Wetterbericht wird Zürich heute nacht minus 7 Grad Kälte haben, Bern und die übrige Westschweiz 8 Grad Wärme. Mir kommt dies vor wie ein Symbol der letzten zwei Jahre. Zürich ist zweifellos die kälteste Stadt der Schweiz.

Es sind stets die Kenner, die am meisten von neuen Kenntnissen überrascht werden.

Missverständnis zwischen Frisch und mir über den Freitod. Frisch hat Angst vor der Verblödung und meint, man müsse dann Schluss machen, wenn man nicht mehr auf der Höhe seiner Kraft sei, andern zur Last falle usw. Dies würde mich überhaupt nicht stören. Mich stört nur der Freiheitsverlust: dass andere über dich verfügen, dass du in eine Apparatur kommst, die dich beherrscht und der du nicht gewachsen bist. Natürlich werden mich auch die unerträglichen Schmerzen stören. Um ihnen zu entrinnen, geht man in die Apparatur, die einem die Schmerzen nimmt und zugleich die Freiheit. Und das ist genau das, was ich nicht möchte.

Auffällig wenige Worte Jesu über den Tod und das Sterben. Tod und Erlösung waren für ihn derartige Selbstverständlichkeiten, dass er sich ganz dem Leben zuwandte. Seine intensive Lebens- und Freiheitsbejahung habe ich in «Jesus und das Gesetz» und wieder in «Ungehorsam» beschrieben. Wie wenig ihm der Tod als ein Phänomen des Diesseitigen bedeutete, geht aus dem gewaltigen Ausspruch hervor: «Lasst die Toten ihre Toten begraben.» Das Nahen des Reiches Gottes war für ihn das eigentliche Geschehen, nicht der Tod: «Unter denen, die hier stehen, sind einige, die den Tod nicht schmecken werden, bis sie den Sohn des Menschen mit seiner Königsherrschaft haben kommen sehen» (Matthäus 16,28). Seinen eigenen Tod hat Jesus aber als volle Realität willentlich auf sich genommen und durchkämpft, d. h.: das Reich Gottes, das Paradies nimmt auch nach der Vorstellung Jesu dem Tod nichts von seiner Furchtbarkeit. So werden denn an keiner Stelle in der Bibel das Sterben und der Tod verharmlost.

Jesus wollte zuerst, dass der Kelch an ihm vorübergehe; zuletzt meinte er, Gott habe ihn verlassen.

Später sind dann viele Märtyrer geradezu fröhlich in den Tod gegangen, natürlich das Paradies vor Augen. Bei Jesus sieht die Sache ganz anders aus. Warum konnte gerade Er nicht mit der Heiterkeit sterben, mit der manche seiner Nachfolger starben, die nicht minder grausam als Er hingerichtet wurden? Ich kann es mir nur so erklären, dass Er Sterben und Tod ganz ernst nehmen wollte, ohne Blick auf die «Kompensation» des Paradieses. Der Gedanke, dass die Seele aus dem Körper springt und in schöne, ewige Gefilde entweicht, war ihm absolut fremd. Dann aber muss das Reich Gottes etwas anderes sein als eine Belohnung für die Gläubigen, sicher etwas anderes als das Paradies, nicht als Trost verwendbar. Das Reich Gottes kann durchaus auch ohne uns stattfinden.

Zürich, 11. Januar 1982

Mit Zäch in St. Gallen telefoniert und ihm gesagt, dass ich den Lehrauftrag für Gesetzgebungslehre – jeden Montag – nicht mehr erfüllen kann. Ich habe ihm auch gesagt, wie es um mich steht, und ihn um Diskretion gebeten. Er war sehr verständnisvoll, sehr sympathisch, natürlich etwas erschrocken; doch war alles so ehrlich und die Reaktion so gut, dass ich sie mir nicht hätte besser vorstellen können. Immer mehr bin ich neugierig auf die Reaktionen der Personen, denen ich meinen Fall erkläre, und immer genauer beobachte ich sie.

Die Stadt ist von einem Eispanzer überzogen.

Hoffentlich gelingt es mir, das Semester in Zürich noch zu beenden. Manchmal bin ich unglaublich müde, und ich weiss nicht warum. Vielleicht sollte ich jetzt sofort das Testament schreiben, aber ich habe nicht die geringste Lust zu dieser Beschäftigung mit den Dingen, die noch herumliegen, und mit den Dingen, die man nachher für mich besorgen soll. Demgegenüber tun mir die Gedanken wohl, die ich diktiert habe und weiter diktiere. Lou hat soeben die ersten drei Kassetten abgeholt; ich muss es ihr zumuten, das alles zu schreiben, und das tut mir leid.

Zürich, 13. Januar 1982

Wenn es nur diese gedankenlose Frage nicht gäbe: Wie geht es? Schon die Antwort «nicht besonders gut» provoziert weitere Fragen. Heute bin ich gerade zweimal in diese Falle gelaufen, als ich auf dem Weg von der Uni nacheinander zwei Kollegen antraf. Die halbe Wahrheit wird nicht geglaubt, das hätte ich mir vorher überlegen müssen. Ich habe nur die Wahl, zu sagen, es geht mir gut, oder, ich habe Krebs. Das erste ist eine Lüge und das zweite eine unnötige Wahrheit. Wahrscheinlich ist die Lüge besser.

In den Vorlesungen ist alles gut gegangen, ganz normal. Man merkt mir nichts an.

Gestern abend mit Rebekka und Sibylle. Mein Fall ist so klar, dass er bereits als ganz normales Gesprächsthema dienen kann. Rebekka meinte, der Tod könne keinesfalls schlimmer sein als das Leben; denn selbst wenn es so etwas wie eine Hölle gäbe, woran sie natürlich nicht glaubt, dann würde man durch Gewöhnung so abgestumpft, dass man keine Schmerzen mehr empfinden kann. Das ist freilich ganz aus dem

Leben gedacht. Es könnte ja ein böser Geist nicht nur die Schmerzen, sondern auch die Schmerzempfindlichkeit ständig erneuern. Theoretisch. Doch ist der Schmerz etwas ganz und gar Biologisches. Er will Leben erhalten und vor tödlichen Gefahren warnen und schützen. Die selten vorkommenden Menschen, die keinen Schmerz empfinden, haben nur ein ganz kurzes Leben. Heute schiesst der Schmerz weit über sein Ziel hinaus. Der unerträgliche Schmerz eines Krebskranken im Endstadium ist sinnlos; so wie wenn man die Toten mit Blinklicht und Alarmsirene zur Grabstätte hinführte. Der Schmerz hat nur Sinn, solange eine Heilungsmöglichkeit besteht. Sinnvoll war er besonders für die Menschen der Urzeit, die wissen mussten, wann sie verwundet waren, wann ihnen ein Knochen gebrochen war usw. Wiederum bedeutet dies, dass der Schmerz ein Mittel war, um anzuzeigen, wann man sich aus dem Kampf zurückziehen muss und wann man wieder fit ist für den nächsten Kampf. Die Selektionsfunktion darf man nicht übersehen. Daneben oder seither aber hat der Schmerz im Bereich des Geistigen eine ganz neue Dimension gewonnen, eine viel wichtigere als die rein biologische. Schmerz ertragen, erdulden können, zeugt von Überlegenheit des Geistes über das Leben. Jesus als der Schmerzensmann. Was aber soll der Metastatiker mit seinen Schmerzen anfangen? Hier hört jede mögliche Sinngebung auf, und es bleibt nur noch das Morphium.

Jesus und die Märtyrer haben *für etwas* gelitten. Leiden für nichts ist sinnlos. Also müsste man lernen, dem Schmerz einen Sinn abzugewinnen. Aber wie? Vielleicht sind deshalb die Kriege so beliebt geblieben, weil der Opfertod diesen Sinn subjektiv vermittelt. Der Atomkrieg wird auch diesen Sinn den Opfern wegnehmen.

Wieder einmal Montaigne gelesen. Sein Denken war so frei (1580!), dass die Weisheit wie von selber kam. Jemand setzt sich in einen Turm, hundert Meter vom Haus der Familie entfernt, und denkt und schreibt, ein halbes Leben lang. Ein besseres Leben kann man sich eigentlich nicht vorstellen, befreit von allen Zwängen und Pflichten, nur der lustvollen Selbstdisziplin des Denkens folgend. Ständig hat er mit dem Tod sich beschäftigt, und seine Weisheit beweist, dass diejenigen, die sagen, der Tod sei kein Thema, dumm sind. Ich übersetze einige Stellen:

«Wie ist es möglich, sich des Gedankens an den Tod zu entledigen und nicht zu denken, dass er uns jeden Augenblick am Kragen packen kann? ... Nehmen wir dem Tod seine Fremdheit, praktizieren wir ihn, gewöhnen wir uns an ihn; nichts sollen wir so oft im Kopf haben wie den Tod, in jedem Augenblick unserer Vorstellung und in allen Antlitzen ... Es ist ungewiss, wo der Tod uns erwartet; erwarten wir ihn auf jeden Fall. Die überlegte Vorstellung (préméditation) des Todes ist die überlegte Vorstellung der Freiheit: wer gelernt hat zu sterben, hat verlernt, untertänig zu sein: es gibt kein Übel mehr für denjenigen, der gut begriffen hat, dass der Verlust des Lebens kein Übel ist: das Wissen, dass wir sterben, befreit uns von jeder Unterwerfung und jedem Zwang.»

Dann allerdings kommt ein schlechtes Beispiel aus dem Heroismus der Antike: Paulus Aemilius antwortet seinem Gefangenen, dem König von Mazedonien, der ihn darum bitten liess, nicht in seinem Triumphzug mitgeführt zu werden: «Möge er die Bitte an sich selber richten!» Das heisst: er soll sich umbringen.

Montaigne war vom Tode fasziniert. In Buch 2, Kapitel 3 schreibt er:

«Der Tod ist das Rezept gegen alle Leiden, ein ganz sicherer Hafen, den man nicht fürchten, sondern aufsuchen soll. Es kommt auf dasselbe heraus, ob der Mensch sich selbst sein Ende gibt oder ob er es erleidet ... Der freiwillige Tod ist der schönste. Das Leben hängt vom Willen anderer ab, der Tod nur von unserem Willen ... Leben heisst dienen, Sterben frei sein. Die allgemeine Entwicklung von Heilungen geht immer auf Kosten des Lebens: man zerschneidet uns, man zerstückelt uns, man schneidet uns Glieder ab, man nimmt uns die Nahrung des Blutes: ein Schritt weiter, und wir sind gänzlich geheilt.»

Nach den Anmerkungen meiner Ausgabe lehnt sich Montaigne hier an Seneca an.

Seit der Antike hat der Heroismus am meisten zur Erleichterung des Todes beigetragen, insbesondere auch die Kriege gefördert. Das Opfer übernimmt die Pose des Siegers. Der Sieger kann seine Grausamkeit damit rechtfertigen – wie Paulus Aemilius. Er sitzt ja auf einem weichen Stuhl. Höchstens denkt er sehr abstrakt, dass ihm dasselbe passieren könnte und dass er dann die heroische Pose annehmen würde. Seit den Beispielen von Jesus und Sokrates (die man sonst nicht in einem Atemzug nennen sollte, aber hier treffen sie sich) hat der Heroismus beim Sterben und beim Tod nichts mehr zu suchen. Es ist billiger, tapfer zu sein, und teurer, alles so anzunehmen und zu verarbeiten, wie es kommt.

Das sterbende Tier, zum Beispiel der alte Elefant, zieht sich ins Dickicht zurück. Es will allein sein, und die anderen wollen es allein lassen. Möglicherweise ist das auch bei uns noch der Fall. Ich spüre, dass ich mich mehr und mehr zurückziehe, Kontakte zwar nicht meide, aber auch nicht suche. Ich wäre jetzt gerne allein in Laax, vielleicht gehe ich übermorgen hin.

Wieder freue ich mich auf den Schlaf.

Auch die rechte Niere schmerzt jetzt, doch dürfte dies Einbildung sein. Ich habe den ganzen Tag kein Schmerzmittel genommen. Nur wenn andern die Tränen kommen, würgt es mich manchmal auch.

Zürich, 15. Januar 1982

Gestern in Basel und heute wieder, mit der Bahn, gestern mit erster Klasse, heute mit zweiter Klasse. Der Preisunterschied ist grotesk. Die erste Klasse ist meistens überfüllt, und immer sitzen in der Nähe irgendwelche Geschäftsleute, die unaufhörlich miteinander so laut reden, dass man nicht einmal lesen kann. Warum ist eigentlich keine Bahn bis jetzt auf die Idee gekommen, Schweigeabteile oder Leseabteile einzurichten?

Die Felder sind von Eis überzogen und gleissen in der Sonne. Bei Augst fuhren tatsächlich einige Kinder auf der Wiese Schlittschuh.

Gestern Computertomogramm, heute Isotopendiagnose. Die diagnostischen Möglichkeiten sind phantastisch. Man kann dir genau sagen, wie der Tumor aussieht, wie gross er ist, wo er sitzt, und man kann genau messen, wieviel die linke Niere noch leistet: 31 %. Also ist sie noch nicht tot, und möglicherweise wird sie sich wieder erholen. Gestern haben mir die Ärzte dazu gratuliert, dass mein Tumor so klein sei, eine Teilresektion der Blase sei durchaus möglich, und das ist ja die Möglichkeit, die ich immer akzeptiert habe. Ich dürfe auf keinen Fall resignieren und müsse diese Möglichkeit genau klären lassen. Also werde ich mindestens durch das diagnostische Fegefeuer hindurchgehen müssen. Entnahme von Gewebsproben aus der ganzen Blase, in Vollnarkose. Mit einer halben Blase kann man sicher gut leben, man muss bei längeren Autofahrten nur häufiger anhalten.

Die Exaktheit der Diagnose hat, verglichen mit der Ungewissheit des therapeutischen Erfolges, etwas Absurdes. Wie ein Film, der im Zeitlupentempo einen Autounfall oder einen Flugzeugabsturz darstellt. Man sieht alles ganz genau, aber man kann nichts dagegen machen.

Überhaupt die Ärzte. Wenn ich noch länger Zeit habe, werde ich vielleicht eine Typologie ärztlichen Verhaltens und ärztlicher Persönlichkeiten aufstellen. Doch ist dies gar nicht nötig, weil sie sich alle in den wichtigsten Punkten gleichen. Nicht anders als die Juristen sichern sie sich durch das Verhalten. Sie schützen sich selber, nicht den Patienten, genau wie die Juristen sich selber schützen und nicht den Angeklagten, wenn sie die Verfahrensregeln genau einhalten. Persönliche Anteilnahme und Eingehen auf die Individualität des Klienten oder Patienten wird dadurch nahezu verunmöglicht. Wahrscheinlich bin ich jetzt ganz ungerecht. Wie soll jemand mit 40 Patienten pro Tag ein wirkliches Gespräch führen können? Dabei bin ich ja noch privilegiert; alle haben sie sich mit mir längere Zeit unterhalten, einerseits wegen meines Titels, andererseits aus Neugierde, weil sie es absonderlich fanden, dass jemand so abrupt das übliche Therapieverfahren ablehnt. Ausnahmen sind Typen wie Christoph und Gschwind, beide aus ganz verschiedenen Gründen. Christoph aus Gewissenhaftigkeit, Gschwind aus einer vitalen Skepsis gegenüber allem, was normalerweise verordnet und getan wird.

Da ich nach der Untersuchung für eine Stunde keinen Zug mehr nach Zürich hatte, fuhr ich zuerst ins Café Spillmann (es heisst jetzt anders), schaute auf den Rhein hinaus, telefonierte mit Gschwind und verabredete mich mit ihm zum Mittagessen. Vorher ging ich noch bis zur Mitte der Mittleren Rheinbrücke mit dem Käppelijoch. Die Stadt ist von da aus rheinaufwärts am schönsten. Die alten Vorstädte haben sie alle kaputtgemacht, man kennt sich kaum mehr aus. Der Rhein glitzert wie (ich überlegte mir lange einen Vergleich) bewegtes Silberpapier, die Sonne knapp über der Pfalz, alles etwas dunstig, unwirklich und doch sehr hell. Keine klaren Konturen, trotz den schattig schroffen Gebäudesilhouetten des Grossbasler Ufers.

Gschwind ist ein völlig mündlicher Mensch, weit mehr noch als ich. Er spinnt im Gespräch an seinen Ideen, manchmal sind sie fix, meistens aber beweglich, sprunghaft, und er hat nie Angst, es werde ihm etwas gestohlen. Dafür schreibt er fast nichts – er verschenkt alles mündlich –, und so kann man auch keine grosse wissenschaftliche Karriere machen. Basel, sagte er, kommt ihm, seit er in Göttingen ist, wie eine fremde Stadt vor, die er sehr gut kennt. Genauso geht es mir. Auch Göttingen ist für ihn natürlich keine Heimat geworden, ebensowenig wie Zürich für mich. Heimatlosigkeit ist wohl ziemlich normal für Menschen, die nicht von der Geburt bis zum Tod am selben Ort wohnen. Es gibt Kindheitserinnerungen, Jugenderinnerungen usw. Emotionale Heimat, wie Frisch sie in seiner berühmten Rede ansprach, verteilt sich auf sehr viele Erinnerungen an den verschiedensten Orten und vor allem mit Menschen, die man als Freunde gewinnt und dann eben wieder aus den Augen verliert. Es kommen neue Freunde, jedoch in grösseren Abständen. Rational gesehen gibt es das Bürgerrecht. Du bist in der Schweiz in einer Gemeinde beheimatet, hast einen Heimatschein, den du hinterlegen musst, wenn du Wohnsitz nimmst ausserhalb deiner Heimatgemeinde. Die Heimatgemeinde ist rechtlich absolut verbürgt, und das schafft zwar eine abstrakte, jedoch ernsthafte Bindung. Man sollte die Schweiz, weiss Gott, nicht glorifizieren, doch muss man zugeben, dass es ihr stets gelungen ist, ihre Bürger emotional an sich zu binden, sei es auch mit rein rechtlich-abstrakten Normierungen. Dass man zuerst Bürger einer Gemeinde ist, dann eines Kantons und schliesslich der Eidgenossenschaft, ist zunächst eine juristische Konstruktion, dahinter aber steht eine ungeheure Fähigkeit, den Staat für Menschen erlebbar zu machen. Dazu kommt die Vererblichkeit des Bürgerrechts. Früher, vor der Reform des Bürgerrechtsgesetzes, vererbte sich das Bürgerrecht einer Schweizer Gemeinde und damit des Kantons und der Eidgenossenschaft unverlierbar vom Vater auf die Kinder, mochten diese auch seit vielen Generationen ausserhalb der Schweiz ansässig gewesen sein und andere Bürgerrechte angenommen haben. So kam es, dass nach dem letzten Kriege viele Schweizer, vor allem aus den Ostblockstaaten, sich ihres Bürgerrechts erinnerten und in die Schweiz zurückkamen, und die Schweiz nahm sie auf. Das sollte, dachte man bei der Gesetzesrevision, in Zukunft nicht mehr möglich sein. Der auswärtige Bürger soll sich melden, von Zeit zu Zeit, oder wenigstens von Generation zu Generation, um das Schweizer Bürgerrecht zu behalten. Mit dieser Gesetzesrevision hat die Schweiz einen ihrer grössten (vielleicht unbewussten) Gedanken preisgegeben. Früher hatte sich die Schweiz (juristisch) verhalten wie der Vater (Gott) im Gleichnis vom verlorenen Sohn. Die Schweiz war eine wenigstens zeitlich unbeschränkte Heimat. Man konnte sich von ihr abwenden, «bis ins vierte und fünfte Glied», und doch nahm sie die Enkel und Enkelsenkel als ihre Söhne immer wieder auf; sie folgte ihnen, wohin auch immer sie gingen. Gewiss hatte dies mit Patriarchalismus und Abstammungskult zu tun, doch wirkt dieser Hinweis kleinlich gegenüber der Grösse einer solchen Haltung des Staates.

Anruf von Christoph: Nach den Bildern des Tomogramms bin ich im Stadium C. Die Urologen und Onkologen unterscheiden beim Blasenkrebs zwischen den Stadien A, B 1, B 2, C, D 1, D 2. Bei A und B 1 liegt der Tumor nur auf der inneren Schleimhaut auf; eine Teilresektion ist sinnvoll. Bei B 2 und C ist der Tumor schon in die Wand der Blase eingedrungen; nur eine Totalresektion mit vorheriger Bestrahlung scheint «sinnvoll», sie hat eine Fünfjahresüberlebensrate von 30–40 %. In den Stadien D 1 und D 2 sind bereits Metastasen vorhanden, nichts mehr zu machen. Also verhält es sich doch so, wie ich von Anfang an wusste.

16. Januar 1982

Wie die moderne Wissenschaft an ihrer eigenen Vergänglichkeit arbeitet: A übernimmt z. B. einen Gedanken von B, und in der ersten Publikation zitiert er auch den B, wie es sich gehört. Später kommt A auf das Thema zurück, und in der zweiten Publikation zitiert er nun nur noch sich selbst, nämlich seine frühere Publikation. Von B ist nicht mehr die Rede. Dasselbe kann natürlich auch dem A passieren von seiten des C usw. Über das Zitieren und Nichtzitieren könnte man eine längere Analyse und Satire schreiben. Häufig kommt es z. B. vor, dass einer die Sekundärquelle nicht zitiert, sondern nur die Primärquelle, ohne diese aber gelesen zu haben. Er übernimmt einfach das Zitat aus der Sekundärquelle. Einmal bekam ich von einem Doktoranden eine Dissertation, in deren historischer Einleitung er Luther-Zitate anführte. Ich sagte ihm: Sie haben doch nicht den ganzen Luther gelesen, um diese Einleitung zu schreiben; woher haben Sie die Zitate? Er gab dann zu, dass er die Zitate aus einer anderen Dissertation hatte, und diese andere Dissertation wiederum hatte sie aus einer rechtshistorischen Gesamtdarstellung. Man glaube bloss nicht, dass nur Doktoranden so vorgehen.

Meine «Gesetzgebungslehre» ist bereits aus vielen gesetzgebungswissenschaftlichen Abhandlungen vollständig verschwunden, obwohl die Autoren die gleichen Themen und Probleme behandeln und die gleichen Lösungen präsentieren, wie ich sie vorgeschlagen hatte. Meine «Gesetzgebungslehre» ist halt wohl mit neun Jahren doch schon zu alt. Zitiert wird jetzt vorwiegend die inzwischen erschienene Literatur, und in dieser findet man mich immerhin noch zitiert. So schnell vergeht, verweht und verstreut sich der wissenschaftliche Ruhm.

Was heute in den vielen Psychogruppen, begleitet von einer grossen Menge psychologischer Literatur, geübt wird, ist die Nächstenliebe. Nicht die Feindesliebe. Wenn die Gruppenmitglieder untereinander gut auskommen, so heisst das noch lange nicht, dass die Aggression zwischen den Gruppen abgebaut wird, eher im Gegenteil. Das hat, meine ich, Jesus schon ganz klar gesehen. Was heute not täte, wären Menschen, die *in* der Gruppe sich auflehnen, Widerstand leisten, Aussenseiter, die es fertigbrächten, die systemimmanente Feindlichkeit unter den Gruppen zu beseitigen. Ansonsten wird man später die wachsende Zuneigung *innerhalb* der Gruppen als eine Kompensation dafür bezeichnen müssen, dass die Aggression *unter* den Gruppen ins Ungemessene und in die totale Vernichtung gewachsen ist.

Was liebt man am meisten an einer Frau, und weshalb verliebt man sich in sie? Fetischismen spielen sicher eine grosse Rolle; für mich war es immer vor allem der Geruch – da bin ich wie ein Hund; natürlich das Aussehen, die Bewegungen und eben die Stimme. Nach gewissen Beschreibungen soll der letzte Sinn, der vor dem Tode ausgeschaltet wird, das Gehör sein. Man hört also kurz vor der totalen Bewusstlosigkeit noch, wie die Ärzte oder die Krankenschwestern zueinander sagen: Jetzt ist er tot; Exitus; wir können abschalten.

Heute nachmittag habe ich das Buch von Fritz Zorn, «Mars», gekauft und sehr schnell durchgelesen. Mich interessierte vor allem die Schilderung des fortschreitendes Krebses. Ich habe darüber wenig erfahren, ausser dass man sich in der Metastase windet vor Schmerzen, an die Wände schlägt, brüllt, schreit und weint. Das Buch ist voll von Hass; mit Hass kämpft Zorn um sein Leben, mit Hass gegen seine neurotische Vergangenheit, mit wütendem Hass verfolgt er seine Eltern und die bürgerliche Gesellschaft, aus der er stammt. Gott möchte er in die Fresse hauen, und Jesus möchte er ständig neu ans Kreuz nageln. Zu alldem gibt ihm seine tödliche Krankheit und sein Alter (Tod bei 32 Jahren) das Recht.

Bei mir hat der Tod seine Jugendfrische auch verloren. Ich bin ein ganz anderer Fall, und meine Diktate werden nie zu einem Bestseller. Dass man Gott hassen kann, kann ich verstehen, aber Jesus zu hassen, dazu bedarf es wirklich einer Neurose. Natürlich werde ich damit dem Bericht Zorns nicht gerecht. Ich versuche es auch nicht, weil ich es nicht kann.

Völlig klar ist mir geworden, dass eine bestimmte Seite der Zürcher Jugendbewegung ohne das Buch Zorns nicht denkbar gewesen wäre: der hassende, nihilistische Protest, ohne Alternative. Polizei und Justiz haben dann allerdings noch nihilistischer reagiert. Bewahrung um der Bewahrung willen, Schläge und Haft gegen Spontaneität. Die offiziellen Vertreter des Staates und der Gesellschaft, die Apparatschiks, die nur auf die Wählerstimmen schauen, haben völlig übersehen und wollten nicht hören, dass in dieser Bewegung ganz neue und bessere Formen zur Lösung sozialer und persönlicher Probleme angelegt waren. Die grosse Mehrheit will, dass alles bleibt, wie es ist. Aber nichts wird bleiben.

Wenn es einen Gott gäbe, sagen die Atheisten, dann könnte er beispielsweise nie zulassen, dass jährlich Hunderttausende von Menschen verhungern. Also gibt es keinen Gott. Oder: Gott ist böse. In dieser Art von Überlegung und Anklage wird vorausgesetzt, dass Gott ein Paradies hätte schaffen und erhalten müssen. Es kann ja nicht darauf ankommen, wievieles falsch ist auf der Welt, ob Millionen Menschen verhungern oder nur zwei oder drei; vielmehr wird Gott – von diesem Standpunkt aus – nur gerechtfertigt, wenn die Welt absolut gut, schmerzfrei, lustvoll, paradiesisch ist.

Nur die Musik ist abstrakt genug, um Transzendentales ausdrücken zu können.

Laax, 22. Januar 1982

Wieder hier droben im Licht. Der Unterschied zu Zürich mit seiner ewigen Nebeldecke ist fast nicht auszuhalten. Die Sonne brennt und blendet, über dem Schatten des Waldes ein einziges Meer von Licht. Ich habe den Storen etwas heruntergelassen, die Sonne heizt jetzt meine Brust, blendet mir aber nicht ins Gesicht.

Von eins bis zwei Uhr, kurz nach meiner Ankunft, bin ich Ski gefahren, ein paarmal die oberen Pisten von Crap Sogn Gion. Die Pisten waren so hart, dass es mir rasch verleidet ist. Auf der Talfahrt dann grösstenteils nur noch blankes Eis. Ich fahre dann sehr schlecht und ärgere mich. Bei gutem Schnee geht es aber immer noch sehr gut und schnell, alles ist intakt, nur die Zukunft abgeschnitten.

Das Seelein taut auch am diesseitigen Rande, den der Waldschatten nicht erreicht, nicht mehr auf. Nur das rechte oberste Ende hat Wasser von den vielen Quellen und Bächen, die vom Hang von Falera herunterkommen. Seit einigen Tagen ist der alte Citroën nicht mehr angesprungen; gestern musste ich ihn abschleppen lassen, durch die ganze Stadt bis zur Citroën-Garage. Auch unterwegs wollte der Motor nicht anspringen. Doch jetzt ist alles wieder gut, mit Ausnahme der Türen, die man nicht mehr abschliessen kann, zum Teil auch nicht mehr öffnen; die Tür zum Führersitz muss ich von aussen öffnen, indem ich das Fenster herunterlasse. Das ganze Elektrosystem war durcheinander, nichts eigentlich kaputt, sondern nur alles ein wenig verrutscht oder verrückt. Alle meinten, ich solle mir ein neues Auto kaufen oder wenigstens eine gute Okkasion. Es hat wirklich keinen Wert, sich mit einem alten Auto herumzuärgern. Jetzt bin ich aber wieder ganz zufrieden mit ihm und warte auf die nächste Panne.

Die Sonne geht jetzt hinter dem Vorsprung unter, von dem man so schön ins Vorderrheintal hinuntersieht. Es ist fast dieselbe Stelle wie vor zwei Monaten. Damals habe ich die Sonnenuntergänge verfolgt, wie sie von sieben zu sieben Minuten früher kamen. Jetzt ist es also wieder fast halb fünf. Genau wie damals schafft die Sonne den ganz leicht nach rechts geneigten Hang nicht mehr, weil ihre Kurve steiler nach unten führt.

Gestern war ich noch beim Grossmünsterpfarrer. Er bot mir Calvados an und ist, wie man sofort sieht, kein Puritaner. Meine Wünsche hat er akzeptiert und dabei überhaupt nichts Besonderes gefunden, das hat mir sehr gefallen. Also: Predigt des Pfarrers, Verlesung des von mir verfassten Lebenslaufes und einiger meiner Überlegungen zu Sterben und Tod; Ansprachen von Max Frisch und einem Fakultätsmitglied. Dazwischen die drei schönsten Chöre aus dem Credo der h-moll-Messe. Wie ist es Bach gelungen, diese katholische Litanei ins Protestantische zu übersetzen! Die Musik ist eben das einzige künstlerische Medium des Protestantismus; doch darüber später. Wir unterhielten uns über Luther, Zwingli, Karl Barth. Die Unterschiede liegen klar im Politischen; Luther und Zwingli waren die ersten Repräsentanten des Unterschiedes zwischen Deutschen und Schweizern im Geistigen (Luther: Ihr habt einen anderen Geist). Karl Barth, der nie etwas mit Zwingli anfangen konnte, viel mehr Luther und teils Calvin zugeneigt war, wurde dann halt doch ein Schweizer – und eben kein Lutheraner –, als es gegen Hitler ging. Allerdings hat er dafür einen guten geistlichen Trick gefunden: der Eid auf Hitler verstiess gegen das erste Gebot: Du sollst keine anderen Götter neben mir haben. Damit konnte er die unpolitischen Lutheraner, die rein geistlichen, denen es immer nur um die Reinheit der Lehre ging, auf seine Seite ziehen, zum Beispiel Niemöller. Offenbar gibt es dann keinen Weg mehr zurück in die politische Unschuld, wie die politisch sehr engagierte Evangelische Kirche Deutschlands zeigt.

Bericht des Basler Urologen an den Basler Radiologen (die Übersetzungen der Fremdwörter stammen von mir):

«*Diagnose*: Solider, links gelegener Tumor der Harnblase mit Hydronephrose (gestautem Nierenbecken) links.

Der Patient hatte früher mehrere Episoden von Urolithiasis (Nierensteinen). Man sieht auch auf der rezenten intravenösen Urographie (röntgenologischem Nierentest mit Kontrastmittel) ein Kelchkonkrement (Nierenstein, der in einem der Kelche liegt, die wie Quellgebiete in den Harnleiter münden) rechts. Im Dezember 1981 verspürte er erneut leichte Druckschmerzen links und ging in Zürich zu einem Urologen, in der Meinung, es wäre wieder ein Konkrement (Nierenstein) unterwegs. Der Befund der hier beiliegenden Urographie war recht überraschend. Es wurde kurz darauf endoskopisch (durch instrumentelle Besichtigung des Blaseninnern) untersucht und ein links gelegener solider Harnblasentumor entdeckt. Histologisch (gemäss Gewebsproben, die man hätte herausschneiden müssen und die über die Bösartigkeit und Verbreitung des Tumors bessere Auskunft gegeben hätten) ist noch nichts bekannt, und es war dann als erster Schritt in Zürich eine transurethrale Resektionsbiopsie (Entnahme von Gewebsproben aus dem Innern der Blase) vorgesehen. Herr Professor Noll war dann aber allen weiteren Massnahmen gegenüber sehr skeptisch eingestellt, nachdem er die wahrscheinliche Diagnose erfahren hatte. Im Grunde genommen wollte er überhaupt nichts machen lassen, da die Prognose solcher Tumore ohnehin nicht gut sei. Wir haben ihn nun soweit bringen können, zumindest in eine gewisse Stadienabklärung einzuwilligen, da diese ja nichts präjudiziere.

Eine Wandinfiltration des vorliegenden Tumors, dessen Histologie also noch nicht bekannt ist, ist auf Grund der renalen Stauung (Stauung der Niere) wahrscheinlich. Wir erwarten von der Computertomographie Auskunft darüber, ob ein extravesikales (über die Blase hinausgehendes) Wachstum diagnostizierbar ist und wieweit Anhaltspunkte für Lymphknotenmetastasen im Bereich der Fossa obturatoria (bestimmter Bereich des kleinen Beckens) und der iliacalen Gefässe (Hauptgefässe) bestehen ...»

Bericht des Röntgenologen:

«*Computertomographie Blase:* Bei gefüllter Harnblase werden Schichten im 1-cm-Abstand vom Blasendach bis zum Blasenboden angefertigt. Es ergibt sich folgendes:

Die cranialen (oberen) Blasenpartien sind frei. Im mittleren Blasenabschnitt ist die linke Seitenwand verdickt. Diese mehrflächige Verdickung setzt sich dann gegen das Ostium (Mündung) des linken Ureters (Harnleiters von der Niere zur Blase) in eine relativ umschriebene knollige Verdickung der Blasenwand fort, im Ostiumbereich erkennt man einen exophytisch (nach aussen) ins Blasenlumen (ins Innere der Blase) hineinragenden Tumor (Schicht 4–6+C). Die Blasenwand ist vollkommen durchwachsen, das perivesicale (die Blase umgebende) Fettgewebe ist aber nicht infiltriert. Vom Haupttumorbefund an kann man den ausgeweiteten linken Ureter auf den mehr cranialen Schichten noch proximal (gegen das Zentrum hin) sehr schön verfolgen.

*Beurteilung:*

Blasentumor im Bereich des linken Ostium mit Hydroureter (gestautem Harnleiter). Der Tumor hat die Blasenwand vollständig durchwachsen, nicht aber die perivescale Fettebene infiltriert. Er dehnt sich intramural (in der Blasenwand) gegen den Blasenboden hin aus, wo seine Begrenzung nicht eindeutig auszumachen ist. Nach cranial wächst er intramural (in der Wand) bis gegen die Blasenmitte hin. Keine abnormen Lymphknoten erkennbar.»

Nun hatte ich fünf Jahre lang Griechisch, und es hat mir gar nichts genützt; die medizinischen Fremdwörter musste ich mir von Christoph übersetzen lassen.

Wer es sich übersetzt oder übersetzen lassen will, sieht ziemlich rasch, wie es steht. Der Tumor hat die Blasenwand völlig durchwachsen, und so wie man Tumore eben kennt, will er weiterwachsen. Da hilft nur schneiden und schneiden und schneiden. Inzwischen hat man freilich die Hydra-Technik dem Herakles abgeschaut: alle Köpfe auf einmal. Aber dafür bin ich zu zimperlich.

Die Röntgenologen, die einen Computertomographen besitzen, was eine seltene und sehr teure Sache ist, geben Blätter heraus, mit denen sie Patienten beruhigen und anlocken. Natürlich ist das alles nicht schmerzhaft, und es ist auch nicht gefährlich, und jeder vernünftige Mensch müsste es ohne eine Aufklärungsschrift einsehen. Also handelt es sich um eine Werbeschrift.

Was Ruth sagte, eine kluge Frau: Siehst du, hat sie gesagt, du störst die Leute mit deinem Entschluss. Wenn einer Krebs hat, dann geht er ins Spital und lässt sich operieren, das ist normal. Wenn einer aber Krebs hat und fröhlich herumläuft wie du, dann wird es den Leuten unheimlich. Sie sind plötzlich gefordert, sich mit dem Sterben und dem Tod als einem Teil des Lebens auseinanderzusetzen, und das wollen sie nicht. Das können sie auch nicht, solange sie nicht in deiner Situation sind. Darum ist es ärgerlich und verwirrend, dass du dasitzest und sagst, ich habe Krebs, aber nicht ins Spital gehst. Wenn du ins Spital gingest, dann wäre die Sache wieder in Ordnung. Dann hätte alles seinen richtigen Gang, dann könnte man dich besuchen, mit Blumen, und nach einer gewissen Zeit sagen, Gott sei Dank ist er entlassen, und sagen, nach einer gewissen Zeit, jetzt ist er wieder drin, und wieder kommen, mit Blumen, aber für immer kürzere Zeit. Doch wüsste man, wo er ist. Man wüsste, dass er nicht unter ein Auto gekommen ist, sondern Krebs hat und ins Spital geht, sich schneiden lässt, wie es sich gehört. Du bist ihnen ein Ärgernis (so hat sie es nicht gesagt), du zeigst ihnen, dass der Tod mitten unter uns ist und stellst das lebendig dar, sie müssen plötzlich an etwas denken, was sie immer verdrängt haben. Und sie denken natürlich nur an sich selbst. Um so schlimmer. Sie müssen daran denken, wie es ihnen «dermaleinst» ergeht; sie sind mit etwas Lebendigem konfrontiert, das eigentlich schon tot sein müsste oder wenigstens im Spital.

Der Pfarrer sagte mir, es würden noch viele Anfechtungen an mich herantreten, und ich sagte ja. Ich bin nicht der erste Tote, der vor seinem Tod zu ihm gekommen ist. Manche alte Menschen tun dasselbe und sprechen sich mit dem Pfarrer vorher ab, kommen also ganz gesund und bei vollen Sinnen zu ihm und reden über die Beerdigung. Also bin ich wenigstens in dieser Hinsicht keine Ausnahme, höchstens insofern, als der Pfarrer noch nie einen so jungen und gesunden Menschen mit Krebs ohne Spital vor sich hatte. Die andern Krebskranken sind alle im Spital, und oft verlangen die Angehörigen, dass dann der Pfarrer zu ihnen geht und mit ihnen alles abmacht. Und so tut er es dann auch.

Laax, 23. Januar 1982

Der Himmel ist trüb, aber sehr hell, gedämpfter Sonnenschein auf den Schneefeldern am Hang gegen Falera. Föhnstimmung, ohne Wind. Ich müsste draussen sein, im Schnee, dann würde das Helle das Fahle überwiegen.

Wohl ist dies die Versuchung, der die meisten erliegen, auch wenn die Operationen ohne Chancen sind: man gibt sich einfach im Spital ab, und dann sind es die andern, die sich um einen kümmern und für einen entscheiden, dies und das noch machen, und man weiss, man hat alles vorkehren lassen, was noch möglich war. Was ist das für eine Art von Beruhigung? Wird man wieder ein Kind? Nur ohne eben die Wärme der Mutter – und da glaube ich, liegt die Fehlrechnung. Der Todkranke, der sich der medizinischen Apparatur übergeben hat, ist wirklich hilflos, weil die Hilfe, die er bekommt, kalt ist.

Übrigens waren die Ärzte eben doch nicht völlig ehrlich, trotz der Offenheit, die meiner Skepsis gegenüber einfach unvermeidlich war. Was hätten sie wohl einem weniger skeptischen Patienten gesagt? Nur Christoph hat ganz klar gemacht, dass auch bei einer Totalresektion, die ich sowieso nicht wollte, nur 30 % Überlebens-Chancen bestehen. Jetzt sehe ich es aus den ärztlichen Berichten selbst: der Tumor hat die Blasenwand durchwachsen und ist im Wandinnern noch viel grösser als in der Blase selbst. Klarer könnte der Fall gar nicht sein. «Hoffnung» scheint für die Ärzte jede Möglichkeit der Lebensverlängerung zu sein. Ich habe einen anderen Begriff von Hoffnung. Ich habe jetzt so lange mit dem Tod abgerechnet, dass er mir als etwas ganz Natürliches vorkommt, was er ohnehin ist; zugleich schon etwas fast Vertrautes. – Ist das wirklich wahr, was ich jetzt diktiere? Jedenfalls glaube ich es, und das sollte genügen. Zugleich weiss ich, dass die letzten Tage ganz anders sein werden, wahrscheinlich schwer, und diese Ungewissheit – auch des Zeitpunktes – macht mir zu schaffen. Werde ich dann alles widerrufen und bereuen und meinen, ich sei ein Idiot gewesen, damals, vor fünf, sechs oder wieviel Monaten?

Der triumphale Sieg über den Tod, der im «Resurrexit» der h-moll-Messe zum Ausdruck kommt, entspricht genau dem christlichen Glaubensbekenntnis.

Dieses kann ich aber nicht unterschreiben, und ich glaube auch nicht an eine Auferstehung in jenem Sinne, d.h. ich bin nicht davon überzeugt. Das könnte, wenn die Chöre im Grossmünster gespielt werden, Missverständnisse hervorrufen, die ich aber in Kauf nehmen muss. Ich kann es mir selber nicht erklären, wie soll ich's dann anderen erklären? Es tönt fade, wenn ich sage: diese Musik selber ist ein Triumph über den Tod, und solange sie erklingt, ist der Tod überwunden, auch für denjenigen, der sie im Sterben noch hört oder im Gedanken daran stirbt, dass andere sie bei seiner Beerdigung hören werden. Für mich ganz persönlich jedenfalls ist diese Musik, besonders diese, ganz eng damit verbunden, dass ich mein Sterben und meinen Tod nicht mehr – oder noch nicht – fürchte. Wenn nach dem Tode etwas Neues beginnt, dann werde ich mich davon um so lieber überraschen lassen. Stets werde ich zugeben, dass der Gedanke an ein ewiges Reich Gottes, ob ich es erlebe oder nicht, ein Gedanke bleibt, der mich immer wieder überwältigt: *cuius regni non erit finis.* Ich kann nichts dagegen tun.

Zürich, 24. Januar 1982

Auf der Rückfahrt von Laax war ich am späteren Nachmittag gestern noch bei Hansruedi Bachmann. Klärli kam und Gredinger. Paul Gredinger ist ein reicher Mann, der gerne Gutes tut, wenn es einigermassen originell ist. Bei den meisten reichen Männern verhält es sich bekanntlich umgekehrt. Sie tun nicht gerne Gutes, und wenn schon, etwas möglichst Konventionelles. Diese Stärke von Gredi habe ich ausgenützt und ihn gefragt, ob er dafür besorgt sein wolle, meine Diktate zusammen mit «Jericho» und der Grabrede von Frisch nach meinem Tode zu veröffentlichen. Er hat sofort zugesagt und ausserdem gefragt, ob ich nicht noch eine meiner alten Kurzgeschichten publizieren wolle. Das nun sicher nicht. Dass man so Freunde wiederentdecken kann. Natürlich haben wir uns immer gemocht, ohne Unterbrüche und Zwischenfälle, zugleich aber auch sehr vernachlässigt. Jetzt weiss ich besser als früher, dass man Freundschaften pflegen muss, sonst gehen sie ein. Allerdings ist dies bei verschiedenen Freundschaften sehr unterschiedlich. Es gibt Freundschaften, bei denen die «Treue» eine totale Verschollenheit zu überbrücken vermag, andere leiden schon nach wenigen Monaten der unterbrochenen Beziehung.

Mit den grossen Entenbildern, die an einer Wand hängen, habe ich mich längst abgefunden. Es ist klar, dass bei kolorierten Stichen von Blumen, Vögeln usw. immer mehrere ähnliche nebeneinander aufgehängt werden müssen. Das verlangt der gute Geschmack. Eine Blume neben einem Vogel und einer alten Stadtlandschaft, das würde sich niemals vertragen. Fünf Enten aber passen immer gut zueinander; ich habe ja das gleiche getan mit den farbigen Vögeln aus meinem Buffon, die im Flur hängen.

Der Abend war so unterhaltsam, dass der Gedanke an die Krankheit völlig weg war, was sonst nie vorkommt. Ich habe auch sehr viel gegessen und getrunken und bin dann früh nach Hause gefahren. Das wird mir jetzt nicht mehr übelgenommen. Wir sprachen vor allem über die «Machiavelli im Wirtschaftsmanagement», und ständig fielen uns Beispiele ein, die seit dem Abschluss des Manuskripts sich ereignet haben und genau nach unserem Muster verlaufen sind: Opfer des Sündenbockes bei der Volksbank, Beschreibung des Management der «Exxon» im «Spiegel», usw.

Es ist schwerer, Bekannte zu beschreiben als Unbekannte, aber wohl nur deswegen, weil es keine Rolle spielt, wenn man einen Unbekannten falsch beschreibt. Man hat dann eben einen anderen beschrieben, vielleicht einen, den es gar nicht gibt; doch hat man ihn gut beschrieben. Keinen meiner engeren Bekannten könnte ich so gut beschreiben, dass ihn jedermann wiedererkennt. Doch wäre es mir ein leichtes, z. B. einen alten Bauern, einen selbstgefälligen Professor oder einen Fixer zu beschreiben. Das sind dann eben Typen; fast die ganze Literatur besteht aus Typen. Das Drama bedarf der Individuen überhaupt nicht, sondern nur der Rollen.

In den Fenstern des Bodmer-Hauses spiegelt sich die untergehende Sonne; das sieht aus wie grelle Scheinwerfer. Ein Zeichen, dass die Tage wieder länger werden.

Ich habe eine ganze Anzahl von Leuten mit Arbeiten beauftragt, die ich nach meinem Tode gemacht haben möchte. Allen habe ich einen entsprechenden Brief geschrieben, mit Doppel an den Willensvollstrecker. Dann werde ich ein «Sofort-Testament» schreiben, das ich in den letzten Tagen immer mit mir trage und in welchem steht, wer sofort benachrichtigt werden soll, wenn ich tot bin. Das sind dann eben diejenigen, für die ich heute die Briefe diktiert habe. Almuth wird ein Bestattungsinstitut beauftragen, die Todesanzeigen aufgeben und sich mit dem Grossmünsterpfarrer in Verbindung setzen müssen. Lou wird meine letzten Diktate schreiben und an Gredinger weiterleiten. Der Grossmünsterpfarrer wird die Trauerfeier organisieren: Predigt, von mir verfasster Lebenslauf und von mir verfasste Gedanken über Sterben und Tod, Grabrede von Max Frisch, Chöre aus der h-moll-Messe, grosses Essen und Trinken für die Trauergäste. Gredinger wird die schon erwähnten Schriften aus dem Nachlass veröffentlichen, zusammen mit der Rede von Frisch. Professor R. wird als Willensvollstrecker das Vermögensrechtliche regeln und die juristischen Schwierigkeiten aus dem Weg räumen.

Aus juristischen Gründen wird wohl das «Sofort-Testament» im eigentlichen Testament abgesichert sein müssen. Das wird eine langwierige Schreiberei geben, alles von Hand, wie es der altertümliche Art. 505 ZGB vorschreibt.

Zürich, 25. Januar 1982

Auf Anraten von Christoph heute nachmittag mit Prof. Zingg telefoniert, um zu erfahren, wie es ohne Operation weitergeht: Der Tumor wird die Blase ausfüllen, und dann werde ich immer häufiger Wasser lösen müssen, zusammen mit Blut, zuletzt alle 10 Minuten, und unter Krämpfen verenden. Die sanfteren Möglichkeiten, Urämie oder Metastase, sind in meinem Alter weniger wahrscheinlich. Kann ich dann nicht zuletzt ins Spital gehen und mir die Schmerzen lindern lassen? Zingg: In Ihrem Alter werden Sie dann noch neun Monate zu leben haben. Es ist unwahrscheinlich, dass die Metastase den Primärtumor überholen wird, und es ist höchst ungewiss, ob der Tumor die rechte Niere zuerst verschliessen wird (Urämie), bevor er die ganze Blase ausfüllt. Ich soll es mir gut überlegen und ihn wieder anrufen, dafür sei er da. Die Operation sei wohl immer noch die beste Alternative. Der Zug werde aber bald abgefahren sein.

Nachher kam Gredinger, und wir haben alle Möglichkeiten durchdiskutiert. Dann fröhlich gegessen und getrunken in den «Zimmerleuten». Gredinger würde sich alles operieren lassen, aber er gibt zu, dass er ein anderer Typ ist und dass das ganze für ihn nicht der Fall ist.

Heute ist es spät. Ich werde versuchen, übermorgen möglichst genau nachzudenken, um dem Leben nichts schuldig zu bleiben.

Auch Morphium ist nicht einfach.

Zingg: Subjektiv sind Sie jetzt in einem guten und normalen Zustand, doch wird sich dies in wenigen Monaten ändern, und daran sollten Sie jetzt schon denken. Der Gegensatz «objektiv – subjektiv», der in den anderen Wissenschaften für alles und nichts gebraucht wird, ist in der Medizin noch von ganz zentraler Realität, da es um den Menschen geht mit seiner angeborenen Schizophrenie. Subjektiv fühlt er sich vollkommen wohl, doch der objektive Befund wird ihn früher oder später auch in seiner Subjektivität einholen. Auf der anderen Seite kann etwa der Schmerz, das vielleicht subjektivste Empfinden, das der Mensch kennt, vorhanden sein oder nicht vorhanden sein, ganz losgelöst von objektiven Befunden.

Jetzt muss ich das Sterben wieder ganz neu einüben, weil meine jetzige Subjektivität schliesslich doch am objektiven Befund scheitern wird.

Warum dürfen Tiere sich einschläfern lassen und Menschen nicht?

Wenn ich die grosse Operation mache, dann ist dies nur eine verzögerte Form des Selbstmordes unter fremder Tatherrschaft. Aber auch da liegt der Entscheid bei mir, nur muss ich ihn nicht selber ausführen. Die Angst vor dem Selbstmord ist die Angst vor dem Selbertun. Ich wäre noch so froh, wenn ich bei der Operation in der Narkose meinen Exitus bekäme. Doch selber machen, allein sein, das schreckt immer noch.

Ich habe den Tod von Basel nach Zürich mitgenommen. Nirgends auf der Welt soll es so viele Depressive geben wie in Basel, und ich erinnere mich an ein Gespräch mit Karl Barth, vor vielen Jahren, als ich noch studierte, in der Uni-Beiz, wo er mir sagte: Es gibt zwei geistige Mächte in Basel, den Fasnachtsgeist und den Hörnligeist; «Hörnli» heisst der grosse städtische Friedhof zwischen Basel und Riehen. Dass der berühmteste Totentanz in Basel gemalt wurde, hängt sicher mit diesem depressiven, sterilen, analytischen, ironischen, selbstironischen Baslergeist zusammen. Die Tramhaltestelle bei der Kirche, in deren Kreuzgang, der wie so vieles später abgerissen wurde, die Totentanz-Fresken sich befanden, hiess früher «Totentanz», bis das neue Kantonsspital unmittelbar hinter der Kirche gebaut wurde. Da kam den Baslern ihre Ironie abhanden. Und sogar die historische Wahrheitsliebe. Die Haltestelle heisst jetzt «Kantonsspital». Der Totentanz spielt sich doch heute in den Spitälern ab, in ungeheuren Reigen, alle Tänzer konzentriert im selben Tanzsaal.

28. Januar

Der am höchsten entwickelte Denkapparat, den wir kennen, ist das menschliche Gehirn, immer von diesem aus gesehen und gedacht. Dieses Gehirn hat – im Gegensatz zu allen von ihm entwickelten Computern, die, wenn sie auch viel schneller sind, stets von ihm abhängig bleiben – zwei Vorstellungen hervorgebracht, von denen die zweite ebenso zwingend ist wie die erste: Tod und Gott.

Der Tod ist empirisch überprüfbar, man sieht den Toten und spürt den kalten Körper. Ich bin immer gegen das «philosophische Tier» gewesen, welches dazu benützt wird, die einzigartigen Möglichkeiten des Menschen hervorzukehren. «Im Gegensatz zum Tier kann der Mensch das und das und das ...» Dabei wird übersehen, dass der Abstand zwischen einem Schimpansen und dem Menschen viel kleiner ist als der Abstand zwischen einem Schimpansen und einem Wurm. Der Abstand zwischen einem hochbegabten Schimpansen und einem schwachsinnigen Menschen dürfte schwer zu ermitteln sein. Trotzdem sage ich jetzt: Im Gegensatz zum Tier hat der Mensch in seinem Gehirn von vornherein angelegt die beiden Gedanken an den Tod und an Gott. Nur scheinen sich die Menschen hinsichtlich dieser beiden grössten Gedanken, die ihr Gehirn hervorgebracht hat, rückwärts zu entwickeln. Ähnlich wie die Schimpansen, die ihren toten Verwandten kurz anschauen, vielleicht befühlen und dann sich von ihm abwenden, ganz schnell alles vergessen, für sich und für den Toten, so benehmen sich heute auch die Menschen. Noch totaler verdrängt ist die Gottesvorstellung, die, soviel wir wissen, selbst den Schimpansen und den Delphinen unbekannt ist. Aber dem menschlichen Gehirn ist sie eingepflanzt. Warum? Weil wir wissen, dass wir nichts wissen, wie Sokrates so gut gesagt hat. Richtigerweise nicht geschrieben – dafür kam dann Plato, leider. Oder glücklicherweise, denn sonst wüssten wir zuwenig über Sokrates. Mit Sokrates würde ich mich am allerliebsten unterhalten, wenn ich ihn dermaleinst antreffen sollte. Er hatte alle Eigenschaften, die mir gefallen: er war mutig, klug, weise, tolerant – unerbittlich nur gegen die Dummheit, wenn sie sich mit der Macht paarte. Das Gehirn denkt Gott. Das heisst nicht, dass es ihn geben muss, das heisst aber zwingend, dass die Frage nach ihm unabweislich und dass der empirische Positivismus eine lahme Ente ist. Schon Pascal hat gesehen, dass das unendlich Kleine und das unendlich

Grosse, der Mikrokosmos und der Makrokosmos, der Frage nach Gott rufen. Auch als Zeichen, als Symbol kann Gott nur für sich selber stehen. Das Denken kann sich nichts ohne Ursprung denken. Und das Gehirn des Menschen ist schliesslich eine Schöpfung aus diesem Ursprung. Und dieses Gehirn kann sich denken, dass es Undenkbares gibt.

Es kann auch nicht sein, dass diese Gottesgedanken ein reines Produkt der protestantischen Erziehung sind. Obwohl es anscheinend tatsächlich eine Gottesgnade gibt, die über mehrere Generationen hinhält: bis ins vierte und fünfte Glied. Das Erstaunen der Bekannten, denen ich meine Geschichte und meine Entscheidung erzählt habe, mag damit zusammenhängen. Der Segen Gottes über meinen Urgrosseltern, Grosseltern und Eltern reicht gerade noch für mich selbst aus. Ich mag zwar diesen Gott nicht, möchte ihn aber erkennen.

M. sagte, Fromm übersetze eigentlich nur die christliche Lehre ins Psychologische – für ihn, wie ich aus protestantischem Hause, sei das nichts Neues. Beizufügen wäre, dass Fromm sehr selektiv vorgeht, indem er die Grundhaltung Jesu ins Moderne überträgt, ohne die Zusätze des Paulus und schon gar nicht der späteren Kirchenväter.

Einige Tage lang weniger häufig lachen genügt schon, um die Gesichtszüge zu verändern. Irgendwie hast du ein ernsteres Gesicht, sagte Ruth.

Wenn ein Krebskranker im Endstadium sich noch alle Zähne schön polieren lässt oder sich das Rauchen abgewöhnt, so ist das genauso unsinnig oder tiefsinnig wie der Ausspruch von Luther: Selbst wenn ich wüsste, dass morgen die Welt unterginge, würde ich heute noch ein Apfelbäumchen pflanzen. Nur einer, der weiss, dass die Welt morgen *nicht* untergeht, oder nicht weiss, dass sie untergeht, kann so etwas sagen.

29. Januar

Manche kommen nur aus Neugierde. Andere, wenige, sind entsetzt, geradezu angeekelt, wenden sich ab, melden sich nicht mehr; sie sehen schon jetzt das Unästhetische des Endes.

Viele aber kommen aus Freundschaft, Mitgefühl, fast ein wenig verschämt.

Offenbar scheiden sich an meiner Situation die Geister.

Jetzt auch noch Senatssitzung. Erscheinen ist Pflicht, und man bekommt einen Mahnbrief, wenn man, wie ich das letzte Mal, unentschuldigt fehlt. Es handelt sich um eine Art Strafaufgabe, in dem riesigen Gremium die anderthalb Stunden abzusitzen; denn die Entscheidungen sind alle schon vorher fertig, Diskussionen sinnlos, meist auch unerwünscht. Ausserdem wird nur über Belangloses entschieden. Ich gehe im letzten Moment, um nicht von Kollegen in Gespräche verwickelt zu werden. Aber Erscheinen ist Amtspflicht.

30. Januar

Das grössere Geschehen macht gelassener gegenüber kleinen Scherereien, die nun allerdings merkwürdigerweise gehäuft auftreten. Soeben wollte ich zu einer Einladung nach Höngg fahren, und schon am Seilergraben fuhr mir ein anderer von hinten voll ins Auto. Jetzt wird mich der Gastgeber abholen, und nächste Woche werde ich viel Zeit verlieren mit der Reparatur.

Wenn man Gott in all dies hineinziehen wollte, dann müsste man ihn sich verlieren sehen in winzige und winzigste Fingerzeichen. So sehen ihn ja auch die meisten. Glück im Unglück, knapp davongekommen, Gott sei Dank, usw.

31. Januar

Ohne Telefon und ohne Television würden die Leute viel näher beieinander wohnen, und es gäbe die Streubauweise nicht. Auch das Auto zieht alle Behausungen weit auseinander. Die Ritter früher auf ihren Schlössern, die starben fast vor Langeweile und sind sicher, wenn es in der Nähe ein Dorf gab, sooft wie möglich in die Kneipe gegangen. Heute lebt jeder auf seinem Schloss oder was er dafür hält, von der Villa bis zum Einfamilienhäuschen, alles weitherum verstreut, die Landschaft zerfressend wie eine Metastase. Man hat das alles viel zu spät erkannt, Mittel und Zweck miteinander verwechselt. Ohne Auto, Television und Telefon *müssten* die Leute näher zusammenrücken, Bauzonenvorschriften wären überflüssig.

Warum ich darauf komme? Nachdem ich heute nachmittag eine mühsam geschriebene und mit kaum einem Gedanken versehene Dissertation zu lesen angefangen und dann weggelegt hatte, bin ich zum Telefonieren übergegangen. Claire hat mir vom Krebstod ihrer Schwester erzählt. Zuerst Brustkrebs, dann nach sieben Jahren Metastase. Alles zu Hause, bis zum Ende; der Mann gab ihr die nötigen Morphiumspritzen. Die Frau wollte so lange wie möglich leben, wegen des neunjährigen Adoptivkindes. Die letzten zwei Jahre war sie ein Häufchen Elend, lag im Bett, kaum mehr zu erkennen, ganz dünn, zusammengeschrumpft. Claire hatte dieses Ereignis völlig verdrängt, sonst hätte sie mir schon davon erzählt, als sie wusste, wie es um mich steht. Ich sagte Claire, dass sie von mir das feuerrote Vogel-Bild von Strubel bekommt, weil sie ihn nicht mag, wohl aber seine Bilder.

Das Sterben ist in erster Linie ein ästhetisches Problem, und zwar für diejenigen, die weiterleben müssen. Der Sterbende sieht hässlich aus, so ganz anders, als man ihn früher kannte. Der Sterbende leidet nicht darunter, er reckt sich nicht mehr vor dem Spiegel, doch sein Anblick schreckt die anderen. Wenn er nur tot wäre, dann wäre die Sache wieder klar, die Angelegenheit schnell erledigt. Der Sterbende aber führt den Tod vor, der Krebskranke tut es über längere Zeit, zuletzt als lebende Leiche, und das ist ästhetisch – für die meist gezwungenen Zuschauer – schwer zu ertragen. Die Zuschauer erleben ein ganz anderes Sterben und einen ganz anderen Tod als der Schauspieler. Das muss ich mir merken. Gegen Ende ist es für die Zuschauer nur noch eine Besichtigung, ekelerregend, erzwungen durch Freundschaft und Pietätsgefühle. Hat der Sterbende die Pflicht, diese Gefühle zu respektieren? Muss er seine eigenen Reste wie Abfall noch sauber wegräumen?

Wie lange ist man noch besuchbar? Dafür haben die Ärzte und das Pflegepersonal einen sicheren ästhetischen Instinkt.

«Es war eine schöne Leiche», sagt man in der Schweiz, nach einer Bestattung.

Ein leerer Sonntag und eine schlechte Dissertation sind ein kleines Unglück. Gute Dissertationen liest man schnell und gern, mit einer gewissen Mitschöpferfreude. Schlechte Dissertationen sind so, wie wenn man ohne Mantel lange Zeit durch den Regen gehen müsste und schliesslich keine trockene Stelle an den Kleidern mehr findet, zugleich aber die nassen Kleider nicht einfach abwerfen kann.

1. Februar 1982

Wenn man die Grenzfälle ausklammert, die selten sind und auf die ich noch zu sprechen kommen werde, dann ist die *Gerechtigkeit* eine sehr einfache Sache. Nur lässt sie sich auch nicht annähernd verwirklichen, weil die Macht eben stärker ist als ihre Kritik. Das Prinzip der Gerechtigkeit ist die Gleichheit, alles längst bekannt. Wenn ich eine von meinen beiden Töchtern auf den Pflichtteil setze und den Überschuss der anderen gebe, so ist das ungerecht, selbst dann, wenn die eine Tochter mir lieber wäre als die andere. Ausnahmen von der Gleichbehandlung müssen begründet werden; die Gleichbehandlung selbst bedarf keiner Begründung, weil sie das Prinzip der Gerechtigkeit ist. Wenn einer gegenüber einem anderen bevorzugt wird, so lässt sich dies mit dem Prinzip der Gerechtigkeit immer nur vereinbaren, wenn der Bevorzugte entweder mehr geleistet oder mehr Bedürfnisse hat. Nur diese beiden Ausnahmen halten vor dem allgemeinen Grundsatz der Gleichbehandlung stand: das Leistungsprinzip und das Bedürfnisprinzip. Wenn ein Arbeiter 2000 Franken im Monat bekommt und der andere 3000, so lässt sich der Unterschied nur entweder damit begründen, dass der mit den 3000 Franken mehr leistet, zum Beispiel eine schwierigere Aufgabe erfüllt, oder dass er bedürftiger ist, zum Beispiel mehr Kinder hat. Das ist alles.

Nun sieht man sogleich, dass die Welt vor Ungerechtigkeit nur so starrt. Der Generaldirektor verdient zwanzigmal mehr als der einfache Angestellte, und er leistet nicht mehr, sondern im Gegenteil, er hat, da er diese hohe Position errungen hat, nichts mehr zu tun, selbst das Denken wird ihm von seinen Beratern abgenommen. Gewiss wird der zwanzigfache Lohn des Generaldirektors mit dem Leistungsprinzip gerechtfertigt, doch sehr zu Unrecht. Bis zum Vizedirektor hat er echte Leistung erbracht, nachher nur noch Machtpositionen errungen. Mit dem Bedürfnisprinzip wird ohnehin nicht mehr operiert; es spielt keine Rolle, ob der Generaldirektor zehn oder zwei Kinder hat.

Mit dem Bedürfnisprinzip wird immer nur von unten argumentiert, zum Beispiel für Süchtige, Straffällige usw., mit dem Leistungsprinzip von oben, für die Reichen und Mächtigen.

Der Sozialismus, die noch am wenigsten unerträgliche politische Ideologie, hat sich immer gegen die rechtlich-formalen Positionen der Macht gewandt, vor allem gegen das Eigentum. Damit hat er seine eigenen Chancen verpasst, denn jeder ist Eigentümer und will Eigentümer bleiben und noch grösserer Eigentümer werden. Erster Fehler: Gleichstellung von Eigentum mit Eigentum ohne Quantifizierung. Konsequenz: Der Kleinbauer wird sich vor den Grossgrundbesitzer stellen, weil auch der Kleinbauer Eigentum hat und verlieren könnte. Zweiter, wichtigerer Fehler: Formalisierung des Leistungsprinzips ohne Hintergrundanalyse. Praktisch heisst dies: Die Ungerechtigkeiten bestehen nicht in erster Linie darin, dass jemand Eigentum, Namen und Nationalität geerbt hat (so noch mein Vortrag von Dijon) – darin natürlich auch –, vielmehr darin, dass der Kampf um die Macht mehr einbringt als jede Leistung. Es gibt einen Punkt, von dem an die Leistung für den Leistenden keine weiteren Vorteile mehr bringt. Das zeigt sich bei allen Kämpfen in den oberen Ebenen. Man wird zwar durch Leistung Privatdozent oder Vizedirektor, jedoch nicht Ordinarius oder Generaldirektor. Wie lässt sich das erklären? Sehr einfach. Jeder möchte einmal Ruhe haben, sich «auf den Lorbeeren» ausruhen können. Eines der wichtigsten Leistungsmotive ist somit der Drang, nichts leisten zu müssen und trotzdem ausgesorgt zu haben. Dieses Motiv stachelt die Leistung an und ist somit nach dem Gerechtigkeitsprinzip gut. Aber es verfälscht dann in der konkreten Anwendung alle an sich abstrakt richtigen Überlegungen. Das Leistungsprinzip lässt sich weiterhin anrufen, obwohl längst keine Leistung mehr da ist. Dies hängt mit einer weiteren Gesetzmässigkeit zusammen. Je höher jemand im Machtgefüge irgendeiner Organisation sich befindet, desto mehr kann er Leistungen anderer, die im Machtgefüge hochkommen möchten, ausbeuten und für sich beanspruchen. Darauf, und darauf vor allem, beruht die ungerechtfertigte Macht. In der Wirtschaft, in der Wissenschaft, in der Politik. Hier müsste man ansetzen, weniger bei abstrakten Rechtsfiguren wie Eigentum, Vererblichkeit usw. Die Ausbeutung der Aufsteiger durch die Mächtigen. Von hundert Prokuristen wird höchstens einer Generaldirektor, und doch schaffen sie wie verrückt für den Generaldirektor. Damit verstärken sie dessen Macht, gegen das Entgelt eines winzigen Schimmers von Hoffnung, selber auch einmal mächtig zu werden und nichts mehr leisten zu müssen. Nicht anders z. B. im Kreml: ein wenig Leistung, viel Anpassung und massiv viel Geschicklichkeit im Machtkampf bringt die Leute nach oben. Und da sie das auch wissen, vernachlässigen sie die Leistung, pflegen die Anpassung und rüsten sich für den Machtkampf. In der freien Wirtschaft und in der freien Wissenschaft des Westens ist dies alles gemildert dadurch, dass verschiedene Systeme gegeneinander konkurrieren (wie lange noch?) und dass daher der Mächtige daran interessiert ist, dass auf den unteren Ebenen wirkliche Leistungen erbracht werden, die er für sich beanspruchen und anderen vorweisen kann. Bis zum Vizedirektor, bis zum Kantonsrat, bis zum Privatdozenten und bis zur Berufung zum Professor wird wirklich noch Leistung erbracht. Ob die Leistung sinnvoll ist, bleibe dahingestellt.

Die Rechtsphilosophien, die dieses Problem nicht erkannt haben, mag man getrost vergessen. Nur die Machtanalyse hilft uns weiter, nicht die Reflexion über das, was abstrakt im Recht recht wäre.

Man müsste dieses allgemeine Bedürfnisprinzip ausloten: jeder will für seine Leistung überbelohnt werden, um später Sicherheit und Ruhe zu haben. Alle brauchen 20 Jahre Leistungslosigkeit. Niemand kann unter dauerndem Leistungsdruck leben. Also müsste man ein System erfinden, in welchem eine z. B. zwanzig Jahre lange Leistung verlangt wird und dann die Belohnungen kommen, aber für alle gleich. Dieses System wird es nie geben, weil es nicht systemgerecht ist. Systeme zu ändern, kostet auch zuviel Blut, nutzloses, solange nicht die immanente Systemveränderung vom System akzeptiert ist.

Das Bedürfnisprinzip wird selten missbraucht, das Leistungsprinzip jedoch ständig. Warum? Weil die Mächtigen mit dem Leistungsprinzip argumentieren; es wäre lächerlich, täten sie es mit dem Bedürfnisprinzip.

Die Juristen, die über das richtige Recht philosophieren, kommen mir vor wie Anatomen am toten Objekt. Das lebendige Objekt wäre die Macht, doch dieser sind sie selbst unterworfen.

2. Februar

Den anonymen Brief gegen Kollegen S., den ich mit Abscheu sofort in den Papierkorb geworfen habe, musste ich wieder herausnehmen, weil die Kollegen im Dozentenzimmer, die denselben Brief erhalten hatten, meinten, es sei wichtig, für Beweiszwecke ihn aufzubewahren. Ganz schlechte Hexameter, alles witzlos, nur beleidigend. Nur für Beweiszwecke wichtig.

Die Abstände zwischen den Gängen zum WC werden merklich-unmerklich kürzer. Heute habe ich die zweistündige Vorlesung am Schluss nur mit Mühe überstanden.

Laax, 4. Februar

Die Frage ist, wie nahe und ob überhaupt das Leben sich an den Tod herandenken kann. Sicher lässt sich weder durch Denken noch durch andere Anstrengungen wie Meditation und dergleichen erfassen, was nach dem Tod sein wird. Auch das Nichts ist ja nicht fassbar. Man kann sich darunter höchstens einen Schlaf oder eine Bewusstlosigkeit vorstellen. Oder die totale Sinnlosigkeit, ohne Sinnoasen. Die ganze Welt als schwarzes Loch; doch sagen dann sogar die Physiker und Astronomen, dass auf der anderen Seite des schwarzen Loches eine Negativwelt oder eine Unwelt herauskäme. Gedanklich und sprachlich ist das alles überhaupt nicht zu bewältigen. Es bleibt höchstens das «totaliter aliter». Doch damit kann man gar nichts anfangen.

Alle die Versuche, über die Grenze zu schauen, mögen anregend sein, doch muss man zugeben, dass man wirklich nichts sieht. Ich meine daher, dass dies auch nicht die Beschäftigung ist, die der Tod von uns verlangt. Vielmehr geht es ausschliesslich um das Leben, um das Leben mit dem Tod, um das Leben aus der Todesperspektive. Da wird alles sehr viel einfacher und klarer. Die zeitliche Begrenzung – dass die Uhr abläuft: das ist erfahrbar. Der Tod bleibt sich gleich, aber das Leben wird anders. Die Sinnoasen suche ich mir sorgfältiger aus als früher. Manches wird zur Sinnoase, an dem ich früher achtlos vorbeigegangen bin. Den Gang durch die Wüste kürze ich ab, die Routine der Pflichterfüllung, das Tagespensum, die mir von anderen verordneten Tätigkeiten stelle ich zurück. Die Uni und das Kassationsgericht werde ich aufgeben, weil diese Pflichterfüllungen, die mir immer grosse Freude gemacht haben, jetzt nicht mehr sinnvoll sind. Ich kann nicht so tun, als sei nichts geschehen. Den Band Strafrecht III werde ich freilich noch machen, um mein Freisemester im Sommer zu verdienen. Sonst hätte ich womöglich den Staat betrogen. Diese seltsame Überlegung muss ich akzeptieren. Wie lange darf ein Sterbender vom Arbeitgeber Staat den Lohn noch beziehen? Eine geradezu groteske Frage, aber sie wird sicher von den Bürokraten aufgeworfen werden, wenn auch möglicherweise erst nach meinem Tode.

Gestern abend kam Peter G., mein ältester Freund aus der Primarschulzeit. Peter G., der etwas zum Dramatisieren neigt, erzählte mir, dass seine Mutter und mein Vater ineinander verliebt gewesen seien, vor gut 40 Jahren, und dabei hätten sie nicht einmal in Gedanken zu fassen gewagt, sich körperlich zu berühren. Ich selber kann mich nur erinnern, dass die beiden einander mochten; mehr hat wohl auch Peter G. nicht gesehen. Derartige «Sünden» der Eltern kann sich das Kind auch als Erwachsener kaum vorstellen.

Yvette hat angerufen. Ich bekomme viel mehr Liebe als früher, viel zuviel. Früher tröstete ich mich mit dem Satz aus einem Dialog von Plato: Im Liebenden ist der Gott, nicht im Geliebten. Jetzt müsste ich mit dieser Weisheit andere trösten.

Die Intelligenz ist teuflisch, nicht nur weil sie Vernichtung, sondern auch weil sie Werke hervorbringt, neuestens die Mikroelektronik, und damit eine Welt schafft, welcher der Mensch selbst, seiner Natur nach, biologisch und psychisch, nicht gewachsen ist.

Dürrenmatt hat etwas von einem König aus einer seiner Komödien.

Lou hat mir gesagt, sie werde die Stelle verlassen, wenn ich pensioniert bin. Sie wolle nicht für einen anderen Professor arbeiten (denn formell ist sie vom Juristischen Seminar angestellt). Diese Haltung, diese Geste, die mir sicher wohltut – nicht einfach schmeichelt –, womit habe ich sie verdient? Darauf fiel mir ein, dass ich mich auch jetzt noch für später mit der Kleinlichkeit der meisten Menschen auseinandersetzen, nämlich mich gegen den Verdacht wehren muss, Lou habe diese Diktate für mich auf Staatskosten geschrieben. Hier kann ich nun doch auf meinen Puritanismus verweisen, auch wenn er nicht viel wert ist: Ich habe nie auch nur eine Minute vom Staat bezahlte Arbeit für mich privat in Anspruch genommen, sondern immer alles peinlichst redlich aus meiner Tasche bezahlt. Obwohl es lächerlich ist, muss ich das hier sagen. Denn man wird immer der Taten verdächtigt, die die andern begehen. Der Verdacht muss ja aus einem Kopfe kommen, der sich mit den Taten beschäftigt, deren er andere verdächtigt.

Ich erinnere mich an ein beiläufig aufgeschnapptes Gespräch unter Kollegen im Dozentenzimmer:

«Also, wenn Sie für eine Bank oder eine Versicherung ein Gutachten machen, dann versuchen Sie bloss nicht, das Honorar bei der Steuererklärung zu vergessen.» Also hat man sich mit der Frage beschäftigt, welche Honorare man bei der Steuererklärung vergessen könne und welche nicht.

Laax, 5. Februar 1982

Die Sonne geht jetzt genau um 16.44 Uhr unter, in der Mitte des nach rechts geneigten Hanges, der weiter rechts sich steil nach Falera erhebt. Eine Minute zuvor war sie hinter der grossen Tanne, die auf dem Vorsprung über dem Vorderrheintal steht, und es sah aus wie der Busch im Feuer, der doch nicht verbrannte. So könnte Moses Gott gesehen haben, ganz nach dem unglaublich dummen Satz: Und die Bibel hat doch recht. Eselsbrücken für Esel.

Die Sonne ist in diesen kälteren Gegenden eine warme Mutter; das Weibliche hört erst weiter im Süden auf, bei den Lateinern: Il Sole. Man spürt den Wärmeentzug ganz plötzlich in den Schattenhängen, wo es düster wird und eisig. Licht und Schatten sind im Schnee viel strenger getrennt als sonst, auch die Augen haben mit dem Wechsel Mühe.

Ich bin Ski gefahren wie früher immer. Der Körper macht noch alles mit, ist ganz da. Wenn die leichten Symptome nicht wären, könnte ich meinen, ich sei kerngesund. Ich hatte keinen Moment von Traurigkeit, bei gleichbleibendem Begleitbewusstsein. Man muss sich so auf die Schwünge konzentrieren, dass man nicht zuviel um den Tod herumsinnieren kann.

Ich wollte um zwei Uhr zurück sein, um zu lesen und zu diktieren, doch verfehlte ich die Piste zur Talstation, fuhr immer wieder in Seitentäler, liess mich wieder mit Skilift oder Sessellift hochschleppen und gab schliesslich um drei Uhr bei der Bergstation auf, nahm, was ich früher als entwürdigend empfunden hätte, die Luftseilbahn talabwärts. So war ich dann um halb vier wieder hier.

Laax, 6. Februar

Unter den intelligenteren Menschen, die nicht von Berufs wegen eine religiöse Institution vertreten müssen, herrscht allgemeine Übereinstimmung darüber, dass es ausser dem Leben nichts gibt. Der Tod ist sinnlos, das Wissen darum eine unnötige Belastung. Dennoch bleiben diese drei Fragen: die Frage nach dem Sinn, die Frage nach dem Tod, die Frage nach Gott. Manche sagen, die Fragen stellen sich gar nicht, und dabei machen sie sich etwas vor, sind auch unlogisch, denn eine Frage, die nicht beantwortbar ist, bleibt dennoch gestellt. Und es zeigt sich ja, dass alle sie sich stellen.

Schon etwas ehrlicher sind die agnostische und die psychologische Antwort. Die agnostische: wir wissen nichts und werden nie etwas wissen. Die psychologische: das Religiöse, das Mystische, das Transzendente gehört nun einmal zur menschlichen Psyche, man muss es überwinden (Freud), bewältigen (Jung) oder das Beste daraus machen (Erich Fromm).

Gott als der allmächtige Gesetzgeber, Befehlshaber und Richter, dessen Fingerzeige bis ins einzelne von seinen diesseitigen Stellvertretern ausgedeutet werden, hat sicher abgedankt und nie so existiert: zweites Gebot. Was Gott will und vorhat, wissen wir nicht. Die Kirche war lange Zeit der Beweis für Gott, heute ist sie der Gegenbeweis; was nicht bedeutet, dass im Apparat Kirche – erst recht seit der allgemeinen Ungläubigkeit – nicht Menschen sich betätigen, an denen Gott ein Wohlgefallen haben könnte. Man nenne mir doch einen anderen Apparat, der soviel für die Unterdrückten und Erniedrigten tut wie die echt frommen Pfarrer und Laien in den christlichen Kirchen, zum Beispiel in Lateinamerika und in Südafrika, denen der Apparat Kirche doch wenigstens einen gewissen Schutz verleiht. Das spricht nicht für den Apparat als Apparat, sondern dafür, dass dieser Apparat sein Gewissen nie ganz wird verlieren können.

Dies führt über zum Gedanken an Gott als oberste Berufungsinstanz, die den einzelnen frei und stark machen kann, auch wenn die ganze übrige Gesellschaft gegen ihn ist. Diese – wichtigste – psychologische Funktion Gottes wird von den Psychologen nicht gesehen, auch vom ziemlich religionsfreundlichen Erich Fromm nicht, obwohl dieser sich unermüdlich auf die Beispiele von Propheten, von Sokrates und Jesus beruft. Wie kann jemand als einziger gegen alle sein und doch bestehen? Stets bedarf er einer höheren Instanz, die allen anderen überlegen ist. Diese kann immer nur Gott sein, auch wenn dafür andere Zeichen eingesetzt werden, zum Beispiel das Daimonion bei Sokrates, sein Gewissen, sein Weltgewissen. Dafür aber braucht es einen einigermassen definierten und inhaltlich strukturierten Gott, einen Gott, der sich solidarisiert mit menschlichen Anliegen und unterscheidet zwischen Gut und Böse. Eine unbestimmte Neigung zum Religiösen und Numinosen oder zum Mystischen kann nie eine solche Haltung produzieren, die eben nicht nur oder überhaupt nicht der psychischen Selbstbefriedigung dient, sondern die allgemeine Ungerechtigkeit vermindern will.

Zweitens bleibt Gott uns vorgestellt darin, dass es Dinge überhaupt gibt, und sogar ein Weltall. Dabei stellt ein Tannzapfen die Gottesfrage nicht weniger dringlich, als sämtliche Spiralnebel des Weltalls es tun. Nach unserem Denken muss alles einen Grund haben. Da unter jedem Grund ein weiterer liegt und es kein Ende des Fragens gibt, wird man nur ganz einfache Götter mit der Wissenschaft einholen können. Die einzige witzige Stelle, die ich bei Erich Fromm gefunden habe, lautet: «Der Mensch nahm Zuflucht zu den Göttern für die Erfüllung seiner praktischen Bedürfnisse, die er allein nicht befriedigen konnte; jene Bedürfnisse, für die er nicht betete, konnte er bereits mit eigener Kraft befriedigen.» Man könnte es auch umgekehrt sagen: Sobald der Mensch ein Problem bewältigt hat, hört er auf zu beten. Inzwischen wissen wir, dass er mit jeder Problemlösung mindestens zwei neue Probleme schafft. Da der Mensch der wissenschaftlichen Zivilisation die Probleme vor sich herschiebt und immer noch meint, er könne sie demnächst lösen, auch nicht sieht, dass die ungelösten Probleme ständig zahlreicher werden als die gelösten, betet er auch nicht mehr, zumal er richtig erkannt hat, dass Beten keine technisch-wissenschaftlichen Probleme löst. Würde Beten allgemein und überall als zweckfreies, vertieftes Nachdenken verstanden, würde es allerdings die Welt verbessern.

Zweite und dritte Kardinalfrage: Frage nach dem Sinn des Lebens und Frage nach dem Tod. Ich behandle sie zusammen, weil sie für mich jetzt zusammengehören. Ausserdem habe ich über die Sinnoasen des Lebens schon gesprochen. Jetzt interessiert mich der Gegensatz zwischen denjenigen, die sagen, der Tod interessiere sie nicht, sei unwesentlich usw. (zum Beispiel Elias Canetti, zitiert in den Tagebüchern von Frisch), und denjenigen, die behaupten, erst der Gedanke an den Tod vermittle dem Leben einen richtigen Sinn (Montaigne und Psalm 90, 12).

Der Psalmist sagt, dass man durch das Denken an das Sterben ein weiseres Herz gewinne.

*Welche* Weisheit soll das Denken an den Tod vermitteln? Weder Montaigne, der wie der Psalmist denkt, noch der Psalmist sagen es. Irgendwie wissen wir, dass es stimmt, aber wir können das Gefühl und sein Objekt nicht definieren. Ich versuche es mit den folgenden Überlegungen:

1. Die Zeit wird wertvoller, viel wertvoller als Geld, um auf den dummen Vergleich anzuspielen (Zeit ist Geld). Zeit ist alles, Geld ist nichts. Geld ist alles für denjenigen, der nichts hat, z. B. einen Arbeitslosen. Für alle, die genug Geld haben, ist Geld nur Symbol und Fetisch. Dafür wird die Zeit um so wichtiger, je klarer das Wissen um ihre Grenze. Wie oft verfluchen wir doch Stunden, z. B. das Warten auf einem Flughafen, und meinen: Wenn diese Zeit nur endlich vorüber wäre! Genau genommen heisst dies: ich wäre für diese Zeitspanne lieber tot. Denn diese Zeit geht vom Leben ab. Wenn wir es genau durchzählten, würden wir wahrscheinlich erkennen, dass es ganz lange Lebensspannen gibt, in denen wir schon im Leben lieber tot wären.

   Du wirst gegenüber den zahllosen Möglichkeiten des Lebens selektiver sein und nicht einfach diejenigen akzeptieren, die konventionell z. B. zur steileren Karriere führen, oder, wenn du schon ziemlich weit oben bist, nicht Amt auf Amt häufen, nur um überall dabeizusein. Dies ist die vertane, verlorene Zeit, nicht diejenige, die jemand bei einer Frau verbringt oder in Gesprächen mit Freunden. Auf der anderen Seite wirst du weniger Aufgaben auf später verschieben, du wirst nicht ins System passen, nicht übereinstimmen mit dem, was von dir erwartet wird von denjenigen, die das System am Funktionieren erhalten. Zugleich wirst du fragen: Was habe ich vernachlässigt? Was sollte ich mehr pflegen? Was gäbe mehr Sinn? Welche Momente habe ich zuwenig genützt, welche sollte ich mehr nützen?

Das tönt alles sehr abstrakt. Doch gibt es konkrete Beispiele. Warum bin ich damals abends früher heimgegangen, nur weil ich am nächsten Morgen eine Sitzung hatte? Warum nicht einfach mit einem dummen Kopf in die Sitzung gehen? Überhaupt die Sitzungen. Alle guten Taten, sollen sie soziale Breitenwirkung haben, müssen organisiert sein. Zur Organisation gehören unvermeidlich die Besprechungen und Sitzungen. Oft werden dabei wirkliche Entscheide gefällt, noch häufiger aber sucht jeder Rat beim andern und dient die Beratung dazu, die allgemeine Ratlosigkeit zu verdekken. Krisenstäbe werden einberufen, um Geschehnisse zu bewältigen, von denen jeder weiss, dass sie nicht zu bewältigen sind. Die Methode der Krisenstäbe hat sich bewährt. Nichts macht mehr den Eindruck von Energie und Handlungsfähigkeit einer Regierung als ein Krisenstab. Schon durch die Bildung eines Krisenstabs habe ich bewiesen, dass ich die Situation meistere. Man sitzt zusammen und verdeckt die Ratlosigkeit in einem energischen Communiqué.

Die meisten Sitzungen – immer noch unter dem Thema Umgang mit der Zeit – sind demgegenüber reine Routineangelegenheiten, Absegnungsveranstaltungen. Für mich könnte ich mir die Hölle so vorstellen: von Sitzung zu Sitzung, Sitzungen ohne Ende. Es gibt einen Teufel, der die Sitzung leitet und dafür sorgt, dass in der Sitzung nichts beschlossen wird, was nicht schon vorher vorbeschlossen war; und es gibt einen Teufel, der die Sitzung verlängert, indem er aussichtslose Anträge stellt, Diskussionen verlangt, deren Ergebnis der

erste Teufel, zusammen mit ein paar minderen Teufeln, schon lange bestimmt hat.
Du wirst weniger fernsehen und mehr lesen, weniger Zeitungen und mehr Bücher. Du wirst den Büchern gegenüber vorsichtig sein, die flachen Stellen, wo dem Autor nichts einfiel, er aber dennoch schreiben musste, schneller verlassen. Mit Hilfe des Inhaltsverzeichnisses kannst du auch feststellen, was dich besonders interessiert. Warum haben eigentlich Romane – Literatur überhaupt – kein Inhaltsverzeichnis und kein Stichwortverzeichnis?

2. Sehen wir das Leben vom Tode her, werden wir freier, vieles wird leichter, manches intensiver. Etwas zum letztenmal sehen ist fast so gut, wie etwas zum erstenmal sehen. Als ich zum erstenmal das Meer sah, an der Atlantikküste in der Bretagne, sagte ich zu Nicole: Sag mir jetzt, dass das das Meer ist, der Ozean, sag es mir zweimal. Sie fand das komisch, war sie doch von klein auf – als reiche Pariserin – immer wieder am Meer.
Wenn ich jetzt wieder ans Meer ginge, würde ich ähnlich intensiv empfinden. Schau gut hin, es ist zum letztenmal. Ich kenne zwar das Meer inzwischen vom Lande her sehr genau, vor allem von schmalen Landzungen aus, wo man wirklich die Rundung der Erde sieht, die Trennung von Wasser und Himmel als leicht gebogenen Strich.

3. Das Verhältnis zu den anderen wird anders. Daran kannst du so kurz vor dem Tode nicht viel ändern. Aber vorher.
Mehr diejenigen lieben, die dich lieben, weniger dich denjenigen widmen, die dich nicht lieben.
Geduldiger werden, wo du zu ungeduldig warst, ruhiger, wo du zu unruhig warst, offener und härter, wo du zu nachgiebig und anpassungswillig warst.

Leider finde ich nur banale Sätze: man hört auf, den Dingen nachzurennen; man wird genügsamer, zugleich obstruktiver, man lässt sich nicht mehr einspannen, vermarkten, verterminieren, bis der Terminkalender voll ist. Dadurch wirst du isolierter, denn diejenigen mit den vollen Terminkalendern können frühestens auf 14 Tage etwas verabreden, du aber möchtest dich nicht verplanen, nicht auf so lange, weil du dann vielleicht keine Lust haben wirst. Niemand aber kann für heute abend oder morgen abend eine Verabredung eingehen.

Laax, 7. Februar 1982

Das Licht ist wieder ganz grell. Die Blaumeisen und die Haubenmeisen fangen an zu trillern, ein Zeichen, dass der Frühling kommt. Im Unterland soll es regnen, hier also eine föhnige Aufhellung.

Eigenartig, dass kein einziger der gegenwärtigen Schriftsteller die Gottesfrage überhaupt für ein Thema hält. Dürrenmatt hatte einmal ein ganz gläubiges Stück geschrieben, «Der Blinde»; später ist er mehr und mehr auf skeptische Distanz gegangen. Von Jugendglauben zu sprechen ist peinlicher als von Jugendsünden.

Dürrenmatt und Frisch. Warum werden immer beide in einem Atemzug genannt? Dabei haben sie überhaut nichts Gemeinsames. Warum werden nicht Bichsel und Muschg zusammen genannt, warum nicht Frisch und Grass oder Dürrenmatt und Hochhuth? Dass die beiden, Dürrenmatt und Frisch, die zwei bedeutendsten Schriftsteller der Schweiz sind, ist doch wirklich noch kein ernsthafter Grund, um das Unvergleichbare immer wieder zu vergleichen und die Frage zu stellen, welcher von ihnen der Bedeutendere sei. Was soll das? Sie gegeneinander ausspielen, bis sie sich selber gegeneinander ausspielen?

Dürrenmatt ist ein Geschichtenerzähler auch da, wo er dramatisiert und philosophiert; es kommt ihm immer in erster Linie auf die gute Geschichte an, unaufhörlich erfindet er Geschichten. Frisch beobachtet und analysiert. Die Personen, die er beschrieben hat, erkennt man wieder. Dürrenmatt holt alles aus seinem Kopf, wäre er blind oder taub, er würde kaum anders schreiben. Frisch braucht seine Augen und Ohren, er schaut und hört sehr genau hin. Daher die vielen Aha-Erlebnisse bei Frisch, zum Beispiel beim Boccia-Spiel, an dem zwei Ehepaare beteiligt sind, die sich ganz anders verhalten, je nachdem ob sie mit ihrem Ehepartner oder mit dem anderen zusammenspielen. Jeder hat das schon erlebt, so oder ähnlich, aber nicht registriert, weil es zu selbstverständlich scheint. Wie es im Tessin regnet, erfährt man erst – wieder –, wenn man die Beschreibungen im «Der Mensch erscheint im Holozän» gelesen hat.

Dürrenmatt lernte ich – wahrscheinlich, genau weiss ich es nicht mehr – im Jahre 1943 kennen, in Bern, als seine Eltern noch in der Altstadt wohnten. Unsere Mütter waren miteinander befreundet. Ich ging noch zur Schule, Dürrenmatt, so sagte er, studierte Philosophie. Immer wenn ich ein wenig Geld hatte, etwa alle fünf Monate, besuchte ich ihn in Bern, ich war von ihm völlig fasziniert. Er zeichnete, malte und schrieb, meinte aber, er sei in erster Linie ein Maler. Über sich selbst erzählte er mir die unglaublichsten Geschichten, und ich glaubte sie alle, was ihn dazu anspornte, immer Unglaublicheres aufzutischen. Erst viel später dachte ich, dass alles erfunden sei. Zum Beispiel sei er einmal im Suff zum Bärengraben hinuntergegangen, habe gemeint, er sei ein Friedensengel, habe sich ausgezogen bis aufs Hemd und einen Zweig in die Hand genommen, habe zu den Bären gesprochen, bis die Polizei auf ihn aufmerksam geworden sei. Später, als der Vater pensioniert war, wohnten die Dürrenmatts auf der anderen Seite der Aare – soweit sich im Falle Berns so etwas sagen lässt –, und Fritz hatte im Dachgeschoss eine ganze Wohnung, deren Wände er gänzlich mit Fresken, schwarzweiss, bemalt hatte, mit Fratzen, Teufeln, Monden, explodierenden Sternen, alles in diesen eckigen und spitzigen Formen, die er auch in seinen späteren Tuschzeichnungen beibehalten hat. Als ich gegen Abend meinte, diese Fresken seien mir unheimlich und liessen mich nicht mehr los, lachte er und war stolz. Er schrieb an einem Stück, das «Der Knopf» hiess und in welchem ein Mensch das Rezept hatte, durch einen blossen Knopfdruck die Erde in die Luft zu sprengen. Das war vor dem Abwurf der Atombombe, wohlverstanden. Seine Mutter war besorgt darüber, dass ihr Sohn nicht richtig studiere, und man wisse nicht einmal, ob er Maler werde oder Dichter. Darauf sagte ich ihr – und ich kann mich wegen der Vermessenheit meiner Prophezeiung noch ganz genau daran erinnern –, ich würde jede Wette eingehen, dass ihr Sohn in 10 Jahren weltberühmt sei. Es hat dann nur sieben bis acht Jahre gebraucht; in der Schweiz und in Deutschland war er schon nach fünf Jahren berühmt. Viel später, in Neuchâtel, hat er mir dann eine japanische Übersetzung seines Kriminalromans «Der Richter und sein Henker» gezeigt, und ich fragte ihn, ob er die Übersetzung gut finde. Er ging sofort darauf ein und meinte, stellenweise sei sie besser als das Original, doch liessen sich eben gewisse Berner Eigentümlichkeiten nicht so leicht ins Japanische übertragen.

Mit Dürrenmatt hatte ich meinen ersten Rausch, überhaupt meinen ersten Alkohol, im Klötzlikeller in Bern. Er bestellte Fendant, und ich trank in grossen Schlücken wie eben ein Anfänger. Auf der Bahnfahrt nach Basel zurück – meine Familie wohnte damals in Arlesheim – fühlte ich mich ungeheuer beschwingt, beseligt, zu den grössten Ideen aufgerufen. Natürlich fing ich dann auch damit an, Dramen zu schreiben, und mein erstes fertiges Stück, «Die Partisanen», das den Widerstandskampf der Polen 1944 gegen die Deutschen in Warschau schilderte, gab ich Dürrenmatt zu lesen. Nach der Lektüre sagte er mir: Zunächst bin ich an meiner eigenen Literatur sehr unsicher geworden, weil deine realistischer ist, doch dann habe ich gesehen, dass du überhaupt nicht originell bist, im Gegensatz zu mir. Damit hatte er wirklich die Wahrheit gesagt. Mein Stück, das ich damals für sehr bedeutend hielt, war eine Mischung aus Steinbecks «Der Mond ging unter», das ich gerade im Theater gesehen hatte, und Georg Büchner, der damals neben Dostojewski meine Hauptlektüre war.

Später, 1945, schrieb Dürrenmatt, im einsam gelegenen Ferienhaus eines Freundes im Jura, sein erstes aufgeführtes Stück, das zuerst «Die Wiedertäufer», dann «Es steht geschrieben» und zuletzt wieder «Die Wiedertäufer» hiess. Es gab die bekannte Uraufführung in Zürich mit Pfeifkonzert – was konnte ihm Besseres passieren.

Zuvor, als ich im Wintersemester 1945/46 in Lausanne studierte, kam er mich manchmal besuchen, da seine Freundin, die Malerin, in Lausanne wohnte. Ich musste ihm ständig Blätter geben zum Zeichnen, sonst hätte er womöglich das Zimmer in der Pension, in der ich wohnte, mit Fresken bemalt. Wir sprachen über eine Geschichte von Kleist, und sofort waren zwei Zeichnungen da über den Offizier, der exekutiert wurde und als letzten Wunsch verlangte, dass man ihn durchs Arschloch erschiesse, damit sein Körper nicht mehr Löcher bekäme als nötig. Die

Zeichnungen sowie einige Pastellbilder, die er mir früher geschenkt hatte, habe ich noch.

Dann kam die Basler-Zeit, die fruchtbarste für Dürrenmatt, wie ich immer noch meine: Der Blinde, Romulus, die Kriminalromane. Ich studierte, wir sahen uns mindestens einmal die Woche, meine Schreibübungen fand er alle sehr schwach, und ich habe dann lange damit aufgehört. Er kannte schon Lotti, seine heutige Frau, musste also eine Art Haushalt haben. So wohnte er, da er nie Geld hatte, immer mehr ausgab, als er verdiente, stets in Abbruchhäusern, wo die Miete so niedrig war wie der Auszugstermin nahe. Häuserbesetzungen gab es damals noch nicht. Dürrenmatt lebte in der ständigen Demontage, alles war vorläufig, abbrechlich, so gefiel er mir am besten. Dürrenmatt spielte die Rolle eines konkursiten Hochstaplers, nicht willentlich, sondern sie wurde ihm von der Situation aufgetragen. Mit dieser Rolle, weil er sie so ungekünstelt spielte, wurde er rasch zum Original im Quartier. Das fertige Manuskript des «Blinden» liess er beim Einkauf in einer Metzgerei liegen, der Metzgermeister selbst brachte es ihm nach Hause.

Wer Basel kennt, weiss, dass die Abbruchhäuser, in denen Dürrenmatt wohnte, sich in der Altstadt befanden. Bei einer so grossen Altstadt machen ein paar Neubauten nichts aus. Die letzte Wohnung war dann freilich nicht in einem Abbruchhaus, sondern nur in einem «renovierungsbedürftigen» Haus. Dürrenmatt bewohnte das ganze, riesige Haus. Es war leer, in zwei Zimmern befanden sich ein paar dürftige Möbel. Dürrenmatt hatte in einem der zahlreichen Zimmer eine kleine Gipsbüste von Goethe gefunden, schenkte sie mir, malte sie aber vorher als Hitler um, und noch jetzt denken meine Gäste: Warum hat der Noll eine Hitlerbüste?

Dürrenmatt wohnte damals gerne zwischen Wänden, die bald einstürzten.

In jenem leeren Haus an der St. Alban-Vorstadt – heute eine Privatschule für dumme Kinder reicher Leute – führte er mich an einem Nachmittag in den Keller: Er habe soeben entdeckt, dass der noch voll von Wein sei, kein Mensch wisse, warum die früheren Eigentümer ihn nicht mitgenommen hätten. In der Tat, in den riesigen Gewölben waren an zwei Wänden lange Gestelle mit vollen, ungeöffneten Weinflaschen. Vorsichtig und mit einem halbwegs schlechten Gewissen nahm ich eine Flasche heraus – die Etikette war überschimmelt und nicht mehr lesbar –, öffnete sie mit dem Korkenzieher meines Taschenmessers. Ich nahm einen Schluck und spuckte ihn sofort wieder aus: Essig. Dürrenmatt meinte, wir sollten weiter suchen, ich nahm die nächste Flasche, wieder Essig, am Schluss schlugen wir die Flaschenhälse nur noch gegen die Wand, rochen kurz am Saft und warfen alles weg. Wir steigerten uns in eine echte Wut hinein: mindestens 100 Flaschen – früher einmal köstlichen Weines – haben wir auf diese Weise zerschlagen. Es half nichts. Wir mussten zum Montagner zurückkehren, von dem Dürrenmatt eine angebrochene Flasche noch oben hatte. Erst später fiel mir ein, dass Dürrenmatt diese Kellerinspektion schon längst gemacht haben musste und dass ich wieder einmal auf eine seiner Geschichten hereingefallen war.

Durch Dürrenmatt lernte ich damals auch Frisch kennen, über die Vermittlung von Antoinette Vischer. Kutter und ich waren bei Dürrenmatt, dieser sagte, er sei bei einer Frau Vischer eingeladen und dort sei auch der Frisch. Es würde nichts ausmachen, wenn auch wir dazukämen. Dies war der Tag, an dem ich Frisch kennenlernte und Kutter mit Antoinette anfing. Antoinette lag auf ihrem Kanapee, Kutter sass am Fussende und streichelte ihre Füsse, und Dürrenmatt mahnte: Wo hast du eigentlich deine Hände.

Seit Dürrenmatt über dem Neuenburgersee

wohnte oder thronte und ein vollbewusst weltberühmter Mann war, wurde für mich die Beziehung zu ihm schwieriger. Wenn ich ihn besuchte, kam ich mir vor wie ein Wallfahrer, trotzdem hatten wir immer wieder sehr witzige und lustige Nachmittage. Später, seit etwa 15 Jahren, hat es dann ganz aufgehört. Ich mochte es nicht, wenn er mir sagte, nächste Woche bin ich in Wien und nachher muss ich nach Amerika, du kannst in drei Monaten wieder anrufen. Wenn in einer Beziehung eine Verletzlichkeit auftaucht, so ist sie kaputt, jedenfalls in dieser Art von Beziehung.

Dazwischen kam noch ein grosser Vortrag in Mainz über Recht und Gerechtigkeit. Doch da fühlte ich mich schon so, als hinge ich mich an Prominenz an. Es war nicht mehr Freundschaft, sondern es waren wichtige Beziehungen, in deren Verknüpfung ich stand. Es hat mich angewidert, dass viele Leute es enorm fanden, dass ich mit Dürrenmatt befreundet bin, mit einem weltberühmten Mann. Und das erst noch als Jurist, also aus einer ganz fremden Sparte, nicht als Regisseur oder Kritiker usw. Der Vortrag fand im damals grössten Saal von Mainz statt, in der Liedertafel, und der Saal war völlig überfüllt, vor allem weil wir aus Angst, es finde sich zuwenig Publikum ein, die Schulen benachrichtigt hatten und nun Dreiviertel der Zuhörer aus Schülern bestanden, die endlich den grossen Dürrenmatt sehen wollten, den sie in der Schule gelesen hatten.

Die Ausbildung am Humanistischen Gymnasium vermittelt geradezu zwangsläufig das Vorurteil, der Ruhm des Dichters, sein Lorbeer, sei das höchste Gut auf Erden und im Grunde das allein Erstrebenswerte. In Wirklichkeit unterliegt auch der Ruhm den Gesetzen der Macht, besonders seit der Erfindung des Urheberrechts. Vorher mussten sich die Dichter bei den Fürsten beliebt machen, um überhaupt genug zu essen zu haben. Das Urheberrecht wurde später den Druckern als «Privilegium» verliehen, als allergnädigster Schutz vor konkurrenzierendem Nachdruck. Seit das Urheberrecht dem Künstler selber zusteht, haben sich Gerechtigkeit und Ungerechtigkeit auf diesem Gebiet ins Bizarre gesteigert. Salinger kann von einem Bestseller jahrzehntelang leben, ohne weiter schöpferisch tätig zu sein. Auf der andern Seite müssen die bekannten Schriftsteller ständig ihren Bekanntheitsgrad aufrechterhalten, und dazu bedarf es der Mitwirkung von Verlegern, Regisseuren, Fernsehleuten, Journalisten usw. Die Kniefälle sind gegenseitig. Der Schriftsteller darf nie ganz «out» sein, denn ein «come back» ist schwierig.

Im Verhältnis zwischen dem Fürsten und dem Hofdichter sah das alles noch einfacher aus, obwohl wahrscheinlich schon damals viele Instanzen und Schranzen sich zwischen die beiden Exponenten der Prominenz (Fürst und Dichter) geschoben haben.

Peinlich wird es erst, wenn die Prominenten anfangen, Memoiren zu schreiben, um in diesen mit der Prominenz ihrer Bekannten zu beweisen, dass sie, die Schreiber, selbst auch zur Prominenz gehören. So wird einer auf die Bekanntschaft mit Goethe verweisen, nicht aber auf die Bekanntschaft mit Gretchen, obwohl er doch Goethe durch Gretchen erst kennengelernt hat.

Schnell ist jetzt der Vorwurf fällig, ich tue dies in meinen Diktaten genauso. Der «geneigte» oder «sensible» Leser wird allerdings merken, dass die Namen, die in meinen Diktaten vorkommen, entweder nicht wirklich bekannt oder prominent sind, oder zumindest nicht aus diesem Grunde genannt werden. Es sind alles Personen, die in mein Leben eingegangen sind und die ich über alle Zeiten in Erinnerung behalten möchte.

Hans hat mit unserem Buch «Science Rackett» die bittere Erfahrung gemacht, dass es in Amerika schon soweit ist, dass kein Buch mehr gedruckt wird, von dem der Verleger und seine Apparatschiks nicht annehmen, es werde ein Bestseller. Auch Frisch hat mir das bestätigt.

Dies ist wahrlich Sodom und Gomorrha: Die Hurerei des Geistigen; das Denken und die schöpferischen Einfälle werden im Bordell vermarktet. Auf der anderen Seite unseres polarisierten Planeten liegen sie in den Ketten der Zensur. Vernünftigerweise kann man nicht einmal fragen, was besser ist: Zensur durch den «Geschmack» eines von den Massenmedien und neuestens von den Horror-Videos kindisch gehaltenen Publikums oder Zensur durch die Macht, die jede Regung des Geistes bekämpfen muss.

Zürich, 11. Februar 1982

Gestern bei Max Frisch. Er hat New York verlassen, temporär, wie er sagt, genau zu dem Zeitpunkt, als die Loft eingerichtet war. Gleichnis? Wenn etwas wirklich vollendet ist, dann ist es auch reif für den Abbruch.

Frisch nimmt alles persönlich und gibt alles persönlich, seine Schwäche und seine Stärke. Ob ich nicht Dürrenmatt besuchen wolle? Ich: warum? Daran gedacht habe ich, zumal nach meinen letzten Diktaten, doch meine ich, dass der Tod nicht dazu dienen sollte, den Leuten mit der Tür ins Haus zu fallen. Die andern sind meiner Situation gegenüber wehrlos, und ich möchte das nicht ausnützen.

Die Küche war voll Rauch und Dampf, weil Frisch den Spinat in eine Pfanne gelegt und vergessen hatte. Wir mussten alle Fenster öffnen, auch die im Wohnzimmer. Die Huftplätzchen und die Spätzli standen glücklicherweise noch vor dem Verarbeitungsprozess, und da haben wir dann, nach einem Glas Champagner, genau aufgepasst.

Wir haben einander viel anvertraut. Für mich spielt die Diskretion mir gegenüber keine Rolle mehr. So sage ich nur, was ich selber gesagt habe: Die Beobachtung seziert, demontiert, je genauer, desto gründlicher. So gibt es in deinen Schriften keine Figuren, die «positiv» beschrieben werden, keine, die beim Leser Zuneigung auslösen, ausser den Frauen, in die du verliebt warst. Da verwandelt sich dann, und das ist dein Talent, die Sezierung in eine Komposition. Marianne und vor allem Lynn. Umsetzung von Liebe in Literatur. So kann Literatur heute noch «schön, wohlwollend, gütig» sein. Darum schreibe ich auch keine Literatur.

Die Frauen: Frisch ist kompliziert und unausgeglichen, und er wählt komplizierte und unausgeglichene Frauen, und immer wieder ist er erstaunt darüber, dass in diesem Bereich minus mal minus nicht plus gibt. Da die unausgeglichenen Frauen auch mehr hergeben auf der Szene für das Publikum als die ausgeglichenen Frauen, sind sie insofern sicher interessanter. Mit den komplizierten Situationen hält er sich am Leben. Täte er es nicht, könnte auch das Stück nicht weitergespielt werden. Manchmal kommt er mir vor wie Molière, der auf der Bühne starb, als der «Malade imaginaire» gespielt wurde. Es brauchte den Tod, um ihn von der Bühne wegzubringen. Vielleicht verhält es sich bei Frisch umgekehrt: Solange er noch Komplikationen mit Frauen hat, kann er auch nicht sterben. Und so muss er immer kompliziertere Situationen durchleben, bis er 90, 100 Jahre alt ist und ihm unverhofft eine ganz einfache und sympathische Frau begegnet. Ein «Blaubart» mit *noch* mehr Frauen wäre kaum zu ertragen.

Vorstellung des Todes: Ich falle tiefer und tiefer in mich selbst hinein, so wie ich jetzt schon mich fast nur noch mit mir selbst beschäftige. Manche fallen gar nicht tief, und die leben nicht und sterben nicht, wohl aber diejenigen, die stets tiefer und immer tiefer fallen.

12. Februar

Ich bin am Aufräumen. Mein Vater hat, nach seinem ersten Herzinfarkt, das gleiche getan, Säcke voll Papier vernichtet, Briefe, Notizen, alle Predigten, die er jeweils am Freitag Wort für Wort aufgeschrieben und am Samstag auswendig gelernt hatte.

Ich habe Schachteln voll von Blättern, alles ist verzettelt, bald verweht; immer wieder habe ich etwas angefangen, dann liegengelassen, dann vergessen. Die Zettel, Blätter, Notizbücher treten mir als eine ganz fremde Vergangenheit entgegen. Warum habe ich das überhaupt aufbewahrt? Zum Beispiel ein Kalenderblatt vom 30. August 1949 mit der Notiz: «Satigny, 1 kg Pfirsiche.» Ich muss damals Freunde zu einer Bowle aus billigem Weisswein und Pfirsichen eingeladen haben, aber wen?

1959 habe ich, weil Ursi mir eine dazu einladende Agenda schenkte, mit einem Tagebuch angefangen, das ich Tage-und-Nächtebuch nannte. Der erste Satz: «Jetzt fange ich an.»

Ich bringe es nicht über mich, mich durch die Operation zum Einbaum aushöhlen zu lassen, in dem niemand weiterschwimmt.

Damals habe ich Ursi geliebt, «über alles in der Welt», aber nicht so formuliert. Der Liebende begeht, um geliebt zu werden, Fehler über Fehler und wird deshalb immer weniger geliebt; so werden seine Fehler immer grösser. Als Nicole mit mir Schluss machte und mir in meiner Verzweiflung nichts Besseres einfiel, als ihr zu sagen: Ich liebe dich über alles in der Welt, antwortete sie: Ich habe dich nie «über alles in der Welt» geliebt, auch früher nicht. Ganz trokken. Auch ich fand meine Realität wieder, später. Dann fiel mir auch ein, dass die Wendung «über alles in der Welt» schon deshalb nicht auf die Liebe passt, weil sie aus dem Deutschlandlied stammt.

Ein bekannter Schriftsteller hielt 1959 einen Vortrag über die Rückständigkeit der Massen. Der Schriftsteller kam mir – nach meinen Notizen – vor wie derjenige, der am Morgen zu spät aufgewacht ist und aufs Feld eilt, die Wachenden zu wecken. Ihr Staunen über ihn nimmt er als Schlaf.

Andi sagte mir, meine Schrift sei hieroglyphisch, sie sei mir Ersatz für das Zeichnen, das ich nie konnte, und das Schreiben, das ich ebenfalls nie konnte.

Um geliebt zu werden, brauchst du Mitleid und Bewunderung in der richtigen Mischung. Auf dem Boden der Bewunderung gewachsenes Mitleid, die Rührung darüber, dass der so grosse, so starke und so gescheite Mann doch auch in gewisser Hinsicht wie ein Kind ist, das seine Mutter benötigt.

«Es stimmt nicht, dass *Herr Korbes* ein recht böser Mann gewesen war, wie in jenem abscheulichen Märchen der Brüder Grimm behauptet wird. Daraus, dass ihm ein Mühlstein auf den Kopf fiel, ist nicht auf seine Bosheit zu schliessen, sondern auf diejenige der andern. Korbes war ein gerechter und wohlmeinender Mann, an dem ein furchtbares Verbrechen begangen wurde. Dieses Verbrechen aufzuklären ist die Aufgabe, mit der mich die Behörden wohl selber umgebracht haben, wollen mein Vorhaben mit allen Mitteln vereiteln. Überall verbreiten sie, dass Herr Korbes ein böser Mann gewesen sei. Ich stehe vor der Wand einer feindlichen öffentlichen Meinung. Die einen wollen ein Verbrechen verdecken, die anderen, die Ideologen, wollen die Möglichkeit nicht zulassen, dass ein Gerechter auf solche Weise umkommt. Ich komme gegen diesen Widerstand nicht an und schreibe schliesslich als Bericht an die Behörde das Märchen, wie es die Brüder Grimm aufgezeichnet haben.»

Die meisten wollen mit dem Strom schwimmen, doch die wenigsten wissen, in welcher Richtung der Strom im Augenblick fliesst.

Leute, die nichts zurückzuhalten haben, gelten als zurückhaltend.

Wie kann man sich vom Blick eines Menschen betroffen fühlen, wo doch der Blick kein Geschoss, das Auge vielmehr die Höhle ist, in die das Licht mit dem Bild des Betroffenen einfällt. Vielleicht ist nur der Gedanke unerträglich, Bild in einem fremden Gehirn zu sein.

Das Ei des Kolumbus war ein ganz gewöhnliches Ei.

Die Wörter liefern sich einen Kampf auf dem Papier. Was würde geschehen, wenn die komplizierten, abstrakten, höchst zusammengesetzten, mit vielen Fühl- und Greifarmen ausgestatteten Wörter der Philosophie den Zaun ihrer Anführungszeichen übersprängen und plötzlich auf der Strasse harmlose Passanten überfielen?

*Aus einem Notizbuch von 1949:* Neben dem Können ist die höchste Tugend das Nichtwollen.

Der Ehemann erschiesst den Liebhaber seiner Frau und wird freigesprochen: Er handelte in vermeintlicher Notwehr, weil er einfach nicht glauben konnte, dass seine Frau *nicht* vergewaltigt worden sei.

*1946 notiert:* Die blinde Aktion ist eine Form von Passivität.

Ansonsten sind die Notizen von vor 1950 inhaltlich äusserst schwach. Da hatte Dürrenmatt recht.

Ich komme aus dem nächtlichen Wald: Dorf der heulenden Hunde im Föhn.

*1950*: Glasperlen vor die Säue werfen, ist hingegen erlaubt, sogar geboten.

*1951:* Ich sehe fast nichts mehr. Der Tod sitzt mir schon im Gesicht. Er ist nicht schwer, aber verdunkelnd.

*Ohne Datum:* Der Satz: «Herr, bleibe bei uns, denn es will Abend werden», hat eine unheimliche Ambivalenz. Die Jünger waren der Meinung, den Unbekannten einzuladen, um ihn vor den Gefahren der Nacht zu schützen. Der Leser aber weiss, dass sie in Wirklichkeit die Schutzflehenden waren und dass er ihnen vor den Dunkelheiten der Nacht Schutz gewähren würde.

*1949:* B. redet so laut, dass man immer das Gefühl hat, nicht zu Wort zu kommen, auch wenn man nichts zu sagen hat. Er führt tachistische Gespräche. Früher malten die Künstler ihre Bilder und waren daneben auch mehr oder weniger religiös, mehr oder weniger gedankenreich. Heute gründen sie zuerst eine Religion. Anders lassen sich die Bilder nicht verkaufen.

*Wieder 1959:* Wir sähen in die Helle und erlebten Blumenschwälle und dächten gedanklichere Gedanken, atmeten Luftschlösser ein und aus, und Engel wären unsere Chauffeure, Gott hielte uns an seinem Herzen, dessen Pochen alle tausend Jahre uns aus dem seligen Schlaf weckte, und träumten nur Träume von Träumen, schwebten lichter empor, fielen vielleicht, weich, ohne Erinnerung, schmerzlos.

*1959:* Geschichte vom Menschen, der seine Nichte heiraten will, was nach Zivilgesetzbuch unzulässig ist. So gelingt es ihm erst, nachdem er viele Register gefälscht, Zivilstandsbeamte, Mitwisser ermordet hat, so dass sie endlich, er 90 Jahre, seine Nichte 70 Jahre alt, vor den Altar eines bestochenen Priesters treten können. Kaum ist die Heirat – scheinbar – gültig, bringt die Nichte den Onkel um, weil sie nie an etwas anderes gedacht hat als an sein Erbe.

*1960:* Die Schweizer sind stolz darauf, dass keiner von ihnen das Pulver erfunden hat.

*1961:* Der Wolf und die sieben Geisslein. Die Geschichte ist in allen möglichen Stilen zu erzählen: als politischer Aufruf, als Manifest, als historische, als theologische, als juristische Abhandlung. A wolf is a wolf is a wolf. Der Wolf erzählt die Geschichte, die alte Geiss und jedes von den Jungen sowie auch der Landarzt, der dem Wolf den Bauch aufschneidet. – Der Verteidiger des Wolfes hält sein Plädoyer: Niemand wollte ihm etwas geben, als er hungrig war; die alte, unausstehliche Geiss hat ihm sein natürliches

Futter weggeschlossen. – Die Geisslein als Zeugen, die alte Geiss als Nebenklägerin. – Später wird die Geschichte kolportiert: Herr Mundwiler erzählt sie in seinem Stil und Cäsar in seinem; ein vergesslicher Mensch, der alles durcheinanderbringt; ein kleines Mädchen, dem die Mutter sie soeben erzählt hat. – Ein Pfarrer legt den Text aus: Wer ist der Wolf? Wir alle! Wäre aber andererseits der Wolf straffällig geworden, wenn er als Wolf geachtet und nicht verfemt worden wäre? Wenn wir ihm als Mitwolf begegnet wären? Nur so konnte es zur Katastrophe kommen: Wir Wölfe haben nicht gesehen, dass da ein anderer Wolf herumirrt, und da haben wir uns benommen wie Geissen, kleinlich und unbarmherzig. – Oder Gott: Wolf, wo bist du? Wo sind die von mir gesegneten Geisslein? Der Wolf: Herr, ich habe gesündigt und schwer dafür gebüsst, man hat mir alle Geisslein aus dem Magen herausoperiert und mich dann, den Magen mit Steinen gefüllt, im Brunnen ertränkt. Gott: Du hast gebüsst und bist erlöst, hier kannst du in Ewigkeit Geisslein fressen. Der Wolf: Ich mag aber keine mehr.

Das alles habe ich jetzt dazugedichtet, doch habe ich die Märchen meinen Kindern immer auf ähnliche Art dialektisch erzählt, und das mochten sie überhaupt nicht. Am meisten erstaunt und dann empört waren sie über die Frage: Wer ist grösser, ein Riesenzwerg oder ein Zwergriese?

Ich richte über meine Vergangenheit. Von 50 Seiten bleibt höchstens ein Blatt. Das sollten sich alle anderen auch merken.

Auffällig, wie oft Psychiater symbolträchtige Namen haben: Freud, Jung, Adler, Fromm; heute in Zürich: Ernst, Angst, Kind, Knab.

9. Januar 1948: Generalprobe «Der Blinde» im Stadttheater von Basel.

Die Dauer des Lebens des einzelnen scheint im nachhinein etwas Absolutes zu haben, jedenfalls bei denjenigen Menschen, die «in ihren Werken weiterleben». Georg Büchner, immer noch solitär, wurde 24 Jahre alt und hat – noch zu Lebzeiten Goethes, wofür ich gegen Jürgen Baumann eine Wette (12 Flaschen Whisky) gewonnen habe – die Literatur revolutioniert. Ach, sagt man, was hätten wir noch alles zur Kultur hinzubekommen, wenn er wenigstens 50 Jahre alt geworden wäre. Sicher sehr viel, und doch lebt sein Werk gerade auch dadurch, dass es so früh vollendet war. Wir können das Beispiel umkehren, fragen, was der Kultur, an der wir unentwegt schaffen, verloren gegangen wäre, wenn Goethe oder Schiller mit 30 Jahren gestorben wären. Die Klassik, gewiss, aber sie wäre von anderen gemacht worden. Dann gibt es wieder jene unüberwindlichen Alterswerke bei Goethe, in der Zwischenzeit vieles, was ohnehin betrieben wurde. Epochal waren die beiden, Schiller und Goethe (die ähnlich paarweise zitiert werden wie Dürrenmatt und Frisch), doch zunächst in ihren Frühwerken. Trotzdem könnte man sich Goethe nicht ohne den zweiten Faust und die Gespräche mit Eckermann, Schiller nicht ohne die Braut von Messina in ihrer extrem klassischen, ins Abstrakte gesteigerten Theatralik vorstellen. Jedes Leben ist rund und ein Ganzes, und der Tod kommt zur richtigen Zeit. Das ist der banale Satz, der jetzt fällig wird. Er wird weniger banal, wenn man die Frage umdreht. Wie könnten wir uns einen 80jährigen Büchner vorstellen, mit was für Werken? Wie einen 80jährigen Mozart? Einen 80jährigen Schubert? Ungelaufene Lebensläufe und ungegangene Gedankengänge können wir uns nicht vorstellen. Die unvollendete Symphonie von Schubert ist ein Zeichen dafür, dass diese Vorstellungen selber unvollendet sind. Daneben gibt es die gewissermassen von innen und von aussen zeitgerechten Lebensläufe. Bach starb im Alter von 65 Jahren, doch waren die Alterswerke immer noch besser als die Jugendwerke, hören wir die h-moll-Messe. Dasselbe bei Mozart, der nur 34 Jahre alt wurde. Förmlich sichtbare Altersabstiege sind selten. Und dann gibt es ja auch den Fontane, der überhaupt erst mit 60 Jahren angefangen hat zu schreiben. Im gehobeneren Wirtschaftsmanagement werden die Leute, wenn sie nicht schon in unanfechtbaren Machtpositionen sich befinden, spätestens mit 55 gefeuert. Dies ist unsere hektische Zeit, die selbst von einem 34jährigen keine unvollendete Symphonie erträgt. Der Alte befindet sich nicht mehr auf dem aktuellen Wissensstand, er macht Fehler, er kommt nicht mehr nach. Das wäre, wie wenn man dem alten Goethe gesagt hätte: Du musst jetzt endlich erkennen, dass nur noch mit der Romantik und dem neuen deutschen Nationalismus etwas anzufangen ist, und deine Altersreflexionen interessieren keinen Hund mehr.

Zürich, 17. Februar 1982

Man sagt: nackte Macht, nackte Gewalt; man sagt nicht: nacktes Recht, nackte Güte. Die Engel entledigen sich nie ihrer Kleidung. Oder man vermutet: Das Böse verhüllt, verkleidet, maskiert sich, und man sieht es erst, wenn es seine Hüllen fallen lässt, nackt dasteht. Oder: Das Wort «nackt» hat an sich eine pejorative Bedeutung, anständige Menschen sind angezogen – das erste, was die Missionare den Heiden beibrachten.

Heute hat mir vor der Uni ein Student ein Flugblatt in die Hand gedrückt:

«Gestern abend wurde durch den Einsatz von Scharen von ziviler Schmier und von ca. 30 Polizeigrenadieren ein ‹ungestörter› Vortrag von Georges-André Chevallaz erzwungen.

Mit Polizeigewalt wurden mehrere hundert Studenten, die vor der Aula warteten, vertrieben. Mindestens ein Student wurde verhaftet, mehrere zusammengeschlagen.

Anscheinend war von Anfang an eine Konfrontationsstrategie beabsichtigt. Die Wartenden hätten ohne weiteres in der Aula Platz gefunden, und die Veranstaltung hätte pünktlich beginnen können. Dies wurde bewusst verhindert, denn man fürchtete sich vor dem Publikum mit einer mehrheitlich anderen Meinung als der Redner.

Irgendeine reale Gefahr bestand nie. Der Polizeieinsatz und fast zwei Stunden Warten reichten aus, um die Zusammensetzung des Publikums so zu verändern, dass Chevallaz' halbstündige Rede vor kritiklosen Zuhörern abgeleiert werden konnte. Während der ganzen Wartezeit wurde niemand mehr eingelassen, obwohl drinnen viele die Geduld verloren hatten. So macht man das ...»

Rektor Hilty hatte vorher – das stand auch in der Zeitung – an die «Wartenden» einen Zettel verteilen lassen:

«Sie nehmen an einer nichtbewilligten Demonstration teil und stören so den Universitätsbetrieb. Bitte verlassen Sie dieses Gebäude unverzüglich; andernfalls sehe ich mich veranlasst, Sie wegen Hausfriedensbruchs (Art. 186 StGB) der Strafbehörde zu überantworten. Falls Sie der Disziplinarordnung unterstehen, haben Sie zudem mit einem Disziplinarverfahren zu rechnen.»

Einmal mehr habe ich durch schiere Unaufmerksamkeit einen winzigen Teil des Weltgeschehens verpasst, das doch ganz nahe an mir vorbeiging. Gestern um sechs Uhr kam ich aus der Vorlesung, ganz kurz vor der umstrittenen Veranstaltung. Nichts fiel mir auf ausser zwei Divisionären in Uniform mit den schönen goldenen Ornamenten um den Hut, und ich dachte, wie sehen die jung aus, und einen Moment später: wahrscheinlich gibt es einen militärischen Vortrag.

Die einen sagen, sie hätten nur zuhören und anständig diskutieren wollen; die anderen sagen von den einen, sie hätten die Veranstaltung sprengen wollen. Die Wahrheit wird man nie erfahren, weil das Experiment nicht durchgeführt wurde. Persönlich meine ich, dass es Krach gegeben hätte und dass es naiv war, Chevallaz samt Divisionären ausgerechnet in der Uni zu einem Vortrag einzuladen. Doch wird man nie herausfinden, ob die Angst der einen die Aggression der andern hervorgerufen hat oder ob es sich umgekehrt verhielt. Nur wissen wir inzwischen, dass Angst und Aggression zusammengehören und dass besonders in Zürich das Zweigespann sich eintrainiert hat. Die traditionellen Formen des Kulturlebens werden zerbrochen. Eine Oper unter Polizeischutz oder gar die h-moll-Messe unter Polizeischutz funktionieren nicht. Der Schutz erdrückt das zu Schützende. Die Jungen wollen den Alten das Alter vermiesen, indem sie denken, dass die Alten ihnen ihre Welt kaputtgemacht haben. Sie suchen einen Gegner, und da sie noch nicht wissen, dass es einen solchen in der Anonymität und Eigengesetzlichkeit des Systems nicht gibt, schiessen sie auf Symbole, meinen, damit hätten sie es ihnen gezeigt. Der Hass zwischen den Gruppen steigt, und die Formalitäten, die es ermöglichen, mit dem Gegner umzugehen, werden demontiert.

Das Flugblatt der Studenten enthält auf der rechten Seite ein riesiges Paragraphenzeichen, in dessen Mitte der Kopf eines behelmten Polizisten abgebildet ist, der aussieht wie ein Totenkopf, unbeabsichtigt, eine unbeholfene Zeichnung. Der Paragraph als Symbol des Zwanges und der unlegitimierten Macht. Die kritische und schützende Funktion des Rechts – gegenüber der Macht – ist dem allgemeinen Bewusstsein verlorengegangen. Auch die fragende Funktion, die sokratische. Am Paragraphenzeichen wird nur noch der dicke Bauch gesehen, nicht mehr die auffällige Erscheinung, dass es aus zwei umgekehrten Fragezeichen besteht, von denen das eine die Blösse des anderen zudeckt.

Die linke Niere meldet sich nicht mehr.

Gestern, vor dem beschriebenen und nicht gesehenen Vorfall, war in der NZZ zu lesen, dass die gegenwärtige Unruhe, die sogenannte Bewegung, sich von der Bewegung von 1968 dadurch unterscheide, dass heute die Drahtzieher im Hintergrund blieben, während sie sich damals, 1968, öffentlich zu profilieren suchten. Daher sei man auch leichter mit der Bewegung von 1968 fertig geworden als mit der Bewegung von heute. Heute seien die Drahtzieher ganz im Hintergrund, kaum je polizeilich und gerichtlich zu fassen. Die Vorstellung, dass es möglicherweise überhaupt keine Drahtzieher gibt, dass die spontan Wütenden einander ständig ablösen, ohne Programm, ist für die NZZ undenkbar. Wo etwas geschieht, muss es organisiert sein, und es muss Organisatoren geben. Das Unheimliche liegt ja gerade darin, dass es zerstörerische – leider meist – Bewegungen gibt, die keiner Organisation bedürfen. Die Gruppenzusammenhänge wechseln ständig, und es gibt viele Einzelgänger, auch solche, die hin und wieder sich irgendeiner Gruppe vorübergehend anschliessen. Das Verhalten ist mehr durch Mode und Nachahmung bestimmt als durch Ideologie und wird vielleicht in wenigen Monaten nicht mehr «in» sein. Seit einigen Jahren ist es Mode, Gebäudefassaden zu besprayen, besonders an der Uni. Die Verwaltung lässt diese Schmierereien immer möglichst bald wieder wegputzen. Nichts kann die Sprayer mehr reizen, wieder neu zur Tat zu schreiten. Ein leeres Stück Papier fordert zum Schreiben oder Zeichnen auf, ein vollbeschriebenes oder vollgezeichnetes nicht.

Ein Gespräch mit Frisch wird nie langweilig, jedenfalls für mich nicht. Es gibt nie das Warten darauf, dass man endlich selber etwas sagen kann, was einem zum Thema eingefallen ist. Die Einfälle verteilen sich gleichmässig auf beide Gesprächspartner, das Gespräch bleibt nie hängen, es gibt keine Pausen, die man als solche empfindet, und es gibt keinen Zwang, sich etwas besonders Gutes auszudenken. Das Gespräch als gute Mahlzeit, geniesserisch gepflegt. Gehirndelikatessen. Manchmal zündet er die Pfeife an, auch wenn fast kein Tabak mehr drin ist, und der Saft kocht knisternd. Manchmal steht er beim Reden mitten im Zimmer, hält aber nie eine Rede. Er kann zuhören, und zwar nicht nur wartend auf seinen eigenen Einsatz, sondern er geht mit auf dem Weg des andern. Analytiker ohne Systematik. Darum die vielen Tagebücher. Die Literaturgeschichte wird einen grossen Fehler machen, wenn sie ihn nicht als Denker sieht, denselben Fehler wie die Philosophiegeschichte, die die Systemgründer masslos überschätzt – Descartes und Hegel gegenüber Montaigne und Schopenhauer. Auch wir Juristen werden nicht durch die kritisch-analytische Behandlung des Rechts und der Macht berühmt, sondern durch die Kompilation in Monumentalwerken, am besten durch ein richtiges Gesetzbuch, ein Strafgesetzbuch oder ein Zivilgesetzbuch, das alle bekannten Erkenntnisse systematisch zusammenfasst, in zweiter Linie durch einen grossen Kommentar, eine systematische Darstellung oder wenigstens ein Lehrbuch.

Frisch leistet dem Irrtum Vorschub, die Literatur habe – gegenständlich und thematisch – mit dem Leben des Literaten zu tun, ja, sei letztlich dessen Beschreibung. Frischs Themen sind, wie man meint, persönliche Themen: Identität mit sich selbst, Beziehung zu Frauen, Schwierigkeiten mit sich selbst und anderen. In Wirklichkeit steht er selbst viel weiter von seiner Darstellung entfernt, als die Darstellung vermuten lässt. In seinen besten Werken allerdings wird das Persönliche exemplarisch. Und typischerweise sind dies die Alterswerke. Der alternde Mann mit der jungen Frau in «Montauk», der alte Mann allein im Tessiner Regen («Der Mensch erscheint im Holozän»).

Ist die Thematik unpersönlich, generell-abstrakt, dann sind wir in der Klassik. «Ewige» Stoffe: Iphigenie, Oedipus, Medea (diese bei Dürrenmatt als «Alte Dame» präsentiert). Nun sind leider diese klassischen Stoffe weit weniger ewig, als die meisten denken. Man schaffe die Pflicht zur Blutrache ab, und Orest wird arbeitslos; man beseitige die Diskriminierung der nichtverehelichten Mutter, und das Gretchen von Faust sowie die Maria Magdalene von Hebbel leben nur noch von ihrer historischen Dramatik. Dafür eröffnet sich danach die Ebene des Psychologisierens: Orest, Medea, Oedipus (Oedipuskomplex) ereignen sich in der menschlichen Seele, werden schliesslich mit Jung zu Archetypen erklärt. Durch diesen Denkmechanismus kann sich eine früher reale Welt als Scheinrealität oder Märchenwelt weitererhalten.

Goethe bleibt insofern vorbildlich, als er vom Beginn bis zum Ende seiner Schriftstellerei das Persönliche (Individuell-Konkrete) mit dem Klassischen (Generell-Abstrakten) in – freilich sehr wechselnder – Verbindung hielt. Fast immer beschrieb er sein eigenes Leben, und manchmal gelang es ihm, einzelne

Episoden ins Exemplarische zu heben. Mit ihm hat die leidige Sucht begonnen, der ich selbst erliege, sich selber als etwas Beträchtliches zu betrachten und anderen vorzuführen. Von Sophokles' persönlichen Problemen weiss man nichts, noch weniger von Homers und anderen der Alten, was allgemein als Vorteil empfunden wird, aber doch eigentlich zu bedauern ist. Die totale Trennung von persönlichem Leben und der aus diesem Leben geschaffenen Literatur hat etwas Antikes. Nur noch Objektivität und Allgemeinheit. Weil wir nichts von Sophokles wissen. Dabei gibt es bei ihm Szenen, in denen man sofort sieht, dass er sie selber gesehen haben muss. Oder war auch das schon damals reine literarische Technik?

Du sollst nicht deinen Fall beschreiben, sondern ihn ins Exemplarische erheben. Du sollst aus deinem Fall einen Fall für alle machen. Dafür ist der Tod gerade gut genug.

Du sollst aus deinem Fall ein Gesetz machen, und das kannst du nur, wenn dein Fall exemplarisch ist, und er ist es nur, wenn du lange genug über ihn nachgedacht hast. Die Literatur soll oder sollte in ihrer Thematik wie der Gesetzgeber die Regel finden für viele Fälle und in ihrer Beschreibung wie der Richter dem Einzigartigen gerecht werden. Aber wer kann das schon ausser Gott?

Der Erfinder des bedingten Strafvollzuges, einer der grössten Errungenschaften des Strafrechts, ist nie bekannt geworden. Wahrscheinlich war es ein englischer Richter, der einfach erklärte, er werde das Urteil aussetzen (probation), den Angeklagten laufen lassen, ihn in drei Jahren wieder herberufen und mit ihm darüber sprechen, was inzwischen gegangen ist. Vielleicht hat dieser englische Richter gedacht wie Jesus (Johannes 8), als er zur Ehebrecherin sprach:

Gehe hin und sündige hinfort nicht mehr. Dieser englische Richter ist unbekannt geblieben; bekannt geworden sind die Juristen, denen nichts eingefallen ist, die aber einen strengen systematischen Geist hatten und eine Mühelosigkeit im Kompilieren. Im Guten wird die Welt nicht von den Grossen verändert, sondern von manch einem Kleinen und Unbekannten.

Laax, 19. Februar 1982

Gestern um zwei Uhr kam ich hier an, unten Nebel, hier Sonne. Um drei Uhr kam Yvette, wir sassen in der Sonne, gingen ins Hallenbad, gingen ins Bett, assen und tranken etwas, gingen ins Bett, gingen essen, gingen ins Bett. Heute waren wir den ganzen Tag im Bett, mit einem kleinen Unterbruch im Hallenbad, dann fuhren wir nach Ilanz zum Mittagessen, und um zwei Uhr musste sie weg.

Von Morgen an war Nebel, dann schneite es, wurde wieder etwas klarer.

Heute nachmittag habe ich Voltaire gelesen, ein wenig eingeschlafen, dann weitergelesen. «Le christianisme». Dass Voltaire in der gleichen Front wie Jesus kämpfte, als er die historischen Fälschungen beschrieb, die die Staatskirche und ihre Konzile nebst allerlei Legendenschreibern produzierten, fiel ihm nicht ein, da ihn Jesus, wie man sofort sieht, überhaupt nicht interessierte. Es kam ihm auf den Kampf gegen die immer noch ziemlich allmächtige Kirche an, und er erkannte nicht, dass dies derselbe Kampf war, den Jesus gegen die damalige offizielle Kirche führte. Dies wird man ihm verzeihen. Zumal Voltaire mit seinen Schriften für die Wahrheit und Gerechtigkeit (Jean Calas) genau das gleiche getan hat wie Jesaja oder Amos. Er hätte sich als Propheten verstehen sollen, doch war er dafür wahrscheinlich zu sehr darauf aus, persönlich aus Voltaire einen grossen Mann zu machen.

Der Nebel kommt näher, lässt manchmal wieder eine nahe Tanne los, zuweilen sogar die ganze Tannenkulisse hinter dem Seelein. Jetzt aber ist er so dicht und so nahe, dass ich nur noch ins Nichts sehe.

Ausser dem einen Band von Voltaire – Voltaire, den ich verehre, weil er ein Reformator ist, ein Prophet, das heisst ein kritischer Moralist, dem das politische Handeln mehr zu verdanken hat als jeder systematischen Philosophie – habe ich einen Band meiner dreibändigen Ausgabe von Goethe mitgenommen. Frühe Volksausgabe aus dem letzten Jahrhundert, jede Seite zweispaltig und kleingedruckt. Ich lese aus den «Wahlverwandtschaften», 3. Kapitel:

«Der Hauptmann kam. Er hatte einen sehr verständigen Brief vorausgeschickt, der Charlotten völlig beruhigte. Soviel Deutlichkeit über sich selbst, soviel Klarheit über seinen eigenen Zustand, über den Zustand seiner Freunde gab eine heitere und fröhliche Aussicht.

Die Unterhaltungen der ersten Stunden waren, wie unter Freunden zu geschehen pflegt, die sich eine Zeitlang nicht gesehen haben, lebhaft, ja fast erschöpfend. Gegen Abend veranlasste Charlotte einen Spaziergang auf die neuen Anlagen. Der Hauptmann gefiel sich sehr in der Gegend und bemerkte jede Schönheit, welche durch die neuen Wege sichtbar und geniessbar geworden. Er hatte ein geübtes Auge und dabei ein genügsames; und ob er gleich das Wünschenswerte sehr wohl kannte, machte er doch nicht, wie es öfters zu geschehen pflegt, Personen, die ihn in dem Ihrigen herumführten, dadurch einen üblen Humor, dass er mehr verlangte als die Umstände zuliessen, oder auch wohl gar an etwas Vollkommeneres erinnerte, das er anderswo gesehen.»

Diese Art von Literatur hat es tatsächlich einmal gegeben. Man sieht den Hauptmann nicht, man sieht Charlotte nicht, man sieht den Garten nicht. Büchner wäre früher fällig gewesen.

Goethe selber auch, er hat manchmal weniger abstrakt geschrieben.

Im stets ärgerlicheren Lesen merkte ich aber, wie ich ihm Unrecht tue. Das ist nicht einfach schlechte Literatur, verglichen mit der heutigen, sondern das ist eine andere Sprache. Eine uns fremde Sprache. Jede Sprache wird neu konzipiert durch jeden, der in ihr schreibt.

Daher ist es unsinnig, wenn Sprachhüter wie Emil Staiger daherkommen und sagen, wir wollen keine Kloaken-Sprache, wir wollen wieder das Schöne und Hehre. Nichts lässt sich zurückdrehen. Die Sprachhüter können den Prozess nicht aufhalten. Jedes Wort, das einmal gesagt ist, bleibt stehen und verändert die Sprache. Also sollst du auf jedes deiner Worte achten. Es gibt nichts Überflüssiges.

Umgang mit dem Alkohol. Du sollst nicht vom Morgen an Wein trinken. Du sollst abends zum Essen Wein trinken. Wein ist nicht inspirativ. Du kannst von fünf bis acht Uhr abends Whisky oder Wodka, am besten vermischt mit Wasser oder mit Orangensaft trinken, und deine Gedanken werden keine Einbusse erleiden, immer unter der Voraussetzung, dass die zeitliche Grenze zwischen fünf und acht Uhr abends exakt eingehalten wird. Die grossen amerikanischen Schriftsteller haben freilich schon am Morgen getrunken, aber nur Whisky, und dafür auch nur Romane geschrieben, schon ein Drama – nicht einfach in Konversation übersetzte Prosa – ginge nicht mehr. Die grosse Literatur ist grösstenteils eine Literatur von Trunkenbolden.

Schon Goethe, weiss man, hat zwei bis drei Liter Wein am Tag getrunken.

Laax, 20. Februar 1982

Immer wieder die Frage, was das Denken eigentlich leisten kann, und wieder die Antwort: sehr wenig. Es kann vor allem das Handeln nicht motivieren, sondern nur für vorgegebene Motive: Überlebensdrang, Machtsucht, Genussucht usw., Techniken entwerfen, die diese befriedigen. Das exakte, naturwissenschaftliche Denken kann Autos und Flugzeuge herstellen, Waffen und Medikamente, alles mit dem gleichen Eifer, weil die Motive dafür, der Wille nach diesen Dingen schon da ist. An diesen Motiven und an diesem Willen kann das exakte, naturwissenschaftliche Denken gar nichts ändern. Man sehe nur, wie völlig wirkungslos die Analysen und Appelle des Club of Rome geblieben sind. Ebenso wirkungslos bleiben die psychologischen und soziologischen Analysen, die sich die Motive, den Willen und die Macht selbst zum Forschungsgegenstand nehmen. Es gibt eben dazu keine Technik, die das Handeln führen könnte, und wenn es sie gäbe, würde sie höchstens dazu benützt, die Macht abzusichern und zu verstärken.

Das spekulative Denken gemäss der philosophischen Tradition seit Plato dagegen ist mehr eine ästhetische Spielerei als der Versuch, die Dinge über ein Umdenken zu ändern. Allenfalls gibt es Denkmoden wie den Existentialismus, den Strukturalismus usw., die zunächst die Diktion der Gebildeten, aber eben nur diese, beeinflussen, alsdann, über den Prozess der Vulgarisierung, allenfalls auch das Gehabe einzelner Bevölkerungsteile. Da nähert sich dann das soziale Ergebnis der philosophischen Mode anderen, «tieferstehenden» Moden wie «Rock» und «Punk».

Kollektive Vernunft wäre höchstens über eine exakte Religion herzustellen. So etwas hat es einmal im alten Juda mit Hilfe der Propheten gegeben.

Der Kult der Erkenntnis der erfahrbaren Realität wird zum Kult der Macht. Das ist der heutige Götzendienst. Der Grundlagenforschung folgt die Profitgier auf dem Fusse. Und zuvorderst ist immer das Militär.

Ich wollte Jesaja lesen, seine pathetische Beschreibung der Ungerechtigkeit, die beste, die ich kenne, habe aber vergessen, die Bibel mitzunehmen.

Eine noch mögliche Hoffnung wäre die, dass die herrschenden Machtsysteme an ihren inneren Spannungen zugrunde gehen, in sich zusammenbrechen, bevor sie Gelegenheit haben, die totale Vernichtung durchzuführen. Ich denke dabei nicht an Aufstände von Satellitenstaaten wie Polen oder El Salvador, auch nicht an Revolutionen im Innern; denn solche Situationen würden gerade dazu führen, dass die Mächtigen im letzten Augenblick doch noch die Bombe werfen. Ich hoffe vielmehr auf eine leise, allmähliche, fast unmerkliche Selbstauflösung: da und dort fängt es an, dass an einer Stelle der Apparat nicht mehr funktioniert, dass man auf die tiefere Stufe zurückgehen, sich wieder mit einfacheren Mitteln behelfen muss, weil es zuviel Zeit braucht, die Roboter zu reparieren, und vielleicht auch niemand mehr da ist, der genau weiss, wo die Schwachstelle sich befindet. Ich denke also eher an das Ende des Turmbaues von Babel: er hört von alleine auf, weil er zu kompliziert geworden ist und niemand mehr das Ganze zu überblicken vermag. Die Mächtigen bleiben zwar an ihren Plätzen, doch werden sie hilflos, weil die Kommunikation, auf die die Macht angewiesen ist, nicht mehr funktioniert. Das Chaos bräche herein, jedoch ohne Zerstörung; die Leute würden einfach nach Hause gehen und sich das Nötige «organisieren» wie die Deutschen nach dem Kriege. Bei genauerer Überlegung muss ich aber zugeben, dass die Vorstellung ausser dem Reiz des Visionären nichts für sich hat. Die Systeme werden ihrer eigenen Auflösung durch die Zerstörung der anderen Systeme und durch die Selbstzerstörung zuvorkommen. Denn schon der erste Defekt in der zu kompliziert gewordenen Maschinerie würde den Alarm auslösen.

Jetzt ist der Nebel wiedergekommen, zuerst von oben, dann auch von unten. Milchig blindes Weiss, durch das die Schwärze der Tannen mit ihren sonst so scharfen Konturen nur noch schwach hindurchdringt, wie ein Ruf aus ganz weiter Ferne. Um so näher sind die Tannen, die neben dem Haus stehen, mit ihren nach oben ausgestreckten Armen, an denen sinnlos die Tannzapfen hängen. Rilke: So viele Penisse über niemandes Beischlaf.

Zweitausend Seiten solle ich diktieren, telegraphierte mir Frisch, nachdem ich ihm die ersten hundert Seiten mitgegeben hatte. Dabei sehe ich immer genauer, dass ich immer mehr streichen muss; vieles ist schwach, vieles geht niemand etwas an. Vielleicht ist diese Geschwätzigkeit ein Vorbote der Todesschwäche. Zugleich muss ich zugeben, dass das Telegramm von Frisch mich «echt aufgestellt» hat.

Das Kitzeln in der Harnröhre könne, sagt Christoph, nicht von einer Infektion herrühren, sonst hätte ich Fieber. E contrario: es ist der Krebs. Er rekognosziert und inspiziert die Stellen mit seinen Fühlern leicht streichelnd, an denen er später mit seinen Scheren zupacken will. Und ich bin so dumm, ihn derart schmeichelhaft zu porträtieren. Dabei ist er ein dummes, blindes, böses Tier in mir, vielleicht der dümmste Teil von mir, er wird mich wenigstens nicht überleben.

Dem Grossmünsterpfarrer habe ich gesagt, dass er einen von mir verfassten Lebenslauf bei der Beerdigung vorlesen soll und einige von mir niedergeschriebene Gedanken über Sterben und Tod. Das ist der schwierigste Befehl, den ich mir erteilt habe. Doch wäre es jetzt nicht gut, wenn ich mir den Gehorsam verweigerte.

Ich habe mehrere Lebensläufe, verschiedene, die nicht miteinander übereinstimmen, bis heute nicht. Es gibt einen Leistungslebenslauf – das ist derjenige, der normalerweise vorgewiesen wird. Es gibt einen Liebeslebenslauf, einen Sexlebenslauf, einen Trägheitslebenslauf, einen Frustrationslebenslauf. Einen Lebenslauf der Niederlagen und der Pyrrhussiege. Insgesamt war mein Lebenslauf langsam und gewunden – trotz dem gegenteiligen Eindruck, den man von meiner juristischen Schreiberei haben kann. Erst jetzt ist er schneller geworden und linearer, abgesehen von kleineren Windungen, die ich mir nicht mehr abgewöhnen kann. Welche Daten ich auch immer auswähle, es wird eine irreführende Darstellung werden.

Die Gedanken über Sterben und Tod sind da schon wesentlich klarer. Ich stelle mir eine ganz kurze Predigt vor, in der ich das Publikum – eine Trauergemeinde ist keine Gemeinde – mit dem einzigen konfrontiere, was für jeden einzelnen mit Sicherheit feststeht: mit seinem Ende.

Die Predigt könnte so lauten:

Seit dem 19. Dezember 1981 habe ich gewusst,

dass ich Krebs habe. Die Operation, die mir angeraten wurde, habe ich abgelehnt, nicht aus Heroismus, sondern weil sie meinen Lebens- und Todesvorstellungen nicht entsprach. Ich hatte keine Alternative. Man hätte mir die Harnblase herausgenommen, mich bestrahlt, und bei der ganzen Prozedur hätte ich doch nur eine Chance von 35 % gehabt zu überleben, befristet und zerschnitten. Sie alle werden sterben, einige von Ihnen sehr bald, andere viel später. Meine Erfahrung war die: Wir leben das Leben besser, wenn wir es so leben, wie es ist, nämlich befristet. Dann spielt auch die Dauer der Frist kaum eine Rolle, da alles sich an der Ewigkeit misst. Obwohl ich viel christliche Erbmasse habe, spreche ich jetzt als Nichtchrist unter Berufung auf Nichtchristen. Nicht nur die Christen, sondern besonders die Nichtchristen, von Seneca und Montaigne bis, wenn Sie wollen, zu Heidegger, waren der Meinung, dass das Leben mehr Sinn habe, wenn man an den Tod denkt, als wenn man den Gedanken an ihn beiseite schiebt, verdrängt. Sie sagten auch, es sei leichter zu sterben, wenn man sich sein ganzes Leben lang mit dem Tod beschäftigt habe, als wenn man von ihm überrascht werde. Ich habe erfahren, dass das alles stimmt. Ich hatte Zeit, den Tod kennenzulernen. Das ist das Gute am Krebstod, den alle so fürchten. Ich wusste, dass die Zeit kürzer ist, als ich früher dachte, zumal ich an die Zeit und ihre Begrenzung vorher zuwenig gedacht hatte. Es gab viel Traurigkeit, auch echte Heiterkeit, keine Verzweiflung, erstaunlicherweise. Natürlich wissen wir alle, dass wir sterben müssen, und doch tun wir so, als hätte das Leben kein Ende, als würde die Situation des Todes immer nur andere betreffen, von denen wir hören, dass sie endlich im Spital gestorben sind, und an deren Beerdigung wir dann gehen. Aus Pietät, gemischt mit einer gewissen Abscheu. – Was soll sich denn ändern im Leben, wenn wir an den Tod denken? Vieles, nicht alles. Wir werden ein weiseres Herz gewinnen, wie der Psalmist sagt. Wir werden sorgfältiger umgehen mit der Zeit, sorgfältiger mit den anderen, liebevoller, wenn Sie so wollen, geduldiger – und vor allem freier. Niemand kann uns mehr nehmen als das Leben, und dieses wird uns ohnehin genommen. Dieser Gedanke gibt Freiheit, gibt geradezu frische Luft. Die Zwänge der vermeintlichen Bedürfnisse, die Karriere, die Statussymbole, die gesellschaftlichen Zwänge, sie werden mehr und mehr gleichgültig, und wir können zum Beispiel einfach sagen, was wir denken, rücksichtslos gegenüber den Konventionen oder Mächten, die es uns verbieten wollen. Wir können, in Zürich zum Beispiel, uns frei Mühe geben um die Probleme der Polis, mit den Jugendbewegten zusammensitzen, mit ihnen sprechen oder es versuchen, ohne einen Verweis der Obrigkeit zu fürchten. Wir können als Rechte mit Linken und als Linke mit Rechten ein Gespräch suchen, und wir werden dadurch gezwungen, zu denken. Denken heisst Freiheit. So ist der Zwang zum Denken ein Teil der Freiheit. Was hat das alles mit dem Tod zu tun? Sehr viel. Wenn ich als Sozialist oder als Freisinniger mich der Ideologie anbequeme, die die Gruppe, in die ich ja ohnehin irgendwie zufällig hineingeraten bin, vertritt, dann habe ich mein Denken abgegeben und meine Freiheit verloren. Ich bin dann ganz vollgestopft mit fremden Gedanken, die meine eigenen Gedanken ersetzen. Das ist bequem, aber unwürdig und letztlich sklavisch. Das Faszinierende am Tode ist folgendes: Der Tod ist das Allgemeinste und zugleich das Individuellste. Ein toter Bundesrat ist gleich tot wie ein toter Jugoslawe, der bei der Müllabfuhr gearbeitet hat, und – vom Leben aus gesehen – sogar gleich tot wie eine tote Fliege. Zugleich aber ist der Tod das individuellste Ereignis der Person. Jeder stirbt allein, kein anderer kann mit ihm sein, selbst wenn er gleichzeitig stürbe. Das frühere Ritual in Indien, nach welchem sich die Witwe des Patriarchen nach seinem Tod verbrennen lassen musste, ist ein untauglicher und erst noch lächerlicher Versuch, die totale Individualität des Todes zu durchbrechen.

Ich kann Ihnen sagen, weil ich es in den letzten Monaten erlebt habe, dass der Gedanke an den Tod das Leben wertvoller macht. –

Noch wenige Worte zum Jenseits. Sie haben aus der h-moll-Messe jene Chöre gehört, die das musikalische Denken des Protestanten Bach am genauesten wiedergeben: Jesus wurde beerdigt, Jesus ist auferstanden. Diesen Triumph über den Tod kann nur die Musik darstellen, dank ihrer Abstraktheit – auch der Tod ist letztlich etwas Abstraktes. Anders als mit Musik und ganz abstrakten Vorstellungen wäre die Ewigkeit nicht zu ertragen. Dass sie besser sein wird, lichter als dieses uns aufgezwungene Dasein, dafür liessen sich viele Beweise anführen. Warten wir, bis es soweit ist, und sprechen wir dann wieder miteinander. Ende der Predigt.

Hans fragte am Telefon: Kannst du noch Ski fahren? Bei aller Gleichgültigkeit höre ich die Untertöne solcher Fragen.

Zürich, 22. Februar 1982

Gegendarstellung:

Der Rektor teilt mit:

Auf den 16. Februar 1982 hatte das Schweizerische Institut für Auslandforschung im Rahmen der Vortragsreihe über «Sicherheit durch Gleichgewicht?» zu einem Referat von Bundesrat Georges-André Chevallaz eingeladen, das unter dem Titel «Chancen und Risiken des Kleinstaates in einer Welt des labilen Gleichgewichts» um 18.15 Uhr in der Aula der Universität hätte stattfinden sollen. Das entsprechende Raumgesuch war bewilligt worden. Das Rektorat war deshalb für eine ordnungsgemässe Durchführung des Anlasses verantwortlich.

In den Tagen vor dem Vortrag ergaben sich Hinweise darauf, dass gewisse Kreise eine Störung der Veranstaltung beabsichtigten. Der VSU (Verband der Studenten der Universität Zürich) trat mit einem Inserat auf der Titelseite des ZS (Zürcher Studenten) Nummer 27/28 sowie mit zwei Flugblättern an die Öffentlichkeit, von denen das eine von einer «Action Cervelas» in der Aula sprach. Daneben wurden zwei anonyme Flugblätter in der Universität aufgelegt. Das zweite enthielt den Text: ‹Guter Rat, Attentat›. Schliesslich kündigte am Tage des Vortrags die Telephonziitig ‹Bewegung› in der Aula der Universität an. Es ist klar, dass das Rektorat auf Grund dieser Indizien gewisse Sicherheitsmassnahmen vorbereiten musste.

Kurz nach 18.00 Uhr waren alle Sitzplätze in der Aula besetzt, und es standen bereits einige Zuhörer längs den Wänden. Vor der Aula warteten noch rund 150 Personen. Auf meine Weisung wurde ihnen über Megaphon mitgeteilt, sie könnten eine Übertragung des Vortrags im Auditorium 101 hören. Dass es einem Teil dieser Leute nicht um das Anhören des Vortrages ging, sondern um dessen Störung, bewies ihr weiteres Verhalten: Sie begaben sich nicht in den Hörsaal 101, sondern blockierten den Zugang zur Aula, so dass der Referent den Saal nicht ungestört und ungefährdet hätte betreten können. Daraufhin liess ich unter den Personen vor der Aula ein Flugblatt verteilen, in dem ich ihnen Anzeige wegen Hausfriedensbruchs androhte, sofern sie die Universität nicht verliessen. Als auch diese Warnung nichts nützte, entschloss ich mich dazu, die Kantonspolizei darum zu bitten, durch einen Einsatz den freien Zugang zur Aula zu gewährleisten.

Das Verhalten der Leute vor der Aula und auch eines Teils der Zuhörer im Saal, die mit Lärmgeräten ausgerüstet waren, zeigt mit aller Deutlichkeit, dass es gewissen Kreisen nicht um die geistige Auseinandersetzung mit dem Referenten und seinen Aussagen zu tun war, sondern um Störung der Veranstaltung. Dass solches an einer Hochschule vorkommt, ist bedauerlich. Allerdings wurden die Störaktionen nur zum Teil von Studenten getragen.

Ich danke allen, die dazu beigetragen haben, dass Bundesrat Chevallaz – wenn auch mit grosser Verspätung – in der Aula der Universität Zürich sprechen konnte. 17.2.1982»

Was ist Wahrheit? Die Gegendarstellung überzeugt mich mehr als die Darstellung. Das kulturelle Leben ist hochempfindlich. Ein einziger Lärmmacher genügt, um die ganze Veranstaltung zu sprengen; denn auch die gewaltsame Hinausbeförderung des Lärmmachers ist eine empfindliche Störung. Demnach muss man weiter vorne das Terrain abriegeln, und auch daran erstickt die Kultur. Vielleicht ist sie schon vorbei. Ohne einen minimalen Konsens, beschränkt auf das formale «Einander-reden-Lassen» kann keine Gesellschaft leben. Zugleich muss man sehen, dass die potentiellen Lärmmacher aus dem Bewusstsein handelten, die *anderen* würden *sie* nicht reden lassen, jedenfalls nicht anhören.

Während die Systeme wegen ihrer Kompliziertheit ständig störungsanfälliger werden, entstehen in ihnen selbst immer massivere Mittel, Störungen zu bewirken, was eigentlich paradox ist.

Gestern nach der Rückkehr von Laax zu Almuth gegangen, meiner früheren Ehefrau. Hans ist extra von Basel gekommen, wieder einmal unterwegs zwischen USA und Europa; am Donnerstag schifft er sich nach Palermo ein, um dort wie schon früher an einem Institut zu arbeiten, wo er Embryos von Seeigeln auseinandernimmt und zu neuen Individuen zusammensetzt. Hans sieht, als Molekularbiologe, die Apokalypse noch viel näher als ich. Er will ein Buch schreiben über die Fatalität der Technologie, ihre unaufhaltsame, rasante Beschleunigung, ihr Vernichtungspotential. Es komme alles viel früher, als man heute meine, und viel extremer. Die Molekularbiologie hat herausgefunden, dass auch die Lebenszeit eines Menschen genetisch programmiert ist, weil es im Interesse der Erhaltung einer Art und ihrer Weiterentwicklung liegt, dass die Generationen sich verhältnismässig rasch folgen. Es wird in absehbarer Zeit möglich sein, die Keimzellen des Menschen (Samen und Ei) so zu programmieren, dass der Neugeborene tausend Jahre lang lebt oder länger. Bei den schon geborenen Menschen wird man es nie machen können, weil da die Programmierung nicht mehr verändert werden kann – das ist ein Trost. Wer wird schon daran interessiert sein, einen Sohn zu haben, der zweitausend Jahre alt wird? Man wird aber den künftigen Menschen umbauen, die Schöpfung pfuscherisch nachvollziehen können. Und wenn man es tun kann, wird es auch getan. In einer weiteren Dimension geht die Entwicklung ebenfalls viel schneller als heute noch zu denken gewagt wird. Die Nachkommen der Computer und die mit ihnen ausgestatteten Roboter werden nicht nur denken, sondern auch sehen und hören und fühlen können und so sein wie der Mensch. Der Mensch wird sie sich nach seinem Bilde schaffen. Jede zu schreibende oder zu entwerfende Groteske oder Tragödie ist gegenüber solchen Visionen zu harmlos. Denn diese künstlichen Geschöpfe werden ihre eigenen Visionen entwickeln. Die Vorstellung des Homunculus ist überholt; es wird nicht einfach kleine Menschen geben, die für die lebenden Menschen die niedrigen Arbeiten verrichten, sondern es wird grosse Apparate geben, denen die lebenden Menschen nicht mehr gewachsen sein werden. Apparate ohne Seele, nur dazu geschaffen, das Chaos wiederherzustellen, aus dem Gott einst die Welt schuf.

Obwohl Hans meint, die Genesis, die Schöpfungsgeschichte in der Bibel, habe hier etwas vorausgesehen, lehnt er jede Gottesvorstellung ab. Ich habe ihm gesagt: Du bist ein Apostat, du warst einmal zu fromm, zu kirchlich, und jetzt kommt die Gegenreaktion. Ich habe immer nur am Rande mich mit Gott beschäftigt, immer skeptisch, aber nie ganz ungläubig; sein Feuer hat mich nie verbrannt, weil ich ihm nicht zu nahe war. Du sagst, keine mögliche Gottesvorstellung gibt etwas her, weil sie entweder einen Rückfall in die Verehrung des verlorenen Vaters darstellt oder eine Leerformel ist. Ich aber sage, dass es mit zu dieser teuflischen Technologie gehört, jeden metaphysischen Gedanken abzuweisen. Dabei gibt es, ich wiederhole mich, zwei Punkte, zwischen denen die Linie der Existenz unabdingbar gezogen ist: Sein (dass es überhaupt etwas gibt und nicht vielmehr nichts, wie schon das antike Denken erkannte) und Tod. Das sind durchaus keine Selbsttröstungen, denn ich erwarte ja gar nicht, dass ich in ein Himmelreich oder in ein irgendwie geartetes ewiges Leben komme. Auf dieser Linie liegt die Frage nach Gott. Man muss nur endlich sich einmal lösen von der blödsinnigen Vorstellung eines bärtigen Opas. Die Juden, die den einzigen Gott entdeckt haben, verboten, von ihm Bilder zu machen. Vor allem Opa-Bilder. Es ist einfach lächerlich anzunehmen, das, was wir mit unseren Sinnen wahrnehmen, sei alles. Natürlich ist es nicht logisch, aber naheliegend, dass es einen Geist gibt, der das alles gemacht hat, der noch unendlich viele weitere Welten geschaffen hat und der uns – und das ist das Entscheidende – mit dem Gehirn den Zwang eingepflanzt hat, ihn sich zu denken. Was heisst da schon Glauben.

Hans stimmte mir erst zu, als ich ihm die «Funktion Gottes» erklärte: Mit Gott kannst du gegen die ganze Welt allein sein, mutig, hochmütig, demütig. Die gottlose Welt, die wir ja nun wirklich haben, ist eine Welt der Machtsysteme, in denen keiner sich auflehnt, alle sich anpassen, alle die anonyme Macht und den gedankenlosen Zwang eines nichtdenkenden Apparats oder Systems vermehren. Da ist mir sogar die Vorstellung eines Vatergottes lieber. Welche Art von Gewissen er auch immer schaffen mag, es ist immer noch besser als die Gewissenlosigkeit, die den Sachzwängen, den Machtapparaten, den anonymen Systemen sich anpasst.

Da gab mir Hans recht. Man könnte jetzt vermuten, die Pfarrerssöhne versöhnen sich. Das war es überhaupt nicht. Vielmehr kamen wir von ganz verschiedenen Seiten in einem von vielen kontroversen Punkten zusammen. Die ungebundene, die entfesselte Macht ist teuflisch, obwohl niemand, der sich ihr anpasst und ihr dient, ein teuflisches Gefühl hat. Erst durch die Technologie und ihre Entfesselung ist offenbar geworden, was immer schon erkennbar war: Wenn die Menschen sich von jeder Bindung lösen, die ausserhalb der eigenen Erfahrung liegt, die aber – ich kann es jetzt nicht besser sagen – das Ganze transzendental umgibt und ständig die Frage nach dem Sinn stellt, dann werden sie *automatisch* (im echten Sinne des Wortes) und ohne es gedacht und gewollt zu haben, die totale Zerstörung herbeiführen. Sie setzten sich an die Stelle des Schöpfers, der Milliarden von Jahren brauchte, um etwas, was man hin und wieder als schön empfinden kann, herzustellen, und sie verpfuschten es, man kann nicht anders sagen, denn es gelang ihnen ja nicht einmal, eine echte Hölle, als Gegenwelt zur Schöpfung, herzustellen, sondern sie konnten nur alles aus den Fugen bringen, Unordnung machen, in der Leben nicht mehr möglich ist.

Zürich, 24. Februar 1982

Das Semester ist zu Ende.

Oft denke ich daran, dass das, was ich jetzt diktiere, später von meinen Kollegen und Studenten und überhaupt von Leuten gelesen wird, die mich nur von weitem und in meiner Rolle als Lehrer, Wissenschaftler, Angehöriger der mittleren Prominenz gesehen haben. Inzwischen zweifle ich daran, ob ich das alles überhaupt veröffentlichen sollte. Ist es nicht nur eine Auseinandersetzung mit mir selbst, die nur mich selbst angeht? Nein, der Tod ist das Allgemeinste, das es überhaupt gibt, und das Allgemeine sollte auch öffentlich sein. Dies gibt mir die Legitimation, meine Schamschwelle zu überschreiten, die Legitimation zur Schamlosigkeit, wenn Sie so wollen. Ich muss das, was jetzt und in den nächsten Wochen mit mir geschieht, den anderen vorführen. Am Ende wird man mich ohnehin nackt ausziehen, bevor man mich in die Leichentücher wickelt.

Zürich, 25. Februar 1982

Ist die Verehrung Gottes Machtverehrung, absoluteste Machtverehrung?

Au, 26. Februar 1982

Um dem Nachtlärm der Zürcher Fasnacht zu entweichen, bin ich zu Bachmanns gefahren, werde hier übernachten, morgen bei Almuth.

Hätte ich die Operation vornehmen lassen, so wäre ich Patient geworden, hätte mich definitiv in die

Rolle des Patienten begeben, für den Rest des Lebens. So aber bin ich nicht Patient, zwar nicht kerngesund, sondern todkrank, aber eben nicht Patient. Bis zuletzt kann ich die Rolle des Gesunden und des Normalen «spielen». Dabei handelt es sich eben nicht um ein Spiel, sondern um die Entscheidung zwischen zwei Existenzformen. Ich glaube immer noch, dass ich richtig gewählt habe; ich bleibe voll anerkannt, es gibt ein gewisses unbestimmtes Mitgefühl, jedoch nicht die peinliche Rücksichtnahme, die dem Patienten entgegengebracht wird, nicht das endlose Gesprächsthema über die letzte Operation, den weiteren Verlauf, über das, was die Ärzte gesagt haben usw., und wann man wieder ins Spital müsse.

Adolf Muschg hat mir gestern am Telefon – wir sprachen über den Fall der beiden deutschen Anwälte, die für verrückt erklärt werden sollen – einen Doktor in Deutschland genannt, der die Krebskranken mit einer ganz anderen und viel erfolgreicheren Methode behandelt, als es die Urologen tun; er wollte nicht sagen, auf psychologische Weise. Noch keiner sei bei ihm gestorben. Aber vielleicht später doch in einer Klinik? Als ich ihm meinen Fall darstellte und sagte, dass die grösste Wahrscheinlichkeit darin liege, dass der Krebs «unten zumache», erwiderte er spontan, dass jemand der so spricht, von «unten zumachen», für den Doktor in Deutschland nicht geeignet sei. Ich war erleichtert, eine Alternative weniger prüfen zu müssen.

Laax, 28. Februar 1982

Der Wald ist wie eine schwarze Wand unter den Wolkenschatten, da dahinter, als Kontrast, Himmel und Berge im Licht liegen. Die Wolken kriechen langsam von West nach Ost, und nur selten lassen sie für kurze Zeit für die Sonne eine Lücke.

Noch immer habe ich keine wissenschaftstheoretische Schrift über die Frage gefunden, ob und wie sich das Denken dadurch verändert, dass die Menge der publizierten Gedanken exponentiell ansteigt, mit inzwischen schon rasender Beschleunigung. Darüber scheinen sich die geisteswissenschaftlichen Denker und Schreiber keine (publizierten) Gedanken zu machen. Sie schreiben weiter fröhlich vor sich hin. In der Festschrift für Peter Schneider habe ich geschrieben, dass ich viel weniger Zeit dafür brauche, einen neuen, mir originell scheinenden Gedanken zu entwerfen, als dafür, festzustellen, ob er wirklich neu ist. Keiner, der sich dieser zweiten Aufgabe annähme, käme noch zum Denken und zum Schreiben.

Auch hier kommt das Ende von selbst.

In den Geisteswissenschaften, zu denen ich in diesem Zusammenhang auch Jurisprudenz und Sozialwissenschaften zähle, verlegen die Verleger schon nur noch das, was, wie Lehrbücher und sonstiges Lehrmaterial, einen gesicherten Absatz hat oder was von anderer Seite finanziert wird, sei es die Dissertation, deren Druck der Doktorand selber bezahlen muss, seien es Zeitschriften, Sammelwerke usw., die von Institutionen (meist mit staatlicher Subvention) wie dem Nationalfonds, von Fachverbänden, von Vereinen usw. finanziert werden.

Ganz anders bei den Naturwissenschaften. Da gibt es einen neuesten Stand des Wissens und ein Wissens-*objekt*, das sich in der kurzen Zeit, die wir überblikken, nicht verändert. Die Naturwissenschaftler stehen immer auf den Zinnen des Turms von Babel und brauchen sich über die tieferen Stockwerke keine Gedanken zu machen. Sie finden alles heraus und erfinden ständig Neues, ohne sich zu überlegen, ob das

Alte besser gewesen wäre. Unbewusst dient das Denken dem Machen. Schon die Auswahl des Denkgebietes ist vom Machen her bestimmt. So stürzen sich denn heute die ehrgeizigsten und begabtesten Naturwissenschaftler in die Molekularbiologie und in die Atomphysik, weil auf diesen Gebieten sich jetzt schon oder bald «etwas tun wird». Die Astronomie dagegen wird mit ihren Erkenntnissen den hier vorhandenen Mächten nichts abwerfen; insofern ist sie die einzige «reine» Naturwissenschaft.

Gewiss wird die sogenannte Grundlagenforschung auch in den erdennahen Wissenschaften selbstlos, aus Entdeckerlust geführt. Doch gibt es zwei Phänomene, die skeptisch machen. Hat einer ein Gebiet entdeckt, das entdeckungsträchtig ist, so stürzen sich bald ganze Mengen von einfallsloseren Typen in dieses Gebiet, mit ihren Scharen von Assistenten, wie Goldgräber in ein neues Goldfeld; sie holen alles heraus und lassen Geisterstädte zurück. Zum zweiten: Grundlagenforscher sind wie bald verendende Tiere: Die Geier der profitorientierten Technologie schweben über ihnen und werden sich, sobald etwas «verwertbar» geworden ist, auf den Kadaver des reinen Denkens setzen, wobei die Rolle des Geiers und des Kadavers austauschbar sind. Der Grundlagenforscher kann selbst auf die Idee kommen, den Kadaver seines Denkens auszubeuten, wie es inzwischen geschehen ist in USA und in der Schweiz mit den Professoren der Molekularbiologie und Gentechnik, die grosse und gewinnträchtige Unternehmen zur Ausbeutung der eigenen oder der Gedanken anderer gegründet haben.

Wird es eine Kultur geben, die ohne Gedanken funktioniert? Noch mehr als heute?

In den Geisteswissenschaften ist das alles nicht so gefährlich, es gibt keine Verwertungsindustrien, es gibt höchstens Karrierebehinderungen und Karriereverhinderungen für Wissenschaftler, die etwas vertreten, was den Etablierten nicht passt. Was nicht weniger schlimm ist. Im Gegenteil. Für den totgeschwiegenen Naturwissenschaftler, der eine grosse Entdeckung gemacht hat, wird seine Entdeckung selber reden – die Erde *ist* rund, Zeit und Geschwindigkeit *sind* zueinander relational –, für den Geisteswissenschaftler niemand. Die Rede- und Schreibverbote sind ihnen gegenüber viel wirksamer.

Zurück zur Frage, wie die Vielschreiberei das Denken beeinflusst. Wie in der Wirtschaft führt sie zu einer Konzentration auf besonders vielbeachtete Vielschreiber. Mit Ausnahme von Viehweg gibt es im zwanzigsten Jahrhundert keinen Juristen, der mit einer einzigen, kleinen Schrift berühmt geworden ist. Die meisten machen es mit der Menge. Ich denke jetzt aber eher an die Philosophen und Soziologen, die zwar kein grösseres Thema, aber mehr zu sagen haben, weil sie systematisch weniger eingeengt sind. Habermas, Luhmann, vor ihnen Adorno, Gehlen hatten viel zu sagen, weil es eben überhaupt viel zu sagen gibt. Von Karl Barth, von Heidegger und Jaspers spricht kaum noch jemand. Aber alle diese Grossen haben eine Fülle von Sekundärdenkern auf sich gezogen, einige haben als Sekundärdenker angefangen und wurden zu Primärdenkern, manche blieben immer Tertiär- und Quartärdenker. Daneben stehen die vielen Unbekannten, die manch eine interessante und vielleicht grosse Idee entwickelt haben, jedoch nie die Aufmerksamkeit erreichten, die es braucht, um das Denken der Sekundärdenker und Tertiärdenker usw. anzuziehen. Das heisst: Die Vielschreiberei führt zu einer Konzentration, die mit Verarmung verbunden ist. Kaum einer wagt es mehr, eine freie Fläche als Unterlage seines Denkens sich vorzustellen. Alle knorzen sie in den Bibliotheken herum. Immer mehr Anmerkungen, immer weniger Text. Die Zahl der Denker trägt offensichtlich nicht zur Qualität des Denkens bei. Ständig wird – unbewusst – wiederholt, was andere schon gesagt haben. Da wegen der eigenen wissenschaftlichen Karriere die Sache auch ziemlich schnell laufen muss, kommt kaum noch einer dazu, auf die Primärquellen zurückzugreifen. Höchstens wird die wissenschaftliche Diskussion der letzten zehn Jahre verarbeitet, allenfalls mit einigen aus Sekundärquellen gezogenen Zitaten von Aristoteles oder Montesquieu.

Schliesslich wird das Denken seine Fundamente verlieren, vom hochkulturellen Niveau hinunterstürzen und vielleicht wieder ganz unten anfangen.

Es gibt Dinge, Erlebnisse, meist Missetaten oder zumindest Peinliches, die jeder mit sich ins Grab nimmt, nie jemandem zu Lebzeiten oder postum mitteilt.

Wie ist die Selektion? Ich müsste jetzt alles mitteilen, was ich nicht mitteilen will, um die Gesetzmässigkeit der Selektion klarzulegen. Stelle bei Dostojewski: In einer kleinen Gesellschaft wird ein Spiel vorgeschlagen, in welchem jeder erzählen soll, wo er sich in seiner Vergangenheit als der unanständigste und mieseste Typ vorgekommen ist. Jeder gibt eine Episode zum besten, in welcher er zwar nicht besonders gut abschneidet, aber doch auf allgemeines Verständnis stösst. Nur einer erzählt eine Geschichte aus seiner Vergangenheit, in der er sich wirklich wie ein Schwein, gemein, niederträchtig benommen hat. Jetzt sind alle empört, entsetzt, das Spiel ist geplatzt.

Jeder hat solche Stellen in seiner Vergangenheit, Stellen über die er nie mit jemandem sprechen kann.

Laax, 1. März 1982

Seit der Himmel sich in ganz kurzer Zeit, etwa um vier Uhr, bedeckt hat, hat die Landschaft etwas Starres bekommen, wie ich es noch nicht gesehen habe. Nichts bewegt sich. Sonst kommen um diese Zeit noch einzelne Skifahrer den Hang von Falera herunter.

Ich bin wunderbar Ski gefahren, aber ich werde, wie ich meine, schneller müde. Es gibt eine scharfe Grenze etwa auf 2300 Meter, unterhalb derer der Schnee weich und schwer ist. Oberhalb ist er leichter, aber auch nicht eigentlich gut. Sehr viele Leute, vor allem Deutsche. Am Skilift habe ich mit mehreren gesprochen, es waren nette junge Männer, nicht verklemmt, nicht angeberisch, sehr sympathisch. Was uns stört, ist wahrscheinlich nur der Umstand, dass die Deutschen in unserem Land, jedenfalls an diesen Skiorten, mindestens vorübergehend, in gewaltiger Überzahl vorhanden sind; das gibt ein Gefühl von Invasion, und unbewusst kommen dann bei vielen von uns noch die Erinnerungen an die deutschen Einmärsche von 1940–1941, obwohl wir ja gerade nicht davon betroffen waren. Dass die Erklärung des Missbehagens der Schweizer auf dieser Linie liegen muss, zeigt sich daran, dass wir ein ähnliches Gefühl in Deutschland selbst überhaupt nicht empfinden.

Welche Sicht, welche Gedanken werden eigentlich vertieft durch den Gedanken an den nahen Tod? Es gibt zum Beispiel eine ästhetisch-kosmische Sicht: Ich sehe die Sonne, die Wolken, ihre Bewegungen, den Wechsel von Licht und Schatten, in einem grösseren Zusammenhang; ich denke mehr daran, dass dies die für uns sichtbaren Teile der atmosphärischen Bewegungen sind, dass wir uns in einem grossen Wirbel von elementaren Mächten befinden und dass die kleinen Ausschnitte, die wir sehen, sehr schön sein können. Sonst dachte ich eher: jetzt fängt es schon wieder an zu regnen, oder: schön, wie die Sonne untergeht. Jetzt schaue ich auf die tieferen Wolken, die unter der höheren Wolkendecke schräg von Westen noch Sonne haben, bald wieder verweht sein werden oder als Regen zur Erde fallen. Dies wenigstens wird der Mensch nie zerstören können.

Aber es sollte doch immer Augen geben, es zu sehen.

Ein berühmter Photograph, den ich nicht persönlich kenne, hat mir – über einen Bekannten – vorgeschlagen, mich zu photographieren, bis zum Ende. Er dachte an Hodler, der seine Freundin immer und immer wieder malte, als sie Krebs hatte, bis sie als Leiche vor ihm lag, ausgemergelt, ein langes, schmales Bild, das man langsam vom Fussende bis zum Kopf hin betrachtet. Es erinnert unausweichlich an den toten Jesus von Holbein, der im Basler Kunstmuseum hängt. Eine Wasserleiche, grünlich, gelblich, gestreckt, starr, Holbein hat nur die Wunden und Stiche der Marterung Christi dazugemalt; er hatte eine Wasserleiche vor sich, so tot, wie nur ein toter Mensch tot sein kann. Dostojewski hat, nachdem er das Bild gesehen hatte, dazu geschrieben: Wer Jesus Christus so malt, der glaubt nicht an die Auferstehung. Dostojewski hatte insofern recht, als Holbein – für seine Zeit wie kein anderer – ein Maler des Sichtbaren war. Und nur des Sichtbaren. Insofern ein genialer Positivist.

Holbein würde mich photographieren: kein guter Gedanke.

Der Himmel ist jetzt von einer dünnen, rosafarbenen Wolkenschicht überzogen, der Vordergrund starr und düster; das Bild, wäre es gemalt, wäre schlecht.

Nur die Landschaft und die Realität selbst können es sich leisten, kitschig und geschmacklos zu sein. Damit fällt die Kritik auf unseren Geschmack zurück. Er hat zu oft Warenhausbilder gesehen, die so gemalt sind. Und so hat die Geschmacksverirrung die Geschmacksverwirrung, genauer: die Geschmacksdesorientierung bewirkt.

Wieder habe ich die Bibel mitzunehmen vergessen, wollte ich doch Jesaja und Amos hier oben lesen. Ich bin dann in die einzige Buchhandlung gegangen, die es hier gibt, in Flims, und habe gefragt, ob sie eine Bibel haben. Nein, natürlich nicht. Wozu auch? Wo man sie bekommt? Vielleicht beim Pfarrer. Dafür haben sie Kräuterbücher, Pilzbücher, Kochbücher, Scheissbücher jeder Art. Schon muss man sich schämen, in einer Buchhandlung laut nach der Bibel zu fragen, schon wäre es weniger auffällig, ein Pornoheft zu verlangen. Ich möchte dies *nur* als Feststellung verstanden wissen. Die Schamschwellen sind auf *allen* Seiten falsch gesetzt.

Laax, 4. März 1982

Um halb drei habe ich Max Frisch telefoniert, um ihm zu sagen, dass ich morgen nicht nach Überlingen komme, weil ich mit der Korrektur der 84 Examensarbeiten, die ich hierher mitgenommen habe, nicht fertig geworden bin.

Bis zwei Uhr war es strahlend hell, doch sammelten sich auf den Bergen die Wolken, dann überzog sich der Himmel mit einer dünnen Nebelschicht, die Sonne erlosch, und es fing an zu schneien, der ganze Wechsel dauerte höchstens 20 Minuten. Die Flokken sind klein und fallen dicht, unaufhörlich, jeden Laut erstickend. Doch es ging lange, bis die Tannen den Schnee aufnahmen, sie hatten sich schon auf den Frühling eingestellt. Ebenso die Grünfinken, die Blaumeisen, die Buchfinken, die mit ihrem Gezwitscher und ihren kurzen Strophen das Licht akustisch widerspiegelten. Jetzt ist alles wieder still. Die Biologen sagen, dass der Vogelgesang nur die Funktion habe, das künftige Nistrevier abzustecken und zu verteidigen. Dass dabei auch Freude im Spiel sein könnte, ist eine zu anthropomorphe Vorstellung. Freilich sind Vögel wohl auch nicht logisch, denn im Augenblick, da es zu schneien anfing, hörten sie auch auf, mit ihrem Singen und Zwitschern ihr Revier zu verteidigen.

Antike und Christentum waren sich einig darin, dass der Tod Sinn bekomme, wenn jemand *für* etwas stirbt, für das Vaterland, für den Glauben, für sein Werk, für seine Überzeugung. Antike und Christentum sahen sich aber auch mit dem Normalfall konfrontiert, in welchem jemand nicht den Opfertod, sondern ganz für sich allein stirbt. Das Christentum hat diese Situation mit dem Glauben an das Paradies gelöst, in das man durch ein gottgefälliges Leben gelangt, sei es durch gute Werke nach katholischer, sei es durch feste Gläubigkeit nach reformatorischer Vorstellung. So nimmt der Tod dem Leben und das Leben dem Tod seine Wichtigkeit. Die antiken Denker haben demgegenüber den Tod ganz ins Leben hineingenommen, ihn als einen wichtigen Akt eines guten Lebens betrachtet. Diese Vorstellung hat etwas krampfhaft Heroisches, das Erlösungsbedürfnis fehlt – oder wurde es verdrängt? Merkwürdig scheint mir, dass die vorchristliche Antike trotz ihrem Sinn für Kosmos, Ordnung des Ganzen, nicht darüber rätselte, ob denn die Rechnung aufgehen werde oder nicht. Zugleich hat kein Philosoph den allgemeinen Volksglauben an die Unterwelt, den Hades mit seinen Schattengestalten, eine Vision der Hölle, ernst genommen.

Heute ist der Tod kein Thema mehr. Es wird zuviel gestorben, seriell, der Tod wird immer häufiger und banaler werden, es wird zuviel gemordet, auch seriell. Der individuelle Tod ist abgeschafft, als überflüssiger Luxus. Zugleich fliesst unbewusst die Vorstellung ein, dass es, wenn alle sterben, für den einzelnen nicht mehr so schlimm sein kann.

Der Märtyrertod, der Tod für etwas, ist, von einsamen Ausnahmen abgesehen (Sokrates), auch kein individueller Tod. Es kommt nicht darauf an, *wofür* gestorben wird. Bonhöffer war in der letzten Zeit vor seiner Hinrichtung durch die Nazis erstaunt, ja erschüttert darüber, dass die überzeugten Kommunisten genauso tapfer in den Tod gingen wie die überzeugten Christen.

Giuseppe, aus einer sehr katholischen Familie stammend, hat mir kürzlich von seinem Onkel erzählt, der nach mehreren Krebsoperationen im Sterben liegt. Da die Metastase auch den Kehlkopf ergriffen hat, kann der Onkel nicht mehr sprechen, noch immer aber schreiben, und er versteht alles. Seine Frau kommt ihn jeden Tag besuchen und hält ihm sein Sündenregister vor, wie aus einem Fegefeuerwarenhauskatalog der katholischen Kirche. Er hatte ein sündiges Leben geführt, war oft betrunken nach Hause gekommen, hatte Geschirr zerschlagen, die Frau beschimpft, und dafür müsse er nun mit seiner Krankheit büssen, dafür dann auch im Fegefeuer, dafür schlimmstenfalls sogar in der Hölle. Jetzt schreibt der Onkel jeden Tag einige Zettel: hundert Franken für das St. Antonius-Krankenwerk, zweihundert Franken für das Kloster Z., damit die Mönche dort für mich beten, und als das Sekretariat des Klosters ihm einen Brief zurückschrieb, die Mönche würden für ihn beten, war er für eine Weile fast zufrieden. Doch seine Frau liess nicht nach, er sollte zwar nicht zuviel für diese frommen Werke ausgeben, sondern auch an die Familie denken, was er ja zeitlebens nicht getan hatte, aber so einfach gehe es nicht, sich von seinen Sünden loszukaufen, von so schweren und so zahlreichen. Und sie erinnerte ihn wieder an dies und jenes. Und er schreibt wieder einen Zettel mit hundert oder zweihundert Franken drauf. Ich konnte es nicht fassen, aber Giuseppe versicherte mir, hier in der Innerschweiz ist die Macht der katholischen Kirche noch ganz ungebrochen. Der Onkel tut Busse mit seinem Sterben, er tut Busse im Fegefeuer, und vielleicht hat das alles nichts genützt, und er kommt in die Hölle. Warum fährt da nicht ein Pfarrer dazwischen, der wirklich etwas von Gott versteht?

Laax, 5. März 1982

Heute wieder den ganzen Tag allein. Bis zum Abend hat es geschneit. Zum Mittagessen habe ich mir tiefgefrorene Kartoffelwürfelchen gebraten, dann aber stehen lassen. Die Küche ist unaufgeräumt. Ich habe viel gelesen, aus mehreren Büchern, aber immer nur kurze Stücke, völlig ohne Interesse.

Wenige Tage, bevor mein Vater starb – er wusste nicht, dass der nächste Herzinfarkt der letzte sein würde –, wollte er noch einmal die Weltgeschichte lesen, von den Ägyptern bis zu Eisenhower und Chruschtschow, schön ordentlich der Reihe nach: er hatte sich immer mehr für Geschichte als für Theologie interessiert. Ich habe mir die Weltgeschichte eines deutschen Nationalisten, die interessanterweise 1918 geschrieben wurde – die letzten Sätze gelten dem Waffenstillstandsangebot des deutschen Generalstabs an die Alliierten im Ersten Weltkrieg –, hierher mitgenommen, eigentlich wegen der Geschichte der Reformation, dann aber hat mich viel mehr das Kapitel über Ludwig den Vierzehnten interessiert, weil an diesem König und dessen zahllosen Kriegen, Allianzen, Friedensschlüssen, Friedensbrüchen usw. besonders deutlich wird, wie wenig Sinn der Geschichte als solcher innewohnt. Auch ist sie längst vom Vergessen überholt worden. Wenn man das heute liest, dann ist das genau das gleiche wie die Kämpfe zwischen Negerstämmen in Zentralafrika, die wir so komisch finden. Dabei hat schon die Geschichtsschreibung selbst – vielleicht leider – vieles ausgemerzt, was ihr nebensächlich schien. Auch die übriggebliebenen Hauptsachen jedoch geben keinerlei Sinn oder Zusammenhang. Lust an der Macht, Kriege und immer wieder Kriege, Eroberung von Territorien und Verluste von Territorien, ein Spiel an der Börse mit Blut und Zerstörung. Mit noch grösserer historischer Distanz lässt sich natürlich sagen, dass unter Louis XIV der französische Zentralstaat entstanden sei. Sicher aber nicht durch die Kriege, sondern durch die Innenpolitik, und ganz sicher ohne die Frage, was ein solcher Zentralstaat überhaupt wert sei. Immerhin hat er die französische Revolution ermöglicht; es genügte, die Pariser Zentrale umzustürzen. Doch dies lag gewiss nicht in der Absicht von Ludwig; vielmehr müsste man heute seine vielen Kriege als einen missglückten Versuch ansehen, ganz Europa unter seine Macht zu bringen, vielleicht mit Erinnerungen an Karl den Grossen; was ihm dann Napoleon nachgemacht hat, mit kurzfristigem Gelingen. Da die Geschichte selber fast nur Eroberungen und Kriege beschreibt, fordert sie zu solchen geradezu auf, oder umgekehrt: Die Eroberer, Kriegsherren, Grosstuer haben sich immer auch ihre Geschichtsschreiber gehalten.

Die Luft wird immer dünner, auch in meinen Diktaten.

Laax, 6. März 1982

Die Reflexion, mit sich alleingelassen, läuft ins Leere. Sie braucht Gegenstände, Beobachtungen, fremde Meinungen usw.

Das Denken, das versucht, sich selber zu denken, ohne empirisches Objekt, bleibt entweder wortlose Meditation oder führt zu in sich selber drehenden Wortspielereien. Das Nichts nichtet, die Sprache ist das Haus des Seins, das Dasein ist ein Vorlaufen zum Tode (Heidegger).

Das Denken ist aber ein unersättliches Tier, ein Zuvielfrass. Es stellt seine fressenden Fragen auch da noch, wo es kein Antwortfutter mehr gibt. Es bemächtigt sich der metaphysischen Spekulation. Auch da noch braucht es einen Gegenstand, sonst magert es ab zum Wortspiel und Sprachspiel. Wir müssen ihm Futter geben, nicht einfach Empirie, nicht einfach Seiendes, das zu «enträtseln», das heisst auf Gesetzmässigkeiten zurückzuführen ist – das ist kein eigentliches Denken, sondern Technik, die sich des Denkens bedient; das Denken braucht als Futter materiale Metaphysik. Spekulation sollte wieder erlaubt sein, aber an höchsten Ansprüchen gemessen werden. Es ist unsinnig, über Marsmenschen zu spekulieren, wenn man Raketensonden dorthin schicken kann; es ist unsinnig, über Leben im All zu spekulieren, wenn man statistisch erheben kann, dass der Planet Erde kein Einzelfall ist. Auch die Zauberer und Traumdeuter, die Astrologen und Wahrsager, diese billigsten Formen der Metaphysik, sollen uns aus dem Wege treten.

Erst wenn es seine Grenzen erkannt hat, kann das

Denken auch im Grenzenlosen genau und glaubhaft bleiben. Ich behaupte, es gibt eine einigermassen exakte Spekulation; Teile von ihr wurden früher als Glaube bezeichnet. Unentrinnbar sind wir dem exakten Gedanken, dass das, was empirisch wahrgenommen werden kann, nicht alles ist. Ausser der von uns wahrgenommenen Welt gibt es unendlich viele andere Welten. Es wäre lächerlich, etwas anderes anzunehmen, etwa so, wie der Wurm glaubt, dass der Humus, durch den er kriecht, das All sei, mit dem Gedanken natürlich, dass das All aus lauter Humus bestehe, samt den Würmern, die es durchkriechen.

Ich komme nicht weiter.

Wenn es diese vielen Welten gibt, und es muss sie geben, was haben sie mit uns zu tun? Die einfachste und einleuchtendste Lösung ist immer noch die: Gott, Gottvater. Sämtliche fünf Milliarden Gehirne der Menschen auf dieser Erde können, wenn sie denken, nichts anderes denken. Doch beweist dies überhaupt nichts, wie denn auch die Vorstellung niemals ihr Objekt beweist.

Immer wieder muss ich hervorheben, mir selbst gegenüber auch, dass die Vorstellung des ewigen Lebens nicht die Realität des ewigen Lebens beweist.

Es fiele mir sehr leicht, nun zu sagen, was heisst schon beweisen? Und dann sofort in unexakte, aber liebsame Spekulationen entweichen.

Dies ist nicht mein Fall. Das exakte spekulative Denken kann nur für ein nachkopernikanisches, nacheinsteinsches «Zeitalter», besser: für eine entsprechende Zeitlosigkeit eintreten, in der auch die Daten von Einstein relativiert, das Weltbild der heutigen Astronomen nochmals reduziert wird. Das heisst: nicht nur diese Erde ist ein kleines Stäubchen im All, sondern das All ist ein kleines Stäubchen im

All aller Alle. Es gibt keine Rückkehr zur Erde als Zentrum der Welt, sondern nur einen Aufbruch über alles hinweg. Möglicherweise werden wir dann Gott sehen. Es sei denn, unsere Sinne seien zu stumpf, weil sie eben für diese Welt geschaffen sind und für nichts anderes.

Nichts leichter, als den Tod in Gleichnissen darzustellen. Das hat seine Tradition und bringt nicht weiter. Holbein hat es versucht, Frisch hat es versucht, Frisch mit dem Abbrechen der Kommunikation (im Triptychon), jeder redet so weiter, wie er immer gesprochen hat, redende Gesprächslosigkeit. Das ist der Tod für die Lebenden, aber was ist er für die Toten? Nichts, natürlich.

Trotzdem möchte ich Gott begegnen. Wenn er nichts ist, möchte ich dieses Nichts sehen. Möchte wissen, warum aus nichts alles geworden ist. Vielleicht ist alles ein teuflischer Wirbel, aus nichts zu nichts. Wieso dann aber das menschliche Gehirn, das solche dummen Fragen stellt?

Also zurück zu den Sinnoasen; kein Denken, das über das Fühlen hinausgeht. Die Tanne vor dem Haus, der Berg dahinter, die Frau neben dir, die fühlbaren Ereignisse seien dir genug.

Was die Endzeit noch für Blüten treibt! New York zum Beispiel hat einen neuen Bauboom, dünne, schlanke Wolkenkratzer schiessen aus Manhattan empor, mit Luxuswohnungen, die nur die Reichsten bezahlen können, doch gibt es deren offenbar viele. Zu Füssen der schlanken Hochbauten mit den Luxuswohnungen liegt zu Abertausenden der arme Lazarus. Es ist gut, dass man wieder reich sein darf, ohne sich zu schämen. Die Infrastruktur der Millionenstadt zerfällt, bald kein Humus mehr für die Blüten, in denen die Reichen wohnen. Das ist ihnen egal, weil sie genau wissen, dass ohnehin alles bald vorüber ist. Sodom: nur sieben Gerechte verlangte Gott am Ende; wahrscheinlich hatte er selbst den abertausendfachen armen Lazarus vergessen.

Amos oder Jesaja in New York. Der Strassenlärm würde sie übertönen, ihren Ruf: wehe über euch! Zudem sind die Reichen so hoch oben, dass kein Ruf von unten sie mehr erreicht. So wäre denn die Hölle oben und nicht unten, wie man immer meinte.

Laax, 7. März 1982

Schon oder noch bin ich mit meinem Krebs ganz zufrieden, habe mich völlig an Sterben und Tod gewöhnt, es würde mich aus der Routine reissen, wenn die Entwicklung einen anderen Verlauf nähme.

Gestern abend habe ich mich am Fernsehen sehr gut unterhalten, nicht wegen der präsentierten Unterhaltung, sondern weil mir vieles dazu einfiel. Unterhaltung als Zeitvertreib, die Zeit muss vertrieben werden. Unterhaltung als ein Riesengeschäft mit Plattenmillionären usw. Alles eine Folge des Urheberrechts. Schiller, wäre er 1910 oder 1920 geboren, wäre ein steinreicher Mann geworden. Der Wilhelm Tell würde jeden Monat irgendwo über die Bühne gehen und Schiller seine Tantiemen beziehen.

Dann kam in der insgesamt völlig stupiden Sendung mit lauter deutschen Schnulzen, vorgeführt natürlich von einem Schweizer, der Schlager, besser: die Arie «O mein Papa». Das Mädchen spielt ihren verstorbenen Vater, einen gewiss mittelmässigen Clown, besser als er sich selber spielte, nicht nur weil jeder besser einen andern als sich selber spielen kann, sondern weil ihre Verehrung den toten Clown ins Unendliche erhebt.

Zürich, 11. März 1982

Ich habe heute nachmittag zweimal gekotzt, weiss nicht warum, hatte doch nur Tee getrunken.

Vorher war das Fernsehen da, wünschte ein Statement über das neueste Urteil des Bundesgerichtes in einem Krawallprozess. Ich habe gesagt, dass die Ausdehnung des Tatbestandes des Landfriedensbruchs praktisch zu einem Ausgehverbot führt, namentlich für Personen, die in «gefährdeten» Quartieren wohnen, wie ich in der Altstadt. Wenn jeder, der sich in der «öffentlichen Zusammenrottung» (Art. 260 StGB) befindet, gleichgültig, wie er da hineingekommen ist, ob als Passant oder als Zuschauer («Gaffer» im Polizeijargon), sich strafbar macht, sofern er nur weiss, dass Gewalttätigkeiten von der Masse ausgehen, dann muss eben jeder friedliche Bürger solche Orte zu solchen Zeiten meiden und am besten zu Hause bleiben. So verneigt sich die Justiz vor den Friedensstörern, indem sie den Friedlichen nahelegt, auf einen Teil ihrer Freiheit zu verzichten.

Unter Billigung einer gewaltigen Mehrheit der uninformierten Öffentlichkeit segnet gegenwärtig die zürcherische und die eidgenössische Justiz die Praxis der Regierung ab, die mit Hilfe der Polizei die öffentlichen Probleme zu lösen oder zu verdrängen hofft, gleichgültig wieviele Spähne da auch fliegen und danebenfliegen mögen. Mit Wehmut erinnere ich mich an die Zeiten, in denen die Justiz sich ihrer eigentlichen Aufgabe bewusst war, selbst wenn ihre Praxis dieses Bewusstsein nie erreicht hat. Die Aufgabe, Minderheiten zu schützen, auch gegen eine erhitzte öffentliche Meinung, unpopuläre Urteile zu fällen, kühl zu bleiben und zu differenzieren auch da, wo die Menge der Fernsehzuschauer, die Menge der Gedankenlosen heisse Urteile und pauschale Verdammungen verlangt.

Wie ist es möglich, dass immer wieder die sogenannte Ruhe mit Ordnung und Recht verwechselt wird? Was hat die Rechtswissenschaft während Jahrhunderten falsch gemacht? Oder findet sie bei der juristischen Praxis einfach kein Gehör, weil diese sich den momentanen politischen Stimmungen nicht entziehen kann?

Schon braucht es offenbar wieder Mut, ein guter Richter zu sein.

Gestern war ich zusammen mit Ursula bei Max Frisch in Überlingen, wo er in der berühmten Gesundheits- und Schlankheitsklinik schon neun Kilo abgenommen hat. Er trinkt auch nicht mehr, ausgenommen am Nachmittag, als wir kamen und sofort eine Wirtschaft am See aufsuchten. Gediegenes Restaurant, das wir als deutsch empfinden, ohne genau definieren zu können, warum; hinter den Fenstern See mit Wellen wie grossen Tellern und Seepromenade mit älteren Damen und Herren, wie es sich gehört, vor allem Damen, nicht einfach Frauen.

Es fiel mir auf, wie wenig mein Krebs zu erzählen gibt. Er ist nicht nur stumm und unsichtbar, er schafft vorläufig auch noch wenig Symptome. Die ganze Spannung besteht im Warten auf den fünften Akt.

Frischs Vorschlag, im April mit ihm zusammen nach Ägypten zu fliegen, hat mich überrascht, erfreut und ein wenig beunruhigt. Zehn Tage zusammen mit Max Frisch, wie geht das? Aber da ist ja der ungeheure historische Katalysator Ägypten mit der längsten zusammenhängenden Geschichte, mit zu vielem anzuschauen, und Frisch ist ein guter Betrachter und genauer Beobachter, liebt das Visuelle und Konkrete, alles, was ich nicht kann; insofern werden wir uns vorzüglich ergänzen.

Meine Attraktivität: der schroffe Gegensatz zwischen dem gesunden, relativ jungen und munteren Aussehen einerseits und der tödlichen, aber nicht sichtbaren Krankheit andererseits setzt beim Zuschauer gewisse dramatische Kenntnisse und Talente voraus. Er muss schon im ersten Akt an die noch offene Möglichkeit des fünften Aktes denken können und sich beim fünften Akt alle früheren Akte vergegenwärtigen, im Chaos ein System sehen.

Zürich, 13. März 1982

Ein dunkler Tag, es hat geregnet, dann geschneit, alles ohne Landschaft. Nichts Elementares, nur störende Ergebnisse der atmosphärischen Bewegungen.

Ich komme schlecht vorwärts mit meinem zweiten Band des Strafrechts, den ich dem Verlag versprochen habe. Es ist eine Alltagsarbeit ohne Reiz und mit viel Frustrationen, weil gerade diejenigen Probleme mich besonders interessieren, deren Erörterungen für ein Lehrbuch ungeeignet sind. Was nötig ist für ein Lehrbuch, das kann jeder genausogut darstellen wie ich oder besser. Das Denken wird standardisiert. Zum Beispiel hätte es mich enorm gereizt, bei den gesetzlichen Bestimmungen über die Vermögensdelikte den ideologischen und wirtschaftlichen Hintergrund auszuleuchten. Doch das gehört eben nicht in ein Lehrbuch. Dafür hat die Aufgabe den Vorteil des Zwanges zur Disziplin; vor allem im Vergleich zum Vorlesungsmanuskript zeigt sich, dass alles noch einmal systematischer überdacht werden muss. Die Vorlesung ist unausgeglichen, dafür einfallsreicher, fesselnder. Ein Buch kann nie sein wie eine Vorlesung. Bücher in Vorlesungsform sind Zwitter, geschrieben von Vorlesung zu Vorlesung und vom Manuskript eben vorgelesen; sie enthalten weder die Spontaneität des mündlichen Vortrages noch die Konzentration des schriftlichen Ausdrucks. Es war falsch, dass Karl Barth seine Vorlesungen als «Kirchliche Dogmatik» drucken liess. Die vielen Bände wirken geschwätzig; er hätte streng zwischen dem Mündlichen und dem Schriftlichen trennen müssen, das Mündliche allenfalls von Schülern aufschreiben lassen, wie Hegel es tat oder Luther mit seinen Tischreden. Dann weiss man, auch wenn man das Gedruckte liest, dass es eine Tischrede oder eine Vorlesung ist, ein für den Zuhörer geschaffenes, nicht für den Leser gemachtes Produkt. Das sind zwei ganz verschiedene Dinge.

Endlich Jesaja. Dieser schreiende, unstillbare Hunger und Durst nach Gerechtigkeit. Es gab zuviel Ungerechtigkeit, und er wollte zuviel Gerechtigkeit. Wie kann ich es ihm nachfühlen!

«Wehe denen, die ungerechte Satzungen aufsetzen, und den Schreibern, die immerfort Qual schreiben, die Armen vom Gerichte zu verdrängen und den Elenden meines Volkes das Recht zu rauben, dass die Witwen ihre Beute werden und sie die Waisen plündern. Was wollt ihr tun auf den Tag der Ahndung und auf das Unwetter, das von ferne kommt? Zu wem wollt ihr fliehen um Hilfe, und wohin wollt ihr euren Reichtum flüchten?» (Jesaja 10, 1).

Und zuvor die Vision:

«Ich will dir wieder Richter geben wie vor alters und Ratsherren wie vor Zeiten. Alsdann wird man dich nennen Rechtsburg, treue Stadt. Zion wird durch Recht erlöst, und seine Bekehrten durch Gerechtigkeit ... Und Er wird Recht sprechen zwischen den Völkern und Weisung geben vielen Nationen; und sie werden ihre Schwerter zu Pflugscharen schmieden und ihre Spiesse zu Rebmessern. Kein Volk wird wider das andere das Schwert erheben, und sie werden den Krieg nicht mehr lernen. Haus Jakobs, auf, lasset uns wandeln im Lichte des Herrn!» (Jesaja 2).

Ach Gott.

Am Abend habe ich noch mit dem Theologen Rose telefoniert und ihn nach der Stelle gefragt, über die er vor einem Jahr seine Antrittsvorlesung über den materialistischen Atheismus im Alten Testament gehalten hatte. Es war Zephanja 1, 12:

«Zur selben Zeit will ich Jerusalem mit Leuchten durchsuchen und will heimsuchen die Leute, die auf ihren Hefen liegen und sprechen in ihrem Herzen: Der Herr wird weder Gutes noch Böses tun.»

Das heisst: der Herr greift nicht mehr ins Weltgeschehen ein, er bleibt draussen, bleibt passiv. Rose wird mir einen Sonderdruck seiner Antrittsvorlesung zustellen.

Zürich, Freitag, 19. März 1982

Ich glaube, ich muss mich beeilen. Seit einigen Tagen ist ein neues Symptom dazugekommen: leicht schmerzlicher Druck im unteren Teil der Blase. Ich wollte mit Professor Zingg telefonieren, um zu fragen, ob dieses Symptom mit meiner Zeitspanne etwas zu tun hat, doch war er schon in einer Assistentenbesprechung, und ich kann ihn erst wieder am Montag erreichen. Ich muss unbedingt wenigstens ungefähr wissen, wieviel Zeit ich noch habe; fast alle meine Entscheidungen hängen davon ab.

Vom Dienstag bis gestern war ich in Düsseldorf, in der Zentrale von Gredinger. Alle Strassen in dieser

Stadt sehen gleich aus, so dass ich mich nicht einmal mehr daran erinnern konnte, dass ich tatsächlich früher schon einmal dort gewesen war. Der Rhein fliesst an der Stadt vorbei, aber die Stadt hat zu ihm keine Beziehung, er ist wie eine Autobahn aus Wasser, ganz anders als in Köln und auch in Mainz.

Alle unsere gemeinsamen Bekannten halten Gredinger für nicht durchschaubar. Das könnte natürlich auch heissen, dass bei ihm ein besonderes Bedürfnis entsteht, ihn zu durchschauen, was immer mit «durchschauen» gemeint sein mag. Gemeint sein kann, dass er nie über ganz Persönliches von sich selbst redet, ohne dass er dabei zugleich die Analyse mitliefert, zum Beispiel: Ich treffe möglichst keine Entscheidungen oder schiebe sie vor mir her; die meisten Probleme lösen sich von selbst; ich kann mit dem Geld nichts anfangen, darum verkaufe ich auch nicht meine Agentur und darum stecke ich fast alles, was verdient wird, wieder in die Agentur, kaufe oder gründe im Ausland neue Agenturen, am Ende werden nur noch zwanzig Werbeagenturen auf der Welt übrigbleiben. Er sagt aber nicht: Ich möchte zu diesen zwanzig Agenturen gehören, sondern er sagt: Verkaufen kann ich die Agentur immer, das ist kein Problem, aber ich wüsste nicht recht, womit ich mich sonst beschäftigen sollte. – Die andere Seite der Erklärung besteht darin, dass er auf eine unkonventionelle Art unkonventionell ist, dass man aber zugleich glaubt, dass er dies bewusst ist. Es gibt bei Gredi viel Unbewusstes, aber nichts Unbewusstes, was mit ihm durchgeht und so punktuell an die Oberfläche kommt. Er macht immer das Gegenteil von dem, was man erwartet, aber bewusst. Er führt bewusst einen Lebensstil, der das Gegenteil vom Lebensstil der grossen und kleinen Werbeagentureninhaber darstellt. Damit fällt er auf, und das ist für die Werbung wichtig. Der Farner, der früher die grösste Agentur in der Schweiz hatte, hielt sich ein masslos elegantes und grosszügiges Haus, gab Parties usw. und war dann nicht klug genug, davon abzustehen, seine Zunftreden, die er alljährlich am Sechseläuten hielt, drucken zu lassen. So aber sind sie jedermann zugänglich, nicht nur den Dummen.

Bei Gredi ist alles bescheiden. Man könnte daran denken, er sei ein Puritaner im Sinne von Max Weber, einer, der durch Bescheidenheit und Enthaltsamkeit Kapital akkumuliert. Das wäre eine gewaltige Fehlinterpretation. Vielmehr interessiert es ihn einfach gar nicht, Geld (wie alle andern) in Statussymbolen anzulegen (das würde ich auch nicht tun). Seine «Wohnung» in Düsseldorf, die ich unbedingt sehen wollte und die er mir auch gezeigt hat, wäre schon einem Zürcher Studenten nicht mehr zuzumuten. Nur mit Oropax kann man darin schlafen, obwohl sie im vierten Stock liegt, sogar mit Blick auf den an dieser Stelle sehr armseligen Rhein. Durch das enge Treppenhaus windet sich ein dickes Rohr, natürlich undicht, das die Abgase oder Ablüfte des Restaurants, das sich im Erdgeschoss befindet, über das Dach abführen soll. Gredi zeigte mir mit hämischer Freude die dunklen Striche, die das Abgas auf dem Spannteppich an den Türen zur Wohnung und zum Bad (weil es dort durchzieht) hinterlässt. Fettspuren. Das letzte, was schliesslich von der Seele der Pommes frites übrig geblieben ist.

Gredi ist nicht geizig, sondern ein Puritaner ohne puritanische Ideologie. Die wahrscheinlich realitätsgerechteste Analyse ist: Er beobachtet sich und das Verhältnis zu den anderen so genau, dass er keine Rolle übernimmt, die man ihm im sozialen Kontext zuschreiben würde, sondern kompensiert im Gegenteil durch gewolltes atypisches Verhalten. Dadurch kommt er aber doch wieder in eine Rolle hinein. Erst recht. Er ist der Chef, der sich nicht wie ein Chef benimmt, er ist der Diskussionspartner, der sich nicht wie ein Diskussionspartner benimmt. Dabei ist das «nicht» wichtig. Auch die bewusste Kompensation. Aber darüber liesse sich nur spekulieren, zum Beispiel darüber, ob sein stereotyper Zynismus nicht einfach eine Form von Traurigkeit ist.

Ich versuche einen Menschen zu beschreiben, der mir nahesteht.

Was haben die Leute an dem Gredi gefressen? Das Charmante, das Ungewöhnliche, das Atypische. Dazu kommt die Risikofreude, der Lebensoptimismus, die er beide kompensiert durch Aussagen über seine Passivität. Seine Macht, die er hat, aber nicht ausübt. Seine Freude an Einfällen, die andere haben, deren Mass und Wert er sofort erkennt, die er ergänzt oder kritisch reduziert. Beispiel: An einem der üppigen Abendessen habe ich davon erzählt, dass ich mich durch die Wirtshausschilder in den USA, die die Aufschrift «Bar-B-Q» aufwiesen, dazu angeregt fühlte, nach demselben semantischen Prinzip meinen Bekannten Karten zu schreiben. Zum Beispiel: «XLNt» oder «mRvLS». Gredi sofort: Das kann man mit jeder Schriftsprache machen. Etwas später fiel mir dann die deutsche Möglichkeit ein: «ND» der «RD».

Warum spielt sich eigentlich das ungeheuer schöpferische und ungeheuer elende Konkurrenzexperiment, das die Natur zur Entwicklung der Arten veranstaltet, nur auf *einem* Planeten je Sonnensystem ab? Warum keine Konkurrenz zwischen den Sonnensystemen und den Spiralnebeln? Warum fliehen im Gegenteil die Galaxien voneinander weg? Hat das etwas mit dem Sinn des Alls zu tun? Dass es eine Grenze der Konkurrenz und viele Schutzmöglichkeiten und Schutzräume im All gibt für Geschöpfe, die nicht so verrückt sind wie wir? Der Sinn dessen, dass keine Bewohner von Planeten anderer Sonnen oder Planeten anderer Sonnensysteme uns besuchen können, liegt doch höchstens darin, dass im interstellaren Bereich Krieg ausgeschlossen werden soll. Vielleicht will Gott wirklich einen friedlichen Planeten ausprobieren. Die Entfernung zwischen den Kontinenten einzelner Planeten reicht nicht dafür aus, friedliche Stämme ungestört sich entwickeln zu lassen. Sobald die unfriedlichen Stämme, «zivilisatorisch höherentwickelt», die anderen Kontinente «entdecken», vernichten oder unterjochen sie die Bewohner dieser neuentdeckten Kontinente. Der Sinn der Ausdehnung des Universums könnte für friedliche Lebewesen darin liegen, «nicht entdeckt zu werden».

Zürich, 20. März 1982

Wegen des verständlichen Eigeninteresses des Richters, sich nicht zuviel Arbeit zu machen, ist eines der wichtigsten, aber unausgesprochenen Prinzipien der Rechtsprechung das Erledigungsprinzip. Immer wieder werden Gründe gesucht, auf Argumente der Parteien oder gar auf den ganzen Fall nicht eintreten zu müssen. Diese Gründe sind naturgemäss formaler Natur. Ich sehe das besonders deutlich bei meiner eigenen Tätigkeit im Kassationsgericht und auch bei mir selber. Was vom Beschwerdeführer nicht ausdrücklich gerügt wurde, wird nicht überprüft, durchaus gesetzesgemäss. Tatsachenfeststellungen und Beweiswürdigungen der unteren Instanz werden nur aufgehoben, wiederum ganz gesetzesgemäss, wenn sie willkürlich sind, und das ist sehr selten. Das Kassationsgericht heisst höchstens 10% aller Beschwerden gut. Die Oberrichter ärgern sich nicht so sehr darüber, dass sie im Falle der Gutheissung einer

Beschwerde desavouiert werden, als vielmehr darüber, dass das Kassationsgericht das Urteil nur aufhebt, nicht selber ein neues Urteil fällt, was wiederum dem Gesetz entspricht, und dass die Oberrichter dann die Arbeit zum zweitenmal machen müssen. Psychologisch ist das kein gutes System. Der Richter sucht im allgemeinen für sein Urteil dasjenige Argument, das ihm am wenigsten Arbeit macht. Auch insofern ist die Gerechtigkeit eine durch und durch menschliche Einrichtung. Ordnung ist wichtiger als Gerechtigkeit, die Beendigung des Streites und der Diskussionen wichtiger als alle anderen Zwecke des Rechts. Das ist nicht meine Meinung, aber so verhält sich die Wirklichkeit. Das Erledigungsprinzip trägt dazu bei, Unordnung zu reduzieren. Solange dabei nicht schreiendes Unrecht geschieht, wie in den totalitären Polizeistaaten, sind die Bürger damit zufrieden, weil sie nicht nach Gerechtigkeit dürsten, sondern eine friedliche Ordnung brauchen. In einer deutschen Umfrage hat sich gezeigt, dass die meisten Bürger der Ansicht sind, es gebe zuviele Rechtsmittel für den Betroffenen und zuviele Möglichkeiten, ein Verfahren in die Länge zu ziehen. Der Schluss sollte früher stattfinden. Die Bürger verhalten sich der Rechtsprechung gegenüber wie Kirchgänger, die immer eine kurze Predigt besser finden als eine lange. Beim Amen sind alle erleichtert.

Meine zunehmende Kurzatmigkeit, sagte Christoph, könne daher rühren, dass ich schon eine Metastase in der Lunge habe. Dann würde ja alles viel schneller gehen.

Wie wär's denn mit Ersticken?

Da ich einen natürlichen Tod will – Christoph fragte: warum eigentlich? –, muss ich auch seine mögliche Grausamkeit in Kauf nehmen. Doch neige ich zum Kompromiss. Nur diejenige Natürlichkeit dem Tode belassen, die nicht extrem grausam ist. Der Alkohol, von fünf bis acht Uhr abends, ist ein guter Begleiter des Lebens und des Todes.

Kriterien eines guten Gesprächs (mindestens so wichtig wie eine gute Mahlzeit):

1. Themen, die alle interessieren, Themen, die hin und wieder wechseln und deren Bedeutung auch gewissen objektiven Kriterien standhält;
2. einander zum Denken zwingen, zum Beispiel durch Fragen (Sokrates), auch bei Abschweifungen;
3. Abschweifungen beliebig zulassen, aber immer nach dem Gedanken fragen;
4. wenn der andere erzählt, ihn fragen, was er genau gesehen, gehört, gefühlt hat, was auffällig war, was für allgemeine Schlussfolgerungen sich für ihn daraus ergeben;
5. ausgeglichener Wechsel zwischen Reden und Zuhören, also auf die Herausgabe von Einfällen verzichten, wenn es den andern in seinem Gedankengang unterbricht;
6. sofort stoppen, wenn die Leute anfangen, einander Witze zu erzählen.

Zürich, 21. März 1982

Ich bin wieder am Aufräumen. Ein Heft fällt mir in die Hände, in welchem unter dem Datum des 11. Mai 1952 ich folgendes geschrieben habe:

«J. liegt mit Krebs im Spital. Ausführungen über Krebs. Sein Wuchern. Der Körper gegen den Körper. Die schlechten Zellen gegen die guten. Ich wende mich gegen mich selber, ebenso der Zweifelnde bis zur Verzweiflung ... Vom Tod her das Leben aufgerollt wie vom überlegenen Feind die so klug aufgestellte Front ... Zu spät entdeckter Krebs. Unaufhaltbarer Ablauf. Mit dem Tod behaftet von Anfang an. Geburt im Spital, Tod im Spital. Der Schmerz als Gedanke an den Schmerz, als aufgenötigter Gedanke. Bis die Lösung vom Gedanken gelingt. Die Geschichte beginnt im Spital. Rückblick auf das Leben. Dazwischen immer wieder Ablauf der Krankheit. Sanduhrablauf.»

Ein armseliger Einfall, der sich nur hinterher als visionär erweist, durch puren Zufall. Das Zitat war allerdings eingebettet in eine grössere Geschichte, «Der Schatz im Acker». Nach dem Gleichnis in den Evangelien verkauft jemand alles, was er hat, und erwirbt den Acker, in welchem er den Schatz vermutet. Dann aber kommen ihm die Zweifel, und um nicht zu verzweifeln, zögert er die Suche nach dem Schatz bis zum Beginn seiner Krankheit hinaus. Dann aber ist es zu spät; denn er kann es ja niemandem sagen, dass in dem Acker sich ein Schatz befindet; ausserdem zweifelt er immer noch daran, ob da wirklich ein Schatz ist, ob er nicht alles für nichts aufs Spiel gesetzt hat. Von diesen Zweifeln erlöst ihn schliesslich die Krankheit.

Gestern mit Frisch zum Abendessen im Münsterhöfli. Nach Ostern werden wir die Reise nach Ägypten machen. Bei mir steht jetzt alles unter der Jakobus-Bedingung: «So Gott will und wir noch leben, werden wir dies und das tun.» Bei den Ureinwohnern von Mexico, erzählte mir Frisch, waren die oberste Schicht die Priester, die Militärs standen auf der zweituntersten Stufe. Kein Wunder, dass die spanischen Räuber es dann so leicht hatten. Nach Toynbee soll es andererseits ein Zeichen für das Ende einer Zivilisation sein, wenn das Militär regiert. Dabei dachte Toynbee wohl vor allem an Rom; auf Preussen, Sparta und selbst das Reich von Alexander passt die Theorie kaum.

Wenn die Priesterkaste zuoberst steht, dann hat dies freilich den Effekt, dass der von der Technologie schliesslich ausgebeutete und zur Vernichtung führende freischweifende Geist sich nicht entfalten kann; die Gesellschaft bleibt stabil. Unter der Herrschaft der Militärs, die noch freiheitsfeindlicher ist, kann sie es nicht; denn die Militärs sind an Atomforschern, Biochemikern usw. interessiert, um die Technologie ihrer Waffen zu verbessern. Die Macht der Priester, mag sie noch so grausam sein, führt dagegen nie zur totalen Entfesselung und Manipulierung der Naturkräfte, die nur scheinbar unter Kontrolle gehalten werden können. Was hat uns die Technik eigentlich gebracht? Man sagt, Wohlstand. Aber wem? Nicht den Völkern der Dritten und Vierten Welt. Die Humanmedizin, die immerhin noch humanste Seite der Technologie, hat eine Übervölkerung hervorgebracht, deren Probleme schlechthin unlösbar sind. Die Motorisierung bringt uns schneller von einem Ort zum andern (wozu?) und zerstört die Umwelt. Von der Kernkraft ganz zu schweigen.

In den letzten Tagen habe ich das Buch von Ditfurth, «Wir sind nicht nur von dieser Welt», gelesen, zuerst vom Ende her, dann ganz. Die Idee, die Evolution der Welt sei die noch im Gange befindliche Schöpfung und ihr Ende münde ins Jenseits, wo der Geist herrsche, ist imposant und plausibel. Die Naturwissenschaften selbst bestätigen die Religion: das Jenseits und den von der Materie unabhängigen Geist, der die Gesetze des Kosmos erlassen haben muss. Den können wir nicht verstehen, aber am Ende der Welt wird alles einsichtig. Für wen? Das bleibt offen. Das Buch ist voll von Optimismus und entspricht einem eindeutigen Leserbedürfnis: endlich bestätigen uns auch die Naturwissenschaften, dass das Religiöse, das Transzendente, dass der Geist existiert, ja dass wir auf ihn hinfliegen. Nur verschweigt der Autor schamhaft, dass das Gesetz der Evolution, jedenfalls auf dieser Erde, zunächst zur Vernichtung des Planeten führen wird. Auch könnte es ja sein, dass das All im Kältetod endet. Nur an einer ganz kleinen Stelle (S. 286) heisst es:

«Wenn wir bedenken, in welchem Masse unser Verhalten noch immer irrational ist, dass angeborene Instinkte und Befürchtungen uns selbst dann daran hindern, das als richtig Erkannte auch zu tun, wenn wir wissen, dass unsere Existenz auf dem Spiel steht – man braucht nur an das wahnwitzige Wettrüsten zu erinnern –, dann ist das Gegenteil wahrscheinlicher»,

womit er meint, dass wir nicht die Spitze der Entwicklung darstellen.

Was er aber übersieht, ist die handgreifliche Tatsache, dass wenigstens *ein* Gesetz, mit dem die Evolution arbeitete, schliesslich die Vernichtung des Geschaffenen herbeiführt. Es ist entweder ein böses Gesetz oder es ist ein Gesetz, vom Geist erlassen, um die Bösen zu strafen, was auf dasselbe herauskommt. Wie soll denn der Mensch die «angeborenen Instinkte und Befürchtungen» abstreifen, wenn sie ihm doch früher dazu verholfen haben, den Überlebenskampf zu bestehen, zu bestehen vor dem Selektionsprinzip? Der verkaufsträchtige Optimismus hätte doch noch etwas reduziert werden dürfen, obwohl der Autor sich mit grösster Vorsicht auf den äussersten Zweigen seines Futterplatzes bewegt. Peinlichst wird zum Beispiel das Wort Gott vermieden.

Wenn die Arterhaltung alles ist, dann bleibt für das Individuum kein Sinn übrig. Unser Sinnerleben aber folgt dem Geistigen, und das Geistige dient eben gerade nicht der Arterhaltung. Ein ganz genereller Gott gibt denn auch keinen Sinn her, wohl aber ein individueller, der nicht einfach abgeleitet wird aus den in der Natur vorgefundenen Gesetzen. Einer, der sich gerade derjenigen erbarmt, die das Selektionsgesetz ständig ins Nichts wirft.

Der Tod könnte, sofern etwas vom Individuum übrigbleibt, also als ein Denken oder wenigstens Erinnern, verstanden werden als Ausstieg aus der Zeit. Was aber Zeitlosigkeit bedeutet, kann kein Mensch sich vorstellen.

Wann werden die Naturwissenschaften die Barmherzigkeit entdecken? Wann auch nur die Gerechtigkeit?

Dass jemand schreibt, ist ein sicheres Zeichen dafür, dass er nicht zu den Mächtigen gehört. Die Mächtigen schreiben keine Bücher, lassen höchstens Schriften oder Reden von anderen nach ihren Anweisungen verfassen und unterzeichnen allenfalls wichtige Edikte. Daran, dass jemand nicht mehr selber etwas formulieren und schreiben muss, kann man die Höhe seines Ranges in der Machthierarchie ziemlich genau ablesen. Ein Minister oder ein Generaldirektor schreibt nichts mehr selbst, es sei denn aus purer Liebhaberei, meist zugleich im höchstpersönlichen Bereich, wo Eigenhändigkeit, etwa beim Testament, vorgeschrieben sein kann. Bis zum Vizedirektor oder Ministerialdirektor jedoch wird noch selbst geschrieben. Auf dieser unteren Ebene zerbricht man sich noch den Kopf, um zum Beispiel einen Gedanken genau zu formulieren und zu begründen, wofür der Höhere allenfalls einen ungenauen Entwurf, eine allgemeine Anregung verfasst hat. Ein König oder ein Diktator kann durchaus ein Analphabet sein, ein Kanzlist nicht. Was letztlich bedeutet, dass die Macht mit dem (schriftlichen) Wort weder gewonnen noch erhalten wird.

Zürich, 22. März 1982

Nachtrag zum Thema Machtphilosophie als Grundlage für Rechtsphilosophie. Fast alle Macht ist illegitim, weder durch Leistung und schon gar nicht durch Bedürfnis gerechtfertigt. Am weitesten entfernt sich vom Recht diejenige Macht, die mit Spiel und Spekulation gewonnen wird. Jedenfalls dann, wenn die Spielchancen nicht für alle gleich sind, und das sind sie nach einer gewissen Dauer des Spiels ohnehin nicht mehr. Dann können die mächtigsten Spieler, diejenigen, die nach dem Bild von Dürrenmatt (Monstervortrag über Recht und Gerechtigkeit) die meisten Spielsteine besitzen, die Spielregeln so verändern, dass für sie selbst immer mehr Gewinn und für die andern immer mehr Verlust resultiert. Wenn der Milliardär T. für 1,5 Milliarden Zinnminen kauft, dann kann er sich gar nicht mehr verspekulieren, weil alles Zinn, das auf den Markt kommt, ihm gehört. Nun gehört ihm zwar bei weitem nicht alles Zinn, doch weiss er – und das ist seine «Intelligenz» –, 1. dass der Bedarf nach Zinn steigt und 2. dass die anderen Zinnbesitzer kein Interesse daran haben, seine Preise zu unterbieten – es sei denn, der Bedarf würde plötzlich drastisch sinken. Der dritte Vorteil des Mächtigen, bei dem ihm das Recht hilft, besteht darin, dass er jedes Prozessrisiko auf sich nehmen kann, was allein schon den Schwächeren, der gegen ihn antreten möchte, abschreckt.

Jesaja gelesen, ein fürchterlicher Pathetiker, doch brauchte es offenbar dieses lodernde Feuerschwert, um gegen die Macht anzukommen. Auch die hemmungslose Berufung auf Gott. Jesaja 3,8:

«Wehe denen, die Haus an Haus reihen und Acker an Acker rücken, bis kein Platz mehr ist und ihr Alleinbesitzer seid mitten im Lande! Denn vernehmen liess sich in meinen Ohren der Herr der Heerscharen: Fürwahr, viele Häuser sollen öde werden, grosse und schöne, dass niemand darin wohne; denn zehn Juchart Reben werden *einen* Eimer bringen, und ein Malter Same einen Scheffel.»

Damit hat der Prophet ganz klar gesehen, dass der Grossgrundbesitz und die Enteignung der kleinen Eigentümer zur Verödung des Landes führt. Diese Erkenntnis liesse sich sehr weit verallgemeinern.

Warum sind fast alle Bibeln schwarz gebunden? Sollen sie Ernst und Trauer ausdrücken? Als Schwarze werden – ganz zu Unrecht – die Katholiken bezeichnet. Um das Gegenteil festzustellen, empfehle ich jedem, am Tag der Landsgemeinden von Appenzell-Ausserrhoden und Appenzell-Innerrhoden zuerst in das reformierte Trogen zu fahren und dann ganz schnell in das katholische Appenzell. In Trogen sind alle Männer schwarz gekleidet, es gibt keine andere Farbe auf dem ganzen Dorfplatz; die Regierungsmitglieder stehen im schwarzen Rock mit Zylinder auf einer Bretterbühne; es wird nicht diskutiert, sondern nur gewählt und abgestimmt. In Appenzell – man muss sich beeilen, um noch das Ende der Landsgemeinde mitzuerleben – ist alles farbig, Fahnen, Trachten, alte Uniformen. In Trogen dagegen stehen die schwarzen Magistraten auf ihrem Podest wie Richter, die ein Todesurteil zu fällen haben.

Die Idee der Evolution als Schöpfung gibt für den einzelnen nichts her; er ist nur ein Baustein in der Entwicklung, die über ihn hinwegrollt, und was soll ihm der Geist, mit dem die Materie sich am Ende verschmilzt? Dem genau entgegengesetzt und selbst als Gleichnis viel grösser ist die Vorstellung des christlichen Gottes: Der Allmächtige selbst übernimmt die Rolle des Schwächsten, des Verachtetsten, des schliesslich Gehenkten und erklärt sich damit solidarisch mit all denjenigen, die die Evolution nicht überstanden, die unter ihre Räder gekommen, von ihr über das Selektionsprinzip ausgemerzt worden sind. In letzter Konsequenz durchdacht würde dies bedeuten, dass Jesus ein Gleichnis dafür ist, dass Gott diese Welt, die der Teufel gemacht hat, widerlegt, indem er alle in der Evolution verlorengegangenen Geschöpfe aufsammelt und zu sich nimmt, in einem Gegenreich, das schliesslich viel grösser und stärker sein wird als das Finale der nach empirisch bisher unwiderlegten Gesetzen abschnurrenden Evolution, die als Schöpfung bezeichnet wird – aber wessen Schöpfung? Wer erbarmt sich zum Beispiel des Kükens, das aus dem Nest geraten ist und von der Henne totgepickt wird, weil sie es als einen Feind zu erkennen glaubt?

Auch die Erfindung des Vatergottes, der immer väterlicher wird, immer gütiger, je mehr Macht er besitzt, kommt vom Geist.

Langsam komme ich auf meinen philosophischen Gedanken: die Sinnoasen (im Individuellen und Einmaligen) sind Ausblicke auf den lichten Geist, der am Ende des Universums auf uns wartet.

Heute abend waren die letzten Tropfen des Urins ziemlich rot, aber das war schon vor einem Monat einmal so. – Die linke Niere ist endlich tot, sie regt sich seit langem nicht mehr.

Vielleicht sind die Sinnoasen, die ja immer durch das Einmalige und Individuelle hervorgebracht werden, winzige Fenster, durch die man den Geist sieht oder wehen spürt, der am Ende allem Sinn geben wird. Dann werden auch die verlorenen Objekte der Evolution wieder eingesammelt; ihre Fehlentwürfe werden als grosse Malereien erkannt werden. Man wird sehen, dass die unvollendeten Skizzen genauso vollendet sind wie das Vollendete.

Zürich, 23. März 1982

Zingg ist wie ein guter Geist für mich: Bei Ihren Symptomen brauchen Sie nicht zu befürchten, dass die Reise nach Ägypten (immer denke ich: Flucht nach Ägypten) nicht mehr gelingt. Wenn Sie noch einen halben Liter Blasenkapazität haben, dann ist das direkt ungewöhnlich. Nachher habe ich nachgemessen und festgestellt, dass es nur noch drei Deziliter sind. Der Unterschied ist nur graduell. Wenn ich in Ägypten sterbe, bin ich in hoher Gesellschaft, zwischen Pyramiden und Königsgräbern, dort würden viele Tote mich erwarten. Man geht ja auch nach Ägypten, um sich mit den Toten zu beschäftigen.

Der Onkologe ist sehr streng. Der Onkologe sagt: Es ist unverantwortlich, auf Grund einer unvollständigen Information, d. h. ohne Gewebeentnahme, einen so weittragenden Entscheid zu treffen und erst noch im negativen Sinn. Ich meine, das alles schon vor drei Monaten gehört zu haben. Der Onkologe sagt: Nur die histologische Analyse gibt Auskunft darüber, ob nicht vielleicht doch die Möglichkeit besteht, dass der Tumor harmlos ist und zum Verschwinden gebracht werden kann. Ich habe den Eindruck – subjektiv, subjektiv, subjektiv –, er findet es ungehörig, dass ich jetzt seit drei Monaten einfach nichts mehr habe machen lassen. Keine weiteren Abklärungen, keine Exzisionen, keine Bestrahlungen, keine Operationen. Mein Trotz schwindet unter seiner Bestimmtheit oder genauer: zuerst Argumentation, dann Trotz, dann Unsicherheit, dann Zustimmung nur formal, wie ich merkte, denn draussen wieder allmähliche Rückkehr zu meinem Entschluss, der ja wirklich, wie ich immer mehr sehe, nicht auf meiner Willkür, sondern auf meiner Notwendigkeit beruht, auf meiner Lebensnotwendigkeit und auf meiner Todesnotwendigkeit. Um sich mit sich selber zu kontrastieren, sitzt der Onkologe in einem fröhlichen Zimmer, hinter ihm, an den Wänden, hängen Kinderzeichnungen oder Zeichnungen von Erwachsenen, die wie Kinderzeichnungen aussehen. Ein Bild war, wenn ich mich richtig erinnere – ich musste mich zu sehr auf die Diskussion konzentrieren –, eine Art Collage, zwei Fussabdrücke einer Person, mit Wollfäden auf Papier gestickt, die Zehen nach oben, darüber bunte Stoffstückchen, das Ganze so angeordnet, dass die beiden Fussabdrücke zugleich die Form eines Herzens hatten. Nicht eines medizinischen, sondern eines symbolischen Herzens. Vor diesem schönen Bild der strenge Onkologe, der doch so freundlich zu mir war; zugleich mich sofort durchschaute, er sprach von pessimistischer Haltung, und wir wussten beide, dass wir Depressivität meinten.

Gegenüber den Ärzten hat man immer das Gefühl, undankbar zu sein.

Immerhin bekam ich noch im Wartezimmer einen Zettel mit folgendem Inhalt:

«Als Privatpatient wird Ihnen von unserem Sekretariat direkt Rechnung gestellt.

Diese Rechnung enthält neben dem Honorar

1. die Kosten für Untersuchungen im Labor der Onkologischen Abteilung

2. die Kosten für hier injizierte oder abgegebene Medikamente ...

Auf der Rechnung sind gesondert aufgeführt die Kosten für allfällige Untersuchungen durch andere Laboratorien, besonders durch das chemische Zentrallabor.

...

Es ist Herrn Prof. V. nicht möglich, Krankenkassenscheine anzunehmen. Aus administrativen Gründen können auf unseren Rechnungen auch nicht die Ziffern der

Krankenkassentarife aufgeführt werden. Auf Wunsch können wir jedoch unsere Rechnung für Ihre Krankenkasse detaillieren – jedoch *ohne Angabe von sogenannten Positionen* (Unterstreichung im Original). Eine allfällige Vergütung durch Ihre Krankenkasse muss durch eine direkte Abmachung zwischen Ihnen und der Kasse geregelt werden.»

Das Juristisch-Finanzielle ist jedenfalls klar. Aber ob das die Krebskranken, die Todkranken noch interessiert – wenn sie ihre Lage kennen?

Der Lebenszwang in seiner ganzen Strenge – erst bei den Medizinern begegnet er dir leibhaftig und systematisch.

Aus dem Zweck der Lebenserhaltung – dem uneingeschränkten Zweck – eine Wissenschaft zu machen, die dann ihre Eigengesetzlichkeit entwickelt, war wohl auch einer der vielen Fehler der Evolution, nun aber von der anderen Seite gesehen. Ich möchte ja nicht die Unbeholfenen ohne Hilfe lassen und die Schwachen ohne Schutz, sondern nur: da es den Tod gibt, soll man seinen Umgang pflegen und nicht meinen, das Leben könne ihn beseitigen.

Zürich, 27. März 1982

Lassen wir ab von der Evolution. Gott ist sowohl im Unendlichen wie im Einzelnen. So sollten wir wenigstens denken, um die Dinge wirklich ernst zu nehmen.

Ich erinnere mich an ein Gespräch vor gut vierzig Jahren zwischen meiner Mutter und unserem Hausarzt. Er war ein liebenswerter, immer etwas in den Wolken hängender Mensch; er ging wie ein Hund mit schräg parallel gestellten Füssen, hatte einen Hang zum Naturismus, war insgesamt ein wenig verträumt, wie man damals sagte. Die Krankheit, sagte er, hat ihren Sinn, auch die tödliche Krankheit, sie verbessert die Erbmasse, indem sie die Individuen daran hindert, sich fortzupflanzen; man sollte weniger tun in der Medizin. Meine Mutter: Was ist dann der Sinn der Krebskrankheit? Die haben doch alle ihre Kinder schon gezeugt oder geboren. Darauf war er ganz sprachlos und wurde wieder träumerisch.

Kollektiv machen sich die Nationen Sinnoasen dadurch, dass sie ein Enklavedenken hegen. Die Amerikaner und die Schweizer sind sehr dafür, dass in ihrem eigenen Lande freiheitliche, demokratische und rechtsstaatliche Zustände (bis zu einer gewissen Grenze) herrschen. Um ihre Oase zu erhalten, sind sie bereit, unmenschliche Zustände in anderen Staaten zu dulden oder sogar zu fördern, solange nur in diesen Staaten Ruhe und Ordnung herrscht. Diese unfreien Staaten werden gewissermassen als Zulieferer des eigenen Wohlseins betrachtet und behandelt. Die Amerikaner und die Schweizer würden nie einen Somoza als Diktator in ihrem eigenen Lande dulden, doch sind sie bereit, ihn zu unterstützen, solange er nur in seinem Lande Unrecht tut, das uns – vermeintlich – irgendwie nützt.

Wenn Gott nur am Anfang und am Ende der Evolution steht, mag man ihn getrost vergessen. Die jüdisch-christliche Religion hat ihn auch, aber nie nur so verstanden. Wird er nicht zugleich in den Gehirnen der Menschen (und auch der Tiere) als anwesend gedacht, verliert er seine ganze aktuelle Potenz. Er wird zu einem Gott, der abwartet, teilweise vielleicht ohne zuzuschauen. Ein Anfangsgott und ein Endgott. Genau der Gott, der nach Zephanias Predigt gegen die reichen Leute nie ins aktuelle Geschehen eingreift. Nun tut er dies auch offensichtlich nicht, denn er pendelt ja nicht unentwegt zwischen Ewigkeit und Zeitlichkeit hin und her. Er schickt keine Blitze für die Bösen. Doch dürfte er auch in Gehirnen anwesend sein, die sich allenfalls noch weiterentwickeln, die ihn aber denken müssen. Und da wird er sehr akut und virulent. Karl Barth hätte nie so gegen Hitler sprechen und so viele Menschen gegen ihn mobilisieren können – ich spreche überhaupt nicht vom Erfolg –, wenn er nur über das Religiöse im allgemeinen, über die psychologische Notwendigkeit des Transzendentalen usw. gesprochen hätte. Die *Macht* Gottes konkretisiert sich immer wieder in einzelnen Menschen. Und dann berufen sie sich, jetzt und hier, auf die höchste Instanz, und dann verändern sie vielleicht soziale Zustände; doch geht dies alles nur mit einem konkreten, zeitlich-zeitlosen Gott, nicht mit einem abwartenden, vielleicht schlafenden Anfangs- und Endgott.

Die unwissenschaftliche Mischung zwischen transzendentaler Spekulation, Ewigkeitssucht und zeitlich konkretem moralischem Anspruch gefällt mir besonders an der Theologie. Ein Gott, der nichts für den einzelnen tut, einer, der alles dem Walten der Macht überlässt, ist eben genau nicht Gott, sondern höchstens Teufel. Immerhin hat das menschliche Gehirn die Substanz hervorgebracht, die sich gegen eine solche Art von Macht wehren kann.

Heute gegen sieben abends kamen Christoph und Eva samt Schwiegermutter, Adoptivkind und Hans. Eva, die Frau von Christoph, hatte einen arithmetischen Geburtstag, den 40. Christoph hatte uns alle eingeladen zum Abendessen in den «Zimmerleuten». Es war nicht möglich, dorthin zu kommen, die ganze Altstadt war eingenebelt mit Tränengas. Sie wollten dann in einer anderen Gegend ein Restaurant aufsuchen, aber ich mochte nicht mehr. Vor dem Hause meiner Wohnung haben wir uns verabschiedet, sie schauten mich mit erschreckten Gesichtern an.

Ich bin sehr müde, schwitze, sollte vielleicht doch etwas essen. Ich hasse es, wenn meine Freiheit beschnitten wird, sei es auch nur die Freiheit, zum nächstgelegenen Restaurant zu gehen. Zugleich mag ich nicht ausweichen. So sitze ich hier, ich kann nicht anders.

Anlass für die jetzt im Gange befindlichen Krawalle war offenbar die Zerstörung des AJZ. Der Stadtrat handelt genauso kindisch wie die Kinder, die er durch seine Polizei verprügeln lässt. Es geht nur um Symbole. Genau, wie ich immer gesagt, geschrieben und publiziert habe.

Opio / Provence, 1. April 1982

Gestern bin ich nach Nizza geflogen und wurde von Honegger und Sybil abgeholt; im letzten Moment kam auch Ines, Tochter von Sybil, auf denselben Flug. Zum ersten Mal seit ziemlich langem bin ich wieder ganz in Gesellschaft. Mit Freunden, ständigen Gesprächen, gemeinsamen Ausflügen.

Heute nachmittag in Vence die Kapelle besichtigt, die Henri Matisse kurz vor seinem Tod mit Glasfenstern und Kachelmalereien ausgestattet hat. Das kleine Gebäude, eingezwängt zwischen grösseren, sieht aus wie ein Schuppen und auch von innen wie eine Garage, was die Architektur anbetrifft. Seit dem letzten Kriege gehörte es sich in Frankreich, dass jeder grosse Künstler eine Kirche baute oder ausstattete (Le Corbusier, Léger, Chagalle, Rouault). Für das Werk von Matisse, das ich immer besonders geliebt habe, seine Heiterkeit, den Ausblick aus einem

Fenster, ist die Kapelle von Vence Abschluss, Wiederholung und Neubeginn ohne Fortsetzung. Er wurde im Alter von über 80 Jahren, praktisch gelähmt, an den Wänden hoch- und niedergehoben, um die Kacheln zu bemalen, nach vorher im Bett angefertigten Skizzen. Die Passion Christi hat er den einzelnen Abschnitten nach numeriert. Unten nur hingeworfene Striche, ohne Gestalt: nach den Erklärungen Johannes und die Frauen, die die Kreuzigung mitverfolgten; man erkennt nur grobe, gebrochene Striche. Oben in der Mitte der Gekreuzigte und rechts davon die Grablegung. Ich bringe das alles stilistisch nicht zusammen mit der völlig perfekten Darstellung des heiligen Dominik auf der Längswand. Alles nur schwarzweiss, auch die grossen, geöffneten Blumenkelche, die er immer sonst schon gemalt hat. Auch die farbigen Fenster, grossflächig in gelbe und grüne Pflanzenblätter aufgeteilt, passen nicht dazu mit ihrem heiteren Lichteffekt, auf die Kreuzigung gerichtet.

Nach der langen und ernsthaften Besichtigung, die Honegger besonders interessierte, weil er jetzt selber dran ist mit einer Kirche – ein Bischof hat ihm den Auftrag gegeben und seine Proteste, er sei Atheist, sanft übergangen –, setzten wir uns in den Strassenlärm eines Terrassencafés und tranken Wein. Auf der Rückfahrt kamen wir am Eingang der Gorges du Loup vorbei, und ich erinnerte mich plötzlich, dass ich vor fast dreissig Jahren einmal dort gewesen war.

Das Haus, das Honegger gemietet hat, ist umgeben von terrassenförmig angelegten Gärten, aus denen das Grün der Pflanzen überall herausbricht, als wolle es das Haus und die Terrassen bald zudecken.

In der Kapelle von Matisse in Vence lag auf einem Gestell die Bibel aufgeschlagen: Johannes 8,51 ff., eine wenig überzeugende Stelle, an der sich Jesus als der Sohn Gottes anpreist. Am Schluss wollen die Juden Steine nach ihm werfen, und da verdrückt er sich. Die Stelle kann nicht echt sein.

Honegger denkt über den Tod wie B.: Nichts, aus, es gibt nur das Leben, der Tod ist kein Thema, alles Metaphysische wird ins Leben hereingenommen, der Tod bringt da nichts Zusätzliches. Ich komme sogleich in den Verdacht, mir Trostvorstellungen aufzubauen, und es gelingt mir nicht, zu erklären, dass die Sinnfrage dem Tod gegenüber auch ohne solche Trostvorstellungen möglicherweise beantwortbar ist. Honeggers Vater war ein Zeuge Jehovas, ein Bibelforscher, wie man sagt, und Honegger musste als Junge mit Traktätchen von Haus zu Haus gehen; manchmal wurde er angespuckt. Jetzt hat er diese Beleidigungen dadurch überwunden, dass er ihren Grund für sich beseitigt hat.

Opio, 4. April 1982

Das Wetter ist kühl, mit Ausnahme von gestern, als die Sonne den ganzen Tag schien.

Das Haus gehört zwei Künstlern aus Paris; der eine macht Rahmen, grössere und kleinere, aus dunklem Eisen; der andere malt oder klebt schmale, fast gleichfarbige Streifen auf die geduldigen Leinwände. Das Haus ist äusserst geschmackvoll eingerichtet, übereingerichtet, voll von schönen Gegenständen, überall hängen alte bemalte Teller an der Wand oder stehen in Drahthaltern auf Gestellen. Nicht mehr zur Benützung, gerade noch zur Betrachtung freigegeben. Bitte nicht berühren, wozu auch? Wenn der Wert eines Gegenstandes noch weiter wächst, wird er schliesslich auch der Betrachtung entzogen, in tiefen Grüften eingeschlossen, allenfalls durch Kopien ersetzt. So massen sich die Fetische die Unsichtbarkeit

Gottes an. Doch am Ende erklärt sich alles einfacher und wie von selbst. Das Schöne soll erhalten bleiben und nur zu grossen Festtagen hervorgeholt werden, damit es nicht alltäglich wird.

Opio, 5. April 1982

Man merkt es Honegger nicht an, dass er mit seiner Malerei zur internationalen Elite gehört. Er hat kein Gehabe und macht kein Aufhebens von sich, indessen fühlt er sich letztlich doch zuwenig anerkannt. Überall ist er in den ersten Rängen, jedes grössere Museum in der Welt hat ein Bild von ihm, er ist Teil einer Epoche, dabei ganz zufrieden, bescheiden, grosszügig gegenüber den andern. Lange Zeit hatte er überhaupt keinen Überblick über seine in Galerien und Ausstellungen hängenden Bilder, wusste nicht, ob der Galerist Bilder von ihm unterschlagen hatte. Letzteres scheint an der Tagesordnung zu sein. Der Galerist verkauft das Bild und hofft auf die Vergesslichkeit des Künstlers. Als Juán Gris gestorben war, kam Kahnweiler und räumte Wohnung und Atelier aus, da nur eine Freundin dasass, die keine Erbrechte hatte. Nach all den Schilderungen von Honegger fand ich bestätigt, was mir Alex schon lange gesagt hatte: der Kunsthandel ist das kriminellste Geschäft, das es gibt. Ich empöre mich, rufe nach dem Strafrecht und begegne einer müden oder überlegenen Resignation. Das gleiche mit den Versicherungen. Vier Bilder von Honegger, von Lloyd versichert, standen nach einer Ausstellung in Brasilien eine Woche lang im Regen. Der Vertreter von Lloyd bot ein Fünftel der Versicherungssumme und sagte: Wenn Sie mehr wollen, können Sie bis zu Ihrem Tode prozessieren. Wir haben eine Tabelle, nach der wir unser Risiko errechnen. Ist der Künstler sehr jung, zahlen wir viel, weil er das Ende des Prozesses wahrscheinlich noch erlebt; je älter er ist, desto weniger zahlen wir freiwillig. Sie sind jetzt über sechzig, das ist für uns ein klarer Fall.

Jede Kreativität hat ihre Parasiten, in der Natur wie in der ganzen menschlichen Kultur: in der Politik, in der Wissenschaft, in der Kunst. Es gehört zum Wesen des Schöpferischen, dass dem Schaffenden das Werk aus den Händen genommen wird von anderen, die nur von der Vermarktung, Vermittlung oder ganz schlicht vom Diebstahl leben. Dem kommt der schöpferische Geist selbst entgegen, indem ihm die Schaffensfreude und die Freude an seinem Werk genügen. Die weiteren Vorteile verachtet er, oder er nimmt sie entgegen, vielleicht achtlos, vielleicht gierig, aber nie mit Mass und Gewicht in der Hand.

Honegger sagt, ich habe ein negativistisches Verhältnis zur Kunst, andernfalls würde ich nicht ausgerechnet diese Seiten des Kunstbetriebes so begierig aufnehmen. Ich versuche klarzumachen, dass es mir um die allgemeine Gesetzmässigkeit geht, die ich nur in dem Bereich erkennen kann, den ich einigermassen überblicke. Und siehe da, das Moralische trifft sich mit dem Ästhetischen, die Selbstlosigkeit und das Übermass an Entbehrungen machen die Kraft der grössten Werke aus, von van Gogh bis Alberto Giacometti. Wer voll von Geist ist, braucht kein Geld.

Honegger hat mich sofort widerlegt, zum Beispiel mit Raphael, der auf einem Kamel durch Rom ritt, einfach so, um zu prunken; mit Leonardo, der den König von Frankreich an sein Sterbebett rief. Picasso war ein steinreicher Mann, aber: er hat sich nichts aus seinem Reichtum gemacht, er lebte vielmehr so, wie wenn er tausendmal ärmer gewesen wäre, ohne geizig zu sein. Die Gespräche mit Honegger entarten, wenn das Thema gewichtig genug ist, immer in Diskussion. Wo ich angreife, verteidigt er nicht, nimmt aber in Schutz. Zum Beispiel die Sammler, die ich für geldbewusste Spekulanten halte. Honegger weist mir nach, dass sie ihre Sammlungen als Stiftungen verschenken. Ich entgegne, dass die Superreichen drei Arten von Superbedürfnissen entwickeln: 1. Macht, zum Beispiel durch Zusammenschmieden von Grosskonzernen, 2. Selbstdarstellung als Grosskonsument, zum Beispiel als Playboy mit Frauen, eigenen Flugzeugen, Rennställen usw., 3. Selbstdarstellung (und Verewigung) des Sammlers durch Errichtung einer Stiftung, die seinen Namen trägt, jedoch aus Werken anderer besteht. Die drei Sinnlosigkeiten sind des reichen Mannes Dilemma, das weder der wirklich schöpferische Mensch noch der gewöhnliche Durchschnittsmensch kennt.

Die drei Formen des Eigentums:

1. Eigentum als Mittel zur Freiheit,
2. Eigentum als Produktionsmittel,
3. Eigentum als Nihilismus.

1. Eigentum als Eigensphäre, letztes Zeichen die eigene Zahnbürste, allgemein unbestritten; aber auch Eigentum als Vorsorge, zum Beispiel für das Alter, um nicht von anderen abhängig zu werden. Alles unbestreitbar.

2. Eigentum an den Produktionsmitteln ist solange sinnvoll, als wirklich produziert, innoviert und nicht im Gegenteil Produktion oder Innovation zurückgehalten wird. Das Eigentum an den Produktionsmitteln verwandelt sich leicht in pure Macht. Insofern ist Marx zuzustimmen. Der Eigentümer an den Produktionsmitteln muss sich rechtfertigen durch seine Produktivität. Der Konzerneschmied hat an dieser Rechtfertigung nicht teil. Wohl aber der Unternehmer, der neue Pro-

dukte schafft, Marktlücken entdeckt usw. Auch dabei bleibt der Eigentümer noch von der Sinnlosigkeit bedroht, wenn die Marktlücke unecht ist, das Bedürfnis künstlich, die Eigentümertätigkeit insgesamt nutzlos. Wichtig scheint mir in diesem Zusammenhang nur die Tautologie: Eigentum an Produktionsmitteln muss sich durch Produktion rechtfertigen.

3. Das nihilistische Eigentum finden wir exakt definiert in § 903 des deutschen BGB:

> «Der Eigentümer einer Sache kann, soweit nicht das Gesetz oder Rechte Dritter entgegenstehen, mit der Sache nach Belieben verfahren und andere von jeder Einwirkung ausschliessen.»

Ich kann mit einem Gemälde von historischem Wert oder mit einer Fabrik, von der die ganze Stadt lebt, nach Belieben verfahren. Aber das ist nicht das Entscheidende. Entscheidend ist: Ich kann alle anderen von jeder Einwirkung auf die Sache ausschliessen. Ich kann eine Villa am Zürichsee, eine in der Toscana, eine weitere in Kalifornien usw. haben, daneben noch viele leerstehende Häuser in manchen Städten; ich benütze keine der Villen oder keines der Häuser, aber ich kann alle anderen von jeder Einwirkung auf meine Villen oder Häuser ausschliessen. Darin besteht der höchste Genuss des Eigentums. Anders wäre es nicht zu erklären, wenn du mit dem Schiff über den Zürichsee fährst, dass die schönsten Villen mit den schönsten Grundstücken jahrein und jahraus geschlossen sind. Niemand wohnt darin, niemand freut sich daran; aber jemand will alle anderen ausschliessen. Und er darf es auch; denn dies ist das Gesetz und dies ist auch der eigentliche Sinn des Eigentums für den Eigentümer, wenn jeder andere Sinn vergangen ist. Ich habe nichts davon, aber ich kann wenigstens allen anderen verbieten, etwas davon zu haben. Der nihilistische Aspekt des Eigentums wird immer wichtiger, weil es für ihn immer mehr Rechtfertigungen gibt: Kapitalanlage, Sicherheit vor Inflation usw. Der Grossgrundbesitzer besitzt alles, produziert nichts und braucht es auch nicht. Die Polizei hilft ihm, alle anderen von jeder Einwirkung auf sein Eigentum auszuschliessen. Schade, dass Karl Marx diesen wichtigsten, den nihilistischen Aspekt des Eigentums nicht analysiert hat.

Zürich, 11. April 1982 (Ostern)

Einmal pro Jahr Auferstehung. Ein seltsamer Gedanke.

Am Karfreitag war ich bei Gschwind, im Elsass auf dem Steinerhof. Es war schön, doch kalt wie im Februar. Vom Gespräch habe ich nichts behalten. Alles schien mir abgetragen und abgenützt. Auch die sonst so weite und warme Landschaft kahl im kalten Wind. Wirz brachte die Nachricht, dass Uli gestorben sei, nach zehn Tagen Intensivstation im Spital. Uli, ein Bauer aus dem Leimental, der häufig auf den Steinerhof kam, hatte mit der dritten fremden Niere gelebt, zuvor war er immer wieder an die Dialyse angeschlossen worden. Seit seinen Operationen hatte er sich einem stillen und unauffälligen Trunk ergeben. Jetzt ist er nicht etwa wegen Nierenversagens gestorben (Urämie), sondern wegen Herzversagens. Er sei von der Wirtschaft nach Hause gekommen, umgefallen und nicht mehr zu Bewusstsein gekommen. Vor etwa einem Jahr hatte er mir gesagt, dass er sich nie mehr eine Dialyse machen lassen werde. Seine Arme und Beine waren von den Einstichen für die Kanülen zerlöchert. Gschwind geht nicht an seine Beerdigung. Er hasst Beerdigungen.

Auch bei der eigenen Beerdigung ist man ja nicht mehr dabei.

Das christliche Glaubensbekenntnis verstösst gegen die Freiheit des Gewissens, letztlich somit gegen seine eigene Grundlage. Darauf, ob jemand bestimmte Tatsachenbehauptungen für wahr hält – und das gilt auch für die Auferstehung –, kann es nicht ankommen, und niemand soll vom einzelnen eine Antwort darauf oder eine Entscheidung darüber verlangen. Angenommen, Jesus wäre nicht auferstanden, warum sollte dann sein Tod sinnlos gewesen sein und warum sollte Gott nicht trotzdem die Welt erlösen können? Insofern ist die Freiheit Gottes zugleich die Gewissensfreiheit des einzelnen.

Interessanterweise wird diese Credo-Haltung gegenüber dem Alten Testament überhaupt nicht eingenommen. Die Aussagen der Propheten darf man historisch relativieren, und auch die Juden haben es immer so gehalten, ohne dass damit ein Schwund an gedanklicher Substanz verbunden wäre, im Gegenteil. Mit der Relativierung kratze ich den Schutt weg, der über dem Absoluten liegt, und vom Absoluten her kann ich die Aussage aktualisieren, natürlich nur für die jeweilige Zeit.

Honegger, Sohn eines Zeugen Jehovas, war mir ein eindrückliches Beispiel dafür, dass das Entweder-Oder der Credo-Haltung nichts hergibt. Er sah, dass ich Jesaja las, nahm mir die Bibel aus der Hand, sagte mir, dass die «Bibelforscher» den Jesaja für das wichtigste Buch gehalten hätten, und zitierte mir sofort Stellen, die fundamentalistisch verstanden, das heisst ohne historisch relativierende Interpretation, nur Unsinn machen: das Weltende und die Errettung einer ganz kleinen Gruppe von Geheiligten. Daher ist denn auch Honegger vom Entweder in das Oder umgestiegen: nur das Leben, seine Farben und Formen und was man damit macht, hat Sinn, darum herum ist nichts als nichts. Natürlich ist es unsinnig, an jenes Weltende mit jenen paar Auserwählten zu glauben, vor allem an letzteres. Trotzdem wird dadurch nicht der ganze Jesaja unsinnig.

Die fundamentalistische Unfähigkeit zu interpretieren, zu relativieren und zu aktualisieren, kann auch ein Zeichen von Ehrlichkeit sein, gewiss so bei Honegger, ein Abscheu vor Verfälschungen. Wenn man aber den Urtext stehen lässt (das Wort sie sollen lassen stahn – Zwingli), so wird ja jede Interpretation ihrerseits wieder relativiert, und jede muss einen Grund suchen, der tiefer liegt als der Text; denn auch der Text, auch das Wort ist letztlich nur ein Abbild des Geistes, von dem man sich kein Bild machen kann.

Soviel sollten wir von der Geschichte gelernt haben, dass das, was geglaubt wird – werde es nun als Glauben oder Wissen verkauft –, in extremem Masse Zeitströmungen unterliegt und kollektivem Verhalten entspricht. Noch vor hundert Jahren haben fast alle Menschen in Europa das christliche Credo für wahr gehalten. Heute hält es fast niemand mehr für wahr. Beides stört mich. Besonders stört mich, dass auch die grossen Geister, die meisten jedenfalls, in der geistigen Zeitströmung mitschwimmen. Gläubigkeit und Atheismus sind ganz einfach Moden, Konventionen.

Konvention, Nachahmung, Mode sind auch dort die stärksten Gesetze im menschlichen Verhalten, wo man sie gar nicht vermutet, nämlich im ganz individuellen Bereich. Zum Beispiel in Freude und Vergnügen. Die meisten empfinden als Vergnügen das, was die anderen als Vergnügen empfinden. Zum Beispiel Ski fahren, Reisen, Jogging. Je mehr Skifahrer und Jogger es gibt, desto mehr wird es geben. Ich schwimme jeden Sommer einige Male in der Limmat durch ganz Zürich, die Kleider im Kajaksack. Niemand ausser mir empfindet dies als ein Vergnügen.

Die öffentliche Diskussion der letzten Tage über das Bundesgerichtsurteil zum Straftatbestand des Landfriedensbruchs hat mir vor allem eines gezeigt. Das Recht als Versuch, mit Worten (im Gesetz) die Macht zu bändigen, verläuft meistens erfolglos. Früher hatte das Bundesgericht den Tatbestand des Landfriedensbruchs enger interpretiert, jetzt interpretiert es ihn weiter. Selbst gesetzliche Neuformulierungen würden die Justiz nicht daran hindern können, mit Interpretationen jeweils der Situation, wie sie glaubt, gerecht zu werden. Um so dringender ist es nötig – ich muss immer wieder darauf zurückkommen –, die Gesetze der Macht zu kennen, um ihr die Gesetze des Rechts aufzuerlegen. Man kann schliesslich auch nicht lernen, Löwen zu bändigen, ohne je einen Löwen gesehen zu haben, sondern nur Gitter, Käfige usw.

Solange diese Kenntnis und Praxis nicht erreicht ist, werden die Gesetze (Gesetzmässigkeiten) der Macht immer stärker sein als die Gesetze des Rechts. Auch wird man stets verkennen, dass es Gesetzmässigkeiten innerhalb der Macht gibt, die das Recht sich kritisch dienstbar machen kann, zum Beispiel die Rivalität, den Neid usw.

Das Missverständnis um das Wort Gerechtigkeit. Die meisten sehen den Fanatiker, der Köpfe rollen lässt. Das Sture, das Bornierte, das Freudlose, das Systematische, das Engherzige. Dies ist bereits eine Deformation der Gerechtigkeit durch die Justiz, soweit sie sich der Macht angepasst hat. Diese Gerechtigkeit ist es offensichtlich nicht, von der die Propheten, Jesus und die Apostel reden. Nach dieser sturen Gerechtigkeit kann man nicht dürsten, und man kann ihretwegen nicht verfolgt werden (Matthäus 5,6 und 10).

Luxor, 16. April 1982

Der Nil ist hier etwa so breit wie der Rhein in Mainz. Es ist fünf Uhr, ich sitze auf dem Balkon vor meinem Hotelzimmer, die Sonne blendet mich von oben und vom Wasser her, und es ist immer noch sehr heiss. Auf der Strandpromenade fahren ausser den ständig hupenden Autos die Pferdedroschken, einige Eselkarren. Die Wagen sehen aus, mit dem Schatten im schrägen Sonnenlicht, als hätten sie acht Räder. Nur weit stromabwärts sehe ich heute eines der sonst so zahlreichen Segelschiffe mit den hohen, spitzen Segeln.

Frisch wohnt im Zimmer nebenan und ist jetzt zum Swimming-Pool gegangen. Wir haben heute bei schon beinahe unerträglicher Hitze den kolossalischen Tempel von Karnak besichtigt und dann den etwas leichteren von Luxor, der gleich neben dem Hotel steht. In der Architektur, zweifellos, sind uns die Griechen näher; der Poseidontempel in Paestum ist auch wuchtig, aber heller und hat überhaupt nicht das Gewalttätige, das vor allem die Bauten von Ramses II. auszeichnet, der sich ja auch unablässig in Kolossalfiguren hat abbilden lassen. Dann sind die Säulen auch zu dick, stehen zu nahe beieinander, stehen sich gegenseitig im Wege. So jedenfalls im Tempel von Karnak.

Gestern waren wir im Tal der Könige, sind in die Schächte hinabgestiegen, die fast senkrecht zum Berghang in die Tiefe führen, zuunterst jeweils die ausgeraubte Grabkammer.

Abends ein langes Gespräch über die Todes- und Jenseitsvorstellung der Ägypter. Was konnten sie damit gemeint haben? Gab es ein ewiges Leben, genau gleich luxuriös wie im Diesseits, nur für die Könige und die Vornehmen? Was für einen Sinn hat dann eine solche Auswahl, die sogar dem Tod ein Moment von Gerechtigkeit abspricht? Was dachten die Könige, wenn sie, schon im jugendlichen Alter, anfingen, ihre Gräber zu bauen, während sie gleichzeitig wussten, dass die Gräber ihrer Vorfahren oder der früheren Dynastien ausgeraubt worden waren? Wenn das ewige Leben davon abhängt, dass die Grabbeigaben unversehrt bei der Mumie bleiben, dann muss ja nach dem Grabraub ein zweiter Tod eintreten. Haben sie sich etwas Geistiges oder etwas Körperliches vorgestellt? Die Mumie ist so eng einbandagiert, dass sie an körperlichen Freuden sicher nicht teilnehmen kann. Wozu dann aber die vielen Bilder und Figuren, die man ihr in die Grabkammer mitgab? Also doch eine Art von Symbolik, die auf etwas ganz anderes, etwas Geistiges hinweisen sollte.

Luxor, 18. April 1982

Gestern fuhren wir mit Privatführer und Privatchauffeur etwa 100 km stromaufwärts nach Edfu zum Hatortempel, der noch fast in seiner ganzen historischen Vollständigkeit dasteht, wenn man von den zerhackten Gliedmassen der menschlichen Figuren der Reliefs absieht – eine angeblich von fanatischen Kopten verursachte Zerstörung. Die höheren Figuren konnten sie nicht erreichen, und die ganz tiefen, die niedlichsten von allen, lagen unter einer dichten Sandschicht und blieben darum verschont.

Nach dem Essen und dem kurzen Mittagsschlaf traten erhebliche neue medizinische Symptome auf.

Harn nur noch tropfenweise und rot. Extreme Kurzatmigkeit vor allem im Liegen und nachts. Kalte Schweissausbrüche am ganzen Körper. Gefühl des Verendens. Zum Gehen und Stehen musste ich mich an den Wänden halten. Wahrscheinlich habe ich auch Fieber, was nützt es mir aber, wenn ich es weiss?

Max hat sich freundschaftlich um mich gekümmert. Spätabends noch Christoph angerufen, der natürlich gestern, am Samstagabend, ausgegangen war. Da ich noch vier Stunden nach dem Mittagessen gekotzt hatte, meinte Christoph, ich solle doch weiterhin das Motilium nehmen, um die unerwünschten Nebenwirkungen von Spasmo-Cibalgin zu kompensieren.

Woher dann aber die fast ständige Übelkeit, die Schwindelgefühle?

19. April 1982

Heute haben wir die an sich reizvolle Fahrt flussabwärts nach Abydos fallen lassen, wegen meines Zustandes. Viel geschlafen, mit jeweils schlechtem Aufwachen. Wenn ich auf dem Rücken schlafe, wache ich immer wieder auf, muss mich hinsetzen und stossweise kurz atmen. In den Seitenlagen geht es etwas besser, da dann offenbar die übrigen Organe nicht so stark auf die Lunge drücken. Wer weiss, wo die Metastasen schon überall herumsitzen. Am ehesten wohl in der Leber. Zum erstenmal in meinem Leben tut sie mir weh. So wie das Ganze jetzt aussieht, wird es wohl nicht mehr lange gehen.

Zürich, Triemlispital, 24. April 1982

Nachher ist alles sehr rasch gegangen. Ich konnte den Ablauf nur mit der Hilfe von Max Frisch rekonstruieren. Der Kontakt mit der Schweizerischen Rettungsflugwacht ist sofort zustande gekommen, noch am 19. April. Ich musste auf allen meinen Wegen gestützt werden. Nach einigen bürokratischen Umständlichkeiten auf Seiten der ägyptischen Behörden konnten wir etwa um 16.00 Uhr in Luxor abfliegen und sind im Direktflug gegen 22.00 Uhr in Kloten angekommen, von wo ich sofort mit der Ambulanz ins Triemli gebracht wurde. Von alledem habe ich nichts mehr gemerkt, ich war fast immer bewusstlos, man hat mir noch im Flugzeug Spritzen gegeben und mit einem Katheter den sich stauenden Urin abgezapft. Ich lag auf einer Bahre, und eine Zeitlang noch sah ich das Gesicht von Max Frisch, der zu meinen Füssen im Fond des Flugzeugs sass.

Christoph und Eva sind extra von Basel nach Zürich gekommen, noch am selben Abend.

Die Diagnose ist jetzt einigermassen klar. Hepatitis.

Später hat sich diese Diagnose nicht bestätigt. Wahrscheinlich hat eine Virusinfektion die Herzschwäche herbeigeführt, mit Wasser in der Lunge und Stauung der Leber. Die Atemnot kam daher, dass das Blut sich verdickte, in den Kapillaren gerann, was zu einer Herzschwäche führte. Ich war also dem Tode ziemlich nahe. Wenn dieser Zustand einhergeht mit Müdigkeit und Schmerzlosigkeit, so ist er leicht zu ertragen.

Auf der anderen Seite erhält der Tod durch das Bewusstvollere die höhere Qualität. Es fragt sich nur, ob und wie lange noch während des Sterbens selbst diese Bewusstseinsleistung möglich ist.

Zürich, Triemlispital, 28. April 1982

Mein Fall ist, von verschiedenen Seiten her gesehen, in der Tat ungewöhnlich. Ich habe einen Blasenkrebs, der mit Sicherheit tödlich verlaufen wird, und jetzt kommen dazwischen kleinere Störungen, die den Apparat mehr beeinträchtigen als das Grundübel bis jetzt. Das Chassis ist nicht mehr reparierbar, trägt aber noch, doch weiss man, in zwei Jahren ist so oder so Schluss. Nun fängt aber auch der Vergaser an zu spucken, die Bremsen müssen repariert werden usw. Das lohnt sich doch alles nicht mehr.

Auf der anderen Seite habe ich durch den Zwischenfall in Ägypten mein bisheriges Bewusstsein eingebüsst. Es geht nicht mehr nur um den Tod als die letzte Grenze, sondern schon jetzt um den Weg der Krankheit. Der Spitaltod als Annäherungstod: kein Entweder-Oder, sondern nur die Möglichkeit der unendlichen Annäherung, bei welcher dann irgendwo eine Zäsur gefunden werden muss. Umgekehrt gefragt, erweist sich das «Leben» als ein völlig quantitatives Gebilde mit erst noch verschiedenartigen Eigenschaften.

30. April

Immer noch im Spital, seit Tagen mit Fieber. Grosse Unlust, mit den Diktaten weiterzufahren. Schon eine Temperatur von 37,5 macht mich schwach, passiv, konzentrationsunfähig.

Medizinisch bin ich ein ganz besonderer Fall. Die Hepatitis ist anscheinend weg, doch weiss man nicht, was mit Herz und Lunge los ist. Seit gestern auch Schmerzen beim Atmen.

Jeden Tag bekomme ich mindestens einen Besuch. Frisch kommt häufig und ermuntert mich zu kleineren Spaziergängen, die auch nach ärztlichem Rat gut sein sollen, doch bin ich nachher immer ganz erschöpft. Sein «Blaubart» ist das verzweifeltste und traurigste Buch, das ich seit langem gelesen habe. Wenn die Hauptfigur auch nur entfernt mit Frisch etwas zu tun haben sollte, dann ist Frisch in einer ausweglosen und hoffnungslosen Situation. Als ich ihm dies sagte, meinte er, das Schreiben habe ihm geholfen. Doch die Situation des Doktor Schaad ist wirklich total hoffnungslos. Frisch lebt zwar sehr einsam, was ich früher gar nicht wusste, doch hat er seinen Ruhm und vor allem die Befriedigung, mit 70 Jahren seine besten Sachen geschrieben zu haben. Übrigens, sagte er mir, reagiere niemand so wie ich; die meisten hielten das ganze eher für einen spannenden Krimi, der sich vor Gericht abspielt. Diese Betrachtungsweise ist bei jedem anderen Autor möglich, nur nicht bei Frisch.

Bei den meisten Besuchern habe ich das Gefühl, dass sie eine Pflicht absolvieren. Natürlich nicht bei Frisch, unsere Gespräche sind auch für ihn zu interessant. Auch nicht bei Rebekka, die ganz zu mir steht, dabei zur grossen, verantwortungsbewussten Tochter geworden ist. Nach dem Besuch von Mutter und einigen Geschwistern aus Basel sagte sie mir: Warum musst eigentlich immer du die anderen trösten und erheitern, warum verhält es sich nicht umgekehrt?

Das Leiden stählt nicht, sondern macht wehleidig.

Zürich, Triemli, 5. Mai 1982

Abgesehen einmal von der Schwäche, die die Krankheit, vor allem das Fieber, das ich bis vor wenigen Tagen hatte, produziert, ist der ganze Spitalbetrieb darauf eingerichtet, den Menschen in eine möglichst passive Patientenrolle zu drängen. Ständig wird etwas mit ihm gemacht, doch nie auf Grund seiner eigenen Entschlüsse, sondern immer auf Grund von diagnostischen oder therapeutischen Erwägungen der Ärzte oder ganz einfach wegen der Organisation des Betriebes.

Tagesablauf:

| | |
|---|---|
| 07.00 Uhr: | Eine der Schwestern kommt ins Zimmer und fragt, ob man gut geschlafen habe. Man mag dies wohlwollend so verstehen, wie es gesagt ist; zugleich ist es aber jedenfalls eine freundliche Form des Aufweckens. Wenig sinnvoll, denn das Frühstück kommt erst um 08.00 Uhr und für das Fiebermessen ist es ohne Belang, ob es um 07.00 Uhr oder 08.00 Uhr oder 09.00 Uhr stattfindet. |
| 07.45 Uhr: | Blutentnahme, falls vom Arzt vorgeschrieben. |
| 08.00 Uhr: | Frühstück. |
| | Zwischen 08.30 und 10.00 Uhr wird von zwei Schwestern das Bett gemacht und von einer Putzfrau das Zimmer gereinigt. |
| 11.30 Uhr: | Mittagessen. |
| 12.00 Uhr: | Arztvisite. |
| | Am Nachmittag kommt die Physiotherapeutin, die den Patienten zu einer gewissen körperlichen Aktivität zwingt. |

17.30 Uhr: Abendessen.
Zu den Mahlzeiten werden jeweils die nötigen Medikamente verabreicht.

22.00 Uhr: Eine der Schwestern sagt gute Nacht und bringt notfalls Schlafmittel und Medikamente.

Hin und wieder wird man zu einer Untersuchung aufgeboten: Röntgen, EKG usw.

Jederzeit muss man darauf gefasst sein, dass eine der Schwestern ins Zimmer kommt, irgend etwas holt oder bringt. Am Tage zu schlafen, ist praktisch unmöglich.

Bei manchen Patienten könnte der frühe Morgengruss der Schwester wohl auch bedeuten: mal schauen, ob er noch lebt.

Am Montag (vorgestern) war ich an der Sitzung des Kassationsgerichts. Schon am Sonntag ging ich mit Rebekka nach Hause, es ging alles gut, obwohl ich noch etwas Fieber hatte. In einer spektakulären Angelegenheit hat das Kassationsgericht einen für seine Begriffe mutigen Entscheid gefällt, wenn auch nur mit knapper Mehrheit. Zwei Oberrichter wurden in einem Krawallfall als befangen erklärt. Die obergerichtliche Verhandlung hatte Züge einer Groteske.

Im Protokoll liest sich das folgendermassen:

*17. September 1981*
*Wiederholung der Berufungsverhandlung (Zeugeneinvernahme).*

(Unmittelbar vor Beginn der Verhandlung wird eine Scheibe eines Fensters des Sitzungssaales eingeschlagen. Fensterläden und Fenster werden geschlossen.

Nach Angaben des Weibels ist keiner der Anwesenden vor dem Sitzungsgebäude willens, in den Sitzungssaal hineinzukommen; nachdem ihnen gesagt worden ist, soweit Platz vorhanden sei, könnten Zuschauer eintreten.

Beginn der Verhandlung ohne Publikum, abgesehen von Journalisten. Ferner sind im Saal zwei uniformierte Polizisten; ausserhalb befinden sich weitere Polizisten mit Hunden.)

Es haben ausgeführt:
*Rechtsanwalt G.:*
Ich möchte zu Protokoll geben, dass die Scherben des Fensters, welches eingeschlagen wurde, ausserhalb des Gebäudes liegen. Es kann also nicht sein, dass das Fenster von aussen eingeschlagen wurde. Sie muss offenbar von innen, vom Saal aus, eingedrückt worden sein.

(Der Vorsitzende weist den Verteidiger darauf hin, dass die Scheibe zersprang, als der Weibel das Fenster schliessen wollte, und von aussen dagegen gedrückt wurde.)

(Der Angeklagte ruft dazwischen: «Lügner, Lügner, das stimmt nicht.»)

Ich möchte lediglich zu Protokoll geben, dass der grösste Teil der Scherben ausserhalb des Gebäudes liegt, hier im Saal befinden sich lediglich einige wenige Scherben.

(Der Weibel teilt mit, dass niemand der aussenstehenden Personen in den Saal hineinzukommen wünscht.)

Ich glaube, dass die Öffentlichkeit der Verhandlung nicht gewahrt ist, wenn wie hier, wenn Polizisten mit Hunden die Leute einschüchtern, wie ich gesehen habe ...

(Zwischenruf des Referenten: «Ruhe jetzt mit solchem Seich, Entschuldigung.»)

(Gelächter seitens des Angeklagten.)

Ich möchte zu Protokoll geben, dass ...

(Der Referent äussert sich: «Sie selbst sind daran schuld, dass wir die Polizei organisieren müssen.»)

Ich möchte mich, Herr Referent, gegen diesen Vorwurf verwahren. Ich bin hier als Rechtsanwalt und als Verteidiger des Angeklagten. Den Vorwurf, dass ich verschulde, dass man die Polizei herbeirufen muss, muss ich entschieden zurückweisen.

(Der Referent: «Dies habe ich nicht gesagt.» [Dieser

Satz ist später im Protokoll gestrichen und durch folgenden Satz ersetzt worden: «Ich habe nicht gesagt, *Sie* verschulden das.»])

Doch, dies haben Sie so gesagt, ich möchte dies im Protokoll haben.

Gestützt auf § 96 Ziff. 4 GVG lehne ich namens des Angeklagten den Präsidenten der II. Strafkammer, Dr. S., sowie den Referenten Dr. P., eventuell auch den Koreferenten Dr. K. als befangen ab und beantrage Ihnen, es sei das Verfahren bis zur Entscheidung über das Ausstandsbegehren auszusetzen.

...

(Es wird von draussen an die Fensterläden geklopft. Der Vorsitzende weist die Polizei an, für Ruhe und Ordnung zu sorgen, damit die Verhandlung ungestört fortgesetzt werden kann.)

...

*Das Gericht beschliesst:*

1. Die Ablehnungsbegehren gegen den Vorsitzenden, OR Dr. S., sowie OR Dr. P. und eventualiter gegen OR Dr. K. werden einstweilen nicht beachtet.
2. Mündliche Eröffnung.

...

(Der Vorsitzende erklärt, am gestrigen Abend, d. h. am 16. September 1981, in den Besitz eines Schreibens der Staatsanwaltschaft an das Obergericht, II. Strafkammer, gekommen zu sein [Urkunde 48]. Der Vorsitzende verliest den Brief. [Abänderung von Ziff. 3 des Antrages der Staatsanwaltschaft: Verweigerung des bedingten Strafvollzuges wegen Teilnahme an Störungen der Gerichtsverhandlung vom 15. September 1981.])

(Vereinzelter Applaus seitens des Publikums. [Dieser Satz wurde gestrichen und durch den folgenden ersetzt: «Applaus des Angeklagten.»])

*Der Verteidiger des Angeklagten:*

Ich möchte das Gericht anfragen, auf welche Weise die Staatsanwaltschaft von der Teilnahme des Angeklagten an der Sitzung vor zwei Tagen erfahren hat. Dies ist eine Frage an den Präsidenten.

(Der Vorsitzende weist den Verteidiger darauf hin, dass

er sich darüber bei der Staatsanwaltschaft zu erkundigen habe. Er macht ihn im weiteren darauf aufmerksam, dass sich während der fraglichen Verhandlung mit dem Gericht ca. 40 Personen im Gerichtssaal befanden.)

Ich stelle die Frage, ob das Gericht weiss, wie die Staatsanwaltschaft von der Teilnahme des Angeklagten an der fraglichen Verhandlung erfahren hatte.

(Der Vorsitzende erklärt: «Ich habe Kenntnis, auf welchem Wege die Staatsanwaltschaft dies erfahren hat. Ich bin Ihnen jedoch darüber keine Rechenschaft schuldig.»

Auf Frage des Vorsitzenden erklären Verteidiger und Angeklagter, nicht bereit zu sein, die Berufung zurückzuziehen.)

*Der Angeklagte (auf Befragen):*

Wollen Sie sich erheben, Herr T.?

Nein.

Ich ermahne Sie erneut, sich zu erheben und verbinde dies mit der Androhung einer erneuten Ordnungsbusse von Fr. 100,–.

Nein, ich stehe nicht auf.

Sie haben die Gelegenheit, Erklärungen zur Begründung dieses Verhaltens abzugeben.

Ich habe meinen Ausführungen anlässlich der ersten Berufungsverhandlung nichts beizufügen. Ich verweise darauf.

Ich drohe Ihnen erneut Fr. 100,–. Ordnungsbusse für den Weigerungsfall an.

Ich stehe nicht auf.

(Der Verteidiger verweist betreffend der Ordnungsbusse auf seine Ausführungen anlässlich der ersten Berufungsverhandlung vom 25. August 1981.

Dem Angeklagten wird eine Ordnungsbusse von Fr. 100,– auferlegt.

Der Verteidiger stellt das Begehren, nachzusehen, ob nun nicht doch noch Zuschauer in den Sitzungssaal hineinkommen möchten. Dies solle soweit gestattet werden, als es die Örtlichkeit erlaube.

Es werden sämtliche Personen, die im Moment Einlass begehren, zugelassen. Es handelt sich um ca. 20 Personen. Der Verteidiger gibt ausdrücklich zu Protokoll, dass er mit dem Sitzungssaal sowie der Zulassung der Öffentlichkeit in diesem Rahmen einverstanden ist.)

Zwei Tage vor dieser Verhandlung hatte eine andere Gerichtsverhandlung gegen einen Krawallanten stattgefunden, und der Angeklagte T., über den zwei Tage später das Obergericht sein Urteil fällte, befand sich im Zuschauerraum. Als er einmal – laut oder lautlos, sogar darüber wurde gestritten – lachte, rief ihm der Vorsitzende, sein späterer Richter zu: «Herr T., wenn ich Sie wäre, würde ich jetzt nicht lachen!» Für Herrn T. musste dadurch zwangsläufig der Anschein der Befangenheit erweckt werden. Auch für einen Unbeteiligten konnte doch nur der Eindruck entstehen, der Vorsitzende wolle dieses Lachen zwei Tage später den Angeklagten entgelten lassen.

Als ich die Szene später Max Frisch erzählte, fand er sie geradezu anheimelnd. Ein Richter, der, alle prozessualen Formen verlassend, einen Zuschauer direkt anspricht oder anruft, das habe doch etwas vom Dorfrichter Adam.

Triemli, 7. Mai 1982, 05.45 Uhr

Soeben hat sich – jetzt schon – genau das ereignet, was mir Zingg vorausgesagt hatte. Bei normalem Harndrang wollte ich urinieren, und es kamen nur wenige Blutstropfen. Der Harndrang blieb, von eigentlichen Blasenkrämpfen kann man nicht reden, zudem habe ich ein Spasmo-Cibalgin genommen.

Gestern noch habe ich mit Haemmerli darüber gesprochen, ob es Sinn hätte, mir die Palliativoperation in diesem Falle machen zu lassen. Es kommt auf meinen Gesamtzustand an. Dieser ist hervorragend, Herz, Lunge, Leber, alles in Ordnung. Nur die Beine sind noch etwas schwach vom Liegen. Gestern war ich auf dem Üetliberg, mit der Bahn, und bin dann noch von der Endstation zehn Minuten zum Hotel Kulm gegangen, einen ziemlich steilen Weg: keine Beschwerden. Auf dem Weg folgten mir die Buchfinken und Kohlmeisen, sogar zwei Tannenmeisen, von Baum zu Baum, manchmal auch vor mir sich auf den Boden setzend. Ich wusste natürlich, dass sie von den Spaziergängern gefüttert werden. Trotzdem kam ich mir vor, da ich in dem kalten und trüben Wetter allein war, wie Franz von Assisi. Ich fühle mich wieder ganz gesund und neige dazu, mir die Operation doch noch machen zu lassen; wenn ich es nicht tue, muss ich jetzt schon unter Morphium gesetzt werden. Die Zeit ist zu kurz, die Diktate sind noch nicht zu Ende. In einer Stunde kommen die Schwestern, auch insofern muss ich mich beeilen.

Gestern hat Haemmerli bei der Visite gesehen, dass ich «Die Profeten» von Klaus Koch lese, ein ungeheuer instruktives Buch; mich stört nur, dass der Autor alle Wörter, die auch heute noch mit «ph» geschrieben werden, auf das profane f reduziert (z. B. auch Sfäre, Katastrofe). Ich war erstaunt, wie sehr Haemmerli in Fragen des Alten Testaments und des Talmud Bescheid wusste. Die «Profeten» von Koch will er auch lesen. Offensichtlich befindet auch er sich auf Sinnsuche.

Die Propheten sind verschwunden, das Christentum hat seinen Propheten Jesus verharmlost, die Apokalyptik vergessen oder ausgelassen; übriggeblieben ist allenfalls eine Allerweltsmoral oder – bei Beerdigungen – eine flaue Tröstung mit dem Jenseits. Wie sehr wäre doch gerade unsere Zeit auf Propheten angewiesen. Aber man stelle sich doch einmal vor, was heute mit Amos geschähe, der die sozialen Ungleichheiten, die Reichen, die reicher, die Mächtigen, die mächtiger werden, gegeisselt hat. Die Frauen der

Reichen hat er als fette Kühe bezeichnet. Eine ganz unausgewogene und einseitige Aussage. Diese Schärfe der heute mehr als je notwendigen Sozialkritik wird in unserer Zeit von allen Seiten und Schichten abgelehnt, weil eben kein Gott da ist, der jemandem das Recht gäbe, solche Aussagen zu machen. Dabei sind wir ja gerade dran, die Mächtigen mächtiger, die Reichen reicher zu machen. Bewohnbare Häuser stehen leer, weil der Eigentümer es so will; die Konzentration in der Wirtschaft schreitet fort; es herrschen die anonymen Apparate. Die Politik ist demgegenüber nicht nur machtlos, sondern damit einverstanden. Es nützt nichts, über die schreiende Ungerechtigkeit zu schreien. Es scheint, dass die Gesellschaft mit sich selber möglichst schnell Schluss machen will. Die Alten tun so, als bliebe alles beim alten, und die Jungen sind resigniert oder verzweifelt.

Vor einigen Tagen haben die Freisinnigen einen neuen Präsidenten gewählt. Natürlich nennt er sich liberal – das ist immer ein gutes Wort –, dabei weiss jedermann, dass er in seinem Beruf die Interessen der Reichen und Mächtigen vertritt. Na und?

Propheten, das wären heute Gesellschaftskritiker, die sich auf Geschichte und Übergeschichte berufen: auf Gott. Sie würden sofort für verrückt erklärt und in psychiatrische Anstalten eingewiesen. Das Unrecht darf sich frei entfalten. Die Freiheit ist für die wenigen da. 10 % der Menschen haben mehr als 80 % der insgesamt vorhandenen Freiheit. Sie wissen ihre Macht auszubauen, die Politik ist ihnen untertan, und die Gesetze werden entweder für sie gemacht oder nicht angewendet, denn sie kennen alle Techniken, sich dem Recht zu entziehen, und können sich dafür beliebig viele berufsmässige Gehilfen kaufen.

Weherufe wären nötig, aber lächerlich. Die Enteignung der Enteigneten schreitet fort, im Lande selbst und zwischen den reichen und den armen Völkern. Dass damit die Gesellschaften sich selber zerstören, will niemand einsehen. Selbst der Staat holt sich seine Mittel bei den Armen. Die Reichen können sich mit internationalen Verflechtungen fast jeder Besteuerung entziehen. Das alles ist längst bekannt und mit Händen zu greifen, doch es fehlt das Gewissen, das dafür ansprechbar ist. Es fehlt die Autonomie des einzelnen, die «Moral» liegt in der Anpassung. Ein autonomes Gewissen setzt eben doch einen Gott voraus. Nur die Machtlosen demonstrieren gegen die Systeme der Mächtigen und der Anpasser, jedoch erfolglos. Die Missstände, die Amos und Jesaja, beide durchaus rationale Kritiker, geisseln, nehmen sich geradezu harmlos aus gegenüber dem, was heute an Unrecht geschieht. Die grössten Propheten würden heute nichts ausrichten.

Die Kirche und ihre Theologen haben es versäumt, die einzige geistlich-moralische Kontinuität in der Geschichte, die uns in der Bibel gegeben wäre, für jede Zeit neu zu übersetzen. Die Bibel ist daher fast ganz unleserlich geworden. Die Moral wurde bestenfalls reduziert auf eine Technik des möglichst konfliktfreien Zusammenlebens. Das aber bedeutet, dass die Mächtigen die Regeln bestimmen, die anderen haben sich anzupassen, natürlich nur mit Widerwillen, denn die Macht, das sieht jeder, ist keine Autorität. Wenn es Gott nicht gibt, sagte Iwan Karamasow, ist alles erlaubt. Für die Mächtigen, muss man beifügen; die Machtlosen können von der atheistischen Erlaubnis nicht Gebrauch machen, weil die Macht sie daran hindert. Sie können bestenfalls Krawalle machen.

Zürich, 9. Mai 1982

Seit vorgestern bin ich zu Hause, versuche mich allmählich dem Spitalleben zu entwöhnen. Als ich am Tage vorher zum erstenmal sichtbar Blut im Urin hatte, sagte Haemmerli, das sei beim Zustand meiner Blase eigentlich ganz normal. Natürlich hatte er recht, ich erinnerte mich auch an die früheren Prognosen: eigentlich hätte ich ja schon viel früher Blut im Urin haben sollen. Doch dann kam der Urologe. Er will übermorgen eine zweite Zystoskopie machen und mich dafür in Vollnarkose versetzen. Warum? Damit man wenigstens wisse, wohin der Krebs gehe, wie weit er vorgeschritten sei, eine Teilresektion sei immer noch denkbar. Dummerweise habe ich zugesagt. Ich war geschwächt, widerstandsunfähig. Wäre die Kreislaufgeschichte nicht dazwischengekommen, hätte ich wie früher nein gesagt. Jetzt reut es mich, ich sehe aber keine Möglichkeit eines anständigen Rückzugs. Ich wollte mit Christoph telefonieren, aber er ist nicht zu Hause.

Was Honegger von Jesaja sagte, stimmt übrigens rundum nicht. Von den 14000 Erlösten ist nirgends die Rede, das müssen die Zeugen Jehovas anderswo gesucht und gefunden haben. Jesaja spricht von der Errettung der vom Strafgericht Assyriens Übriggebliebenen, die sich zu Gott bekehren werden (Jesaja 10,20).

Ermüdend ist der ständige Wechsel zwischen Sozialkritik mit göttlicher Strafandrohung und Erlösungsversprechungen für die Bekehrten und die Gläubigen. Viele Pfarrer haben früher so gepredigt oder predigen heute noch so. Sünde, Strafe, Gnade. Das ist eben der ganz diesseitige Gott des Alten Testamentes. Die weissen und die schwarzen Schafe. Damit wird das Weltgeschehen zu sehr personalisiert und übersehen, dass das Gesamtgeschehen mit allen daran Beteiligten verfehlt ist und durch etwas Neues abgelöst werden muss. Darum schlägt schliesslich mit einer gewissen Konsequenz die Prophetie in die Apokalyptik um. Für Jesus war das Ende der Welt ganz nahe. Er hat sich nur um etwa 2000 Jahre verrechnet.

Ich glaube, dass der allgemeine Abbau von Freiheiten, der sich in der Schweiz und im Ausland vollzieht, bei dem auch Gesetzgebung und Justiz mitmachen, ein Vorgang von historischer Tragweite ist. Auf Auflösungsprozesse wird autoritär reagiert, mit wirklichem oder symbolischem Zwang, wodurch die Auflösungserscheinungen natürlich überhaupt nicht beseitigt, sondern erst recht provoziert werden. Dass mehr und mehr Menschen in der Stärke und der Härte des Staates und seiner Reaktionen ein Ideal sehen, ist genau der Beweis dafür, dass geistig-sittliche Vorstellungen, die nur in Freiheit verwirklicht werden können, nicht mehr existieren oder nicht mehr für verbindlich gehalten werden. Macht und Zwang treten an die Stelle des Gewissens. Was für ein absurder Vorgang. Das Recht verliert seine kritische Funktion gegenüber der Macht. Verhaftungen werden leichter gemacht, allgemeine Überwachung und Registrierung werden bald als völlig normal empfunden werden. Jeder glaubt, sich durch Anpassung retten zu können, doch wird man bald nicht mehr wissen, woran man sich anpassen muss. Denn die Mächtigen sind ja die Überangepassten, denen nur daran liegt, das System zu erhalten, das in sich selber nihilistisch ist. Es enthält keine überzeugenden Normen und Aufgaben, es ist für nichts da als für sich selbst und die Erhaltung seiner Macht. Der Ruf nach Ruhe und Ordnung ist in Wirklichkeit ein Verlangen danach, die Augen, Ohren und Münder zu verschliessen angesichts der rasanten Entwicklungen, die von den letztlich ungesteuerten Systemen ausgehen und diese Erde zerstören. Man glaubt, wenn man nicht wissen will, was vorgeht, gehe nichts vor und alles bleibe so, wie es ist. Welch teuflischer Irrtum! Die grosse Mehrheit der Bevölkerung aller Länder will einfach nicht wissen, wie es sich verhält, und darum ist von den Minderheiten, die die Friedensbewegungen und Umweltschutzbewegungen tragen, wenig zu erwarten.

Die Propheten hätten von denjenigen, die ihre eigenen Augen und Ohren verschliessen und dazu noch die Münder der anderen, gesagt, sie seien verstockt. Leider lässt sich dieses Wort nicht in die moderne Sprache übersetzen.

Rebekka meinte, die junge Generation denke ganz anders als die ältere und werde einen grundlegenden Wandel herbeiführen, wenn die Älteren nicht mehr an der Macht sind. Auch ich klammere mich an solche Hoffnungen. Nur fürchte ich, dass die objektiven und nicht steuerbaren Bedingungen, die systemimmanenten Zwänge, stärker sind als selbst eine grosse Mehrheit von Menschen guten Willens. Leider scheint alles zwangsläufig und wie nach einem vorbestimmten Schicksal sich weiterzuentwickeln.

Sonntag, 9. Mai 1982

Soeben mit Christoph und dann mit Haemmerli telefoniert. Der morgige Eingriff hätte nur Sinn, wenn ich mir die Blasenoperation wirklich machen lassen wollte. Da ich aber weiss, dass ich dies nicht will, werde ich dem Urologen absagen. Die Vorstellung erleichtert mich beträchtlich.

Zürich, 10. Mai 1982

Für zwei Stunden war Gredinger hier. Das Gespräch war anstrengend, weil er immer widerspricht, doch gab es kein uninteressantes Thema. Die Frage nach dem Sinn im Leben, im Universum, im Jenseits hält er für sinnlos. Bei allen Gedanken darüber handelt es sich für ihn um Trostvorstellungen. Nichts hat einen Sinn. Dann gab er aber zu, dass er an gewissen Momenten des Lebens Freude habe, an anderen nicht. Also doch Sinn? Wir sind uns nicht einig über die Terminologie. Das gibt er zu. Frage nach der Exaktheit und Überprüfbarkeit von Aussagen: für ihn gibt es eine Reihenfolge von der Theologie über die Geisteswissenschaften bis zur Naturwissenschaft – eine Skala, die vom extrem Unexakten bis zum relativ Exakten reicht. Wenn man sich auf das nur noch Messbare beschränkt, so ist der Leistungssport am exaktesten. Bei Abfahrtsrennen, Hundertmeterläufen usw. kann genau angegeben werden, wer der Beste ist. Beim Kunsteislauf und Kunstturnen natürlich nicht. Gredi: Das Wort «Kunst» indiziert schon die extreme Ungenauigkeit. Er will seine Skala um die Kategorie des Sports erweitern.

Das Denken könne nie exakt sein, weil die Sprache nicht exakt ist. Es gebe Momente völliger Klarheit im Denken und Bewusstsein, die man nicht einmal sich selber mitteilen kann, geschweige denn andern. Die Sprache ist gemacht von der grossen Mehrheit, und diese repräsentiert die Durchschnittlichkeit. Dafür dann die esoterische Sprache der Philosophen und die Symbolsprache der Mathematiker. Woher aber dieses Bedürfnis nach Exaktheit? Handelt es sich dabei doch um Suche nach Sinn?

Diskussion um Machtmechanismen. Wenn der Adressat eines privaten Briefes, in dem er angegriffen wird, diesen veröffentlicht, dann nur, wenn er sich der Zustimmung des Publikums sicher sein kann. Gredi meinte, das könne auch aus Bequemlichkeit geschehen. Gilgen hat den Brief von Frisch, in welchem dieser den Literaturpreis ablehnte, weil er Gilgen nicht die Hand drücken könne, veröffentlicht. Er musste ja eine Erklärung für die Ablehnung des Preises abgeben, warum dann nicht gleich den Brief veröffentlichen? Doch ist es klar, dass Gilgen sich der Zustimmung des Publikums sicher war. Analoger Fall: Bundesrat Furgler lud die Expertenkommission für die Revision des Besonderen Teils des Strafrechts nach der ersten Sitzungsperiode zu einem Bankett ein. Ein Mitglied der Expertenkommission schrieb ihm darauf einen scharfen Brief, in dem es darauf hinwies, dass bei der heutigen Notwendigkeit, staatliche Kosten einzusparen, so aufwendige Vergnügungen völlig unangebracht seien. Furgler hat diesen Brief an der Sitzung der Expertenkommission, welcher das Bankett folgte, vorgelesen. Er konnte sicher sein, dass dieses Publikum, das ja insgesamt am Bankett teilnahm, ihm zustimmen würde. Hätte er dagegen den Brief der Presse übergeben, so hätte die Öffentlichkeit vielleicht ganz anders reagiert.

Es ist schwer, all dies zu verstehen, vielleicht aber auch unnötig.

Über die interessanten und die langweiligen Kantone: Graubünden ist etwas wie eine Gesamtreproduktion der ganzen Schweiz; wir waren uns einig über die besondere Bedeutung von Glarus, Uri, Appenzell, sowie über die Überflüssigkeit des Kantons Aargau, die Langweiligkeit von Zürich, St. Gallen, Thurgau. Die Vorurteile über die anderen Kantone konnten wir nicht klassifizieren.

11. Mai 1982

Wieder Zomax gebraucht, wegen der linken Niere. Irgend etwas muss da noch los sein. Komisches Gefühl, ich betrachte die linke Niere wie einen Freund, der um sein Leben kämpft. Dabei weiss ich nicht einmal, ob er nicht schon tot ist.

Seit ich im Spital war, bekomme ich so viele Besuche, dass ich fast nicht mehr zu mir selber komme. Es ist wohl auch besser, die Freunde sehen mich jetzt als später.

16. Mai 1982

Die «Krebsbüchlein» sind eine eigentliche Literaturgattung geworden. Immer mehr Krebskranke, vor allem junge Frauen, die wissen, dass sie sehr bald sterben müssen, schreiben über ihren Zustand, ihre Gefühle, das Weggleiten des Lebens, die Reaktionen der andern, die meistens nur von Hilflosigkeit und Verlegenheit geprägt sind. Dora Hauri (Ich habe den Herbst gesehen): «Das Sterben hat begonnen, ich merke es am Verhalten von mir selbst zu den andern und am Verhalten der andern zu mir. Brüder und Schwestern wollen mich nochmals sehen, mich nochmals bei sich haben. Eiligst werde ich besucht.» Da ist wieder diese Strenge des Sterbenden, zugleich die Unfähigkeit, das Spiel nicht mitzuspielen.

Gestern zusammen mit Heidi A. bei Claire, vor dem Haus hoch über dem Zürichsee. Wenige Tage zuvor war noch Winter, jetzt schon Sommer. Der Frühling wurde ausgelassen. Die Zeit ist vergesslich geworden.

Heidi, ganz für den Umweltschutz engagiert, isst nur biologische Nahrungsmittel und versucht, auch wenn sie die einzige ist, die es tut, sich so zu verhalten, dass die Welt besser würde, wenn alle es täten. Erinnerungen an den Kategorischen Imperativ von Kant: «Handle so, dass die Maxime deines Willens jederzeit zugleich als Prinzip einer allgemeinen Gesetzgebung gelten könne.» Wenn in der freien Landschaft, zum Beispiel an einem Waldrand, eine weggeworfene Dose oder Flasche liegt, dann dauert es nicht lange, bis weiterer Abfall in dem betreffenden Umkreis dazukommt. Die Jungfräulichkeit der Natur ist verletzt, die Hemmungen der Menschen abgebaut, wenn sie sehen: die andern machen's ja auch. Keiner will der erste sein, der die intakte Landschaft zerstört. Wenn aber das verheerende Geschehen einmal voll im Gange ist, dann kehrt sich der Kategorische Imperativ gewissermassen um, er pervertiert. Das Autofahren und die immensen Zerstörungen, die damit verbunden sind, kann man durchaus zur allgemeinen Maxime der Gesetzgebung machen, und man hat es auch gemacht. Dann wird der rigoristischen Haltung von Heidi entgegnet: Was nützt es schon, wenn ich allein mich so verhalte, wie es gut wäre, wenn doch die Welt nur verändert werden kann, wenn alle oder fast alle sich so verhalten, aber sie tun es nicht. Die Maxime von Kant setzt eben nicht nur die Gewissenhaftigkeit des einzelnen voraus, sondern auch den Überblick über sämtliche Zusammenhänge.

Soeben musste ich urinieren, es kam nur ein kleines Blutgerinnsel. Trotzdem Harndrang, so als wäre die Harnröhre verstopft. Vielleicht wird sich das Zeug herausschwemmen lassen, wenn mehr Flüssigkeit in der Harnblase ist.

Mit Haemmerli telefoniert, er hat mich beruhigt.

Bei den jetzigen Temperaturen schwitze man sowieso die meiste Flüssigkeit heraus. Nach den Röntgenbildern gehe der Krebs nicht zur Harnröhre, sondern nach links oben; ich solle warten, bis die Blase voll sei, und dann werde das Zeug weggeschwemmt. Zeichen einer Urämie habe ich nicht.

Zürich, 18. Mai 1982

Geburtstag, wahrscheinlich mein letzter. Telefone, Besuche, Blumen.

Vorgestern abend war ich zweimal auf der Notfallstation des Triemli. Der Blasenausgang war verstopft. Ich bekam einen Katheter, der den Urin zusammen mit Blutgerinnseln abfliessen liess. Wieder zu Hause, konnte ich wieder nicht Wasser lösen, es kamen nur zwei Tropfen Blut. Mit dem Taxi wieder auf die Notfallstation. Blasenspülung, zuerst fast drei Stunden lang mit einem tröpfelnden Behälter, dann mit einer grossen Spritze als Pumpe. Die Ärzte wollten mich die Nacht über in der Station behalten, ich fuhr aber auf eigenes Risiko wieder heim. Sie hatten recht in der Meinung, die Blutgerinnsel seien nicht beseitigt. Schon auf der Station habe ich auf eigene Initiative hin viel Tee getrunken. Mit dem Taxi schnell nach Hause, und dort kam das grosse Glück: zuerst konnte ich trotz grössten Harndrangs nur zwei Tropfen Blut produzieren, und plötzlich kam, wie eine Fehlgeburt, ein Klumpen geronnenen Bluts von der Form und Grösse einer Dattel. Dann war ich ganz befreit, zuerst der Urin noch ein wenig rötlich, bald aber wieder ganz klar.

Die Nacht in der Notfallstation wäre ein Cauchemar gewesen. Für den Betroffenen. Ein phantastisches Realtheater dagegen für den Zuhörer und Zuschauer. Alle Betten in einem Raum nebeneinander, nur durch Vorhänge voneinander getrennt. Aus einem Bett stöhnt es, aus einem Bett flucht es, oder es wimmert, oder es schnarcht. Die Gespräche der Ärzte und der Schwestern mit den Patienten und am Telefon:

«Sie haben eine Magenvergiftung? Das Beste ist, Sie stecken den Finger in den Hals und erbrechen sich. Das geht nicht? Was haben Sie gegessen? Blätter von Herbstzeitlosen? Um diese Jahreszeit? Sie können schon zu uns kommen, aber dann machen wir Ihnen eine Magenspülung, und das ist noch viel unangenehmer als der Versuch mit dem Finger. Da stekken wir Ihnen eine ganz dicke Röhre bis hinunter in den Magen.»

Die Aufnahme der Neuzugänge: Sie rauchen wohl auch? Sagen wir zwei Päckchen am Tag? Nein, nein, höchstens eines. Und trinken tun Sie auch schon mal ein Glas Bier oder so? Ja, ja, natürlich.

Die Formeln der Schwestern: Und jetzt gibt's einen kleinen Stich (beim Injizieren). Ja, ja, Sie dürfen morgen wieder nach Hause. Sie dürfen auf keinen Fall aufstehen, wir bringen Ihnen die Flasche. – Ich muss aber hinten! – Dafür haben wir einen flachen Topf, das wird alles ganz gut gehen. – Lasst mich doch aufstehen, verdammt noch mal. – Sie dürfen nicht, und Sie können ja auch gar nicht.

Die Ärzte: Ja, der muss sofort auf die Intensivstation. – Ich komme in fünf Minuten, ich kann nicht gleichzeitig an drei Orten sein.

Das alles spielt sich wie auf einer modernen Theaterbühne ab. Die Zuschauer sollten oben sitzen, um den Überblick zu haben. Der Beteiligte sieht nur den Ausschnitt, den der Vorhang offen lässt, und die hin und her eilenden Ärzte und Schwestern; er hört aber alles. Er wartet, wartet. Schon wenn eine Schwester schnell zu ihm kommt, ist er zufrieden.

Ich muss versuchen, nie mehr ein Notfall zu werden.

Laax, 27. Mai 1982

Die frühere Freude will nicht recht wiederkommen. Vielleicht habe ich mich noch nicht an die völlig veränderte Aussicht gewöhnt, an diesen plötzlichen Sommer. Das Seelein ist gross geworden, hat trübes, braungrünes Wasser. Von allen Seiten singen die Vögel auf mich ein, die Meisen, Buchfinken, Grünfinken, Mönchsgrasmücken, Girlitze, dazwischen das Schnarren der Wacholderdrosseln, die früher sehr selten waren und heute überall anzutreffen sind, Kulturvögel offenbar, wie die Amseln. Von ferne ein Kuckuck, sein Ruf lockt in die Weite, verstärkt das Gefühl des Frühsommers. Den Frühling habe ich verpasst, sofern er überhaupt stattgefunden hat. Die Sonne brennt auch um fünf Uhr noch heiss, ihren Lauf kann ich nicht mehr verfolgen, denn jetzt wird sie hinter dem Haus untergehen.

Immer mehr kommen mir die Zweifel, ob diese Diktate einen Sinn haben. Niemand hält den Tod als solchen für ein Problem, ausser dass er eben das Ende des Lebens markiert, und ich komme mit ihm auch nicht weiter. Krebsbücher gibt es schon eine ganze Menge. Die Autoren beschreiben ihre Krankheit, ihre Gefühle, die Teilnahme der Freunde, die Routine des Spitalpersonals.

Jetzt hat gerade ein Nachbar mit seinem Motorrasenmäher angefangen. Lärm kann alles zerstören. Die Hölle könnte man sich so vorstellen: ständig einen laufenden Motor neben sich. Ohne Möglichkeit der Gewöhnung oder Betäubung. Seligkeit wäre dann vollkommene Stille. Nur stimmt das nicht für das Leben. Die Gefangenen in den Isolierzellen, die von vollkommener Lautlosigkeit umschlossen sind, beschreiben diesen Zustand als äusserste Qual.

Morgen kommen Christoph und Eva für die Pfingsttage. Ich habe eine Flasche Champagner mitgenommen für die Begrüssung. Wir werden ihn langsam trinken, damit die Kohlensäure den Magen nicht aufbläht.

Wie gross ist wohl der Rasen, den der Nachbar mäht? Ich könnte jetzt draussen an der Sonne sitzen, sie ist nicht mehr so grell und heiss.

Die letzten Wochen habe ich nur noch Fleissarbeiten verrichtet: Strafrecht, 3. Band. Nichts, was jeder andere auch könnte. Die bekannten Kontroversen, zum Beispiel über den Vermögensschaden beim Betrug, an denen jeder sich beteiligt, sich dieser oder jener Ansicht anschliesst, da und dort einen eigenen Gedanken beisteuert, ohne dass das irgend etwas daran ändern würde, dass die Justiz ihren routinierten Gang geht, wenig um Gerechtigkeit besorgt.

Der Rasen des Nachbarn scheint unendlich gross zu sein.

Die Abende sind bei der Sommerzeit zu lang. Jedenfalls für depressive Stimmungen. Was macht jemand am hellichten Tag, wenn er keine Lust hat zu arbeiten, auszugehen, zu lesen, fernzusehen, zu essen und zu trinken? Man kann nicht am hellichten Tag ins Bett gehen. Daran gewöhnen sich höchstens die Nordnorweger, bei denen die Sonne im Hochsommer nie untergeht. Ich empfand es damals als gespenstig, durch taghelle aber ausgestorbene Orte wie

Hammerfest oder Tromsö zu gehen. Das ist jetzt vor genau 31 Jahren gewesen.

Frisch, Gredinger und alle anderen halten es wahrscheinlich für selbstverständlich, dass meine Diktate ausser für mich selbst keinen Sinn haben, und sie verschweigen es mir aus Rücksichtnahme. Doch glaube ich immer noch, dass ich dies nicht nötig habe.

Ich wollte das Sterben und den Tod als ein für alle vorgeschriebenes und auch wirklich zu bewältigendes Ereignis darstellen, nicht einfach meinen Trost suchen. Und was ergibt sich? Eine Anhäufung von banalen Krankengeschichten, unvermittelt zwischen längeren Reflexionen, die niemand überzeugen können.

Der Motormäher mäht weiter. Ich setze mich trotzdem in die Abendsonne.

Laax, 28. Mai 1982

Wenn die Sonne nicht scheint, sind die Wiesen des Hanges von Falera gelb statt wie gestern grün und leicht gelb getönt. Das Seelein ist jetzt dunkelgrün, fast schwarz.

Der *Lebenslauf!* Ich muss noch den Lebenslauf schreiben, den der Pfarrer in der Kirche verlesen wird.

Wodurch hängt man mit sich selbst zusammen im Laufe der Zeit? Ausser dem Biologischen habe ich sicher nichts mit dem Täufling zu tun, der ich vor 56 Jahren war. Lebenslauf gleich Ablauf eines genetischen Programmes unter verschiedenen Umwelteinflüssen? Jeder Schlaf ist ein Tod und jedes Erwachen eine Auferstehung. Nur alles überbrückt durch das

Gedächtnis, das die Ereignisse sammelt und speichert und dem Ich zuschreibt. Die Zuschreibungen, dazwischen die zahllosen Lücken des Vergessens, des Verdrängens, machen, bezogen auf die Zeit, den Lebenslauf aus. Schreibst du ihn nieder, dann kommen dazu noch die ganz saftigen Lügen und Auslassungen, auch die von der Eitelkeit dirigierte Auswahl. Selbst ein so bescheidener, kluger und ehrlicher, dazu noch besonders mutiger Mann wie Albertz kann es sich in seiner tagebuchartig geführten Selbstbiographie nicht verkneifen, immer wieder die vielen berühmten und wichtigen Männer zu erwähnen, mit denen er zusammengekommen ist, von denen man aber nicht weiss, ob sie in seinem Leben wirklich etwas bedeutet haben. Das scheint ein allgemeines Prinzip von Memoiren und Selbstbiographien zu sein, dass die Menschen, die dem Autor am meisten bedeutet haben *müssen* – die Frau, die Kinder, die «unbedeutenden» Freunde –, mit viel Liebe, aber nur am Rande erwähnt werden.

Ich wurde geboren am 18. Mai 1926 im Merian-Iselin-Spital, weil meine Mutter zufällig in Basel war, als sie niederkam. Wir wohnten aber damals in Stein am Rhein, im schönsten Pfarrhaus der Schweiz, direkt am Rhein. Die Aussicht auf den Rhein, die Insel Werd mit dem Klösterchen und auf den untersten Teil des Untersees ist so idyllisch, dass nur ein extrem naiver Künstler sie zu malen wagen würde. Vor mir waren schon zwei Geschwister da, nach mir kamen noch zwei weitere, alle in ziemlich kurzen Abständen. 1932 zogen wir nach Arlesheim, weil mein Vater in der Nähe einer Stadt wohnen wollte, in der die Kinder ins Gymnasium gehen können. Das hiess natürlich Basel und Humanistisches Gymnasium. In Arlesheim bekamen wir noch zwei Geschwister – Christoph, geboren 1933, und Markus, geboren

1945. Als ich Mutter am Kindbett in Basel besuchte, hörte man den Geschützdonner der deutschen und französischen Truppen; ein verhältnismässig kleiner Brückenkopf wurde nicht weit unterhalb von Basel erkämpft, und viele Basler gingen auf die Silos am Rheinhafen, um mit ihren Feldstechern die Kämpfe zu beobachten. Deutsche Truppen, die sich in die Schweiz absetzten und internieren liessen, wurden von der Schweizerbevölkerung auf der Strasse beschimpft und bespuckt.

Wir waren also sieben Kinder; meine älteste Schwester Anna 22 Jahre älter als mein jüngster Bruder Markus. Es gab eben damals die Pille noch nicht, und meine Eltern wendeten die Regel von Knaus-Ogino verkehrt an. Was für eine törichte und brutale Hypothese: dieser oder jener wäre vielleicht oder sogar normalerweise nie geboren worden. Man kann eben nicht rückwärts zählen.

Eine grosse Geschwisterschar weitet, vor allem vom Schulalter an und später, das menschliche Beziehungsnetz gewaltig aus; man lernt die Freunde der Geschwister kennen und umgekehrt. Für die Eltern ist die grosse Kinderzahl vor allem eine grosse Belastung, ein Haus voller Pflichten, voller unkontrollierbarer Individualitäten und Kinderlärm. Wir haben das getan, was sich gehörte, und aus allen ist etwas «Rechtes» geworden. Alle fünf Brüder gingen, am Münsterplatz in Basel, ins Humanistische Gymnasium, das sich immer noch für die bedeutendste Schule hält. Ich hatte gute Noten, aber immer ein schlechtes Betragen. Erstmals lernte ich, bei einzelnen Lehrern, die Ungerechtigkeit kennen. Die Betragensnoten konnten sich von der Bemerkung «gibt zu Tadel Anlass» bis zu «sehr tadelnswert» steigern. Erst in der letzten Klasse gaben die Lehrer es auf. Ich habe nie begriffen, was für ein Verhalten mir eigentlich vorgeworfen wurde. Oft hatte ich das Gefühl von wehrloser Wut, vor allem wenn ich sah, dass mein Vater diese Betragensnoten so wichtig nahm, als wären sie der Beweis für eine minderwertige Moral.

Ich hatte leider fast nur langweilige Lehrer, doch kann es daran nicht gelegen haben; denn ich liess sie meine Langeweile nie spüren, war sogar ziemlich aufmerksam und lernte gerade soviel, dass ich die vom Vater bewunderten guten Noten erreichte. Auf der anderen Seite hatte das Humanistische Gymnasium den Vorteil, dass man von der 5. oder 6. Klasse an bis zur 8. eigentlich nichts mehr tun musste, dabei wie von selbst in die damals gebildete Welt eingeführt wurde, zugleich Zeit hatte, Nietzsche, Dostojewski, Büchner zu lesen. Auf der Schulbank sass ich die Zeit ab vor den pathetischen Texten von Horaz und Vergil; die Abneigung gegen Plato habe ich wahrscheinlich schon damals entwickelt, da der Lehrer sich nur für die Grammatik interessierte. Auch Texte von Ovid und Catull mussten wir übersetzen, soweit sie nicht jugendgefährdend waren. Hinterher erkläre ich mir die Betragensnoten damit, dass ich wahrscheinlich mehr aufgefallen bin als die andern. Aber wodurch?

Die Matur kam wie eine Erlösung. Rechtswissenschaft habe ich studiert, weil ich dachte, da hätte ich neben dem Studium am meisten Zeit für die Schriftstellerei. Dazu war ich ursprünglich von Kutter angeregt worden, dann durch die Kontakte mit Fritz Dürrenmatt, der damals in Basel seine ersten Stücke schrieb und den ich häufig besuchte. Das Jusstudium vermittelte mir dann aber eine faszinierende Erkenntnis gerade im Rückblick auf meine Schulzeit und meine schlechten Betragensnoten. Damals meinte ich, ich sei der Macht der Lehrer wehrlos ausgeliefert. Nun sah ich, dass alle Macht ans Recht gebunden ist, dass ich zumindest eine Begründung für meine schlechten Betragensnoten hätte verlangen können, vielleicht sogar Rekurse machen usw. Dass jedermann Rechte hat, dass er diese Rechte in der Verfassung und im Gesetz finden kann, dass der Mächtige sie respektieren muss, das kam mir damals vor wie eine Erleuchtung. Auch die Pflichten gibt es, auch sie müssen eine gesetzliche Grundlage und Grenze haben. Die Ordnung besteht nicht einfach auf der Unterordnung des Schwächeren, sondern auf geschriebenen Gesetzen. Schon in den ersten Semestern begann ich mich mit der Frage zu beschäftigen, warum eigentlich das Studium ausschliesslich der Anwendung der bestehenden Gesetze auf konkrete Fälle gewidmet ist und warum nicht zugleich die viel wichtigere Frage gestellt wird, ob diese Gesetze richtig sind und wie man sie machen muss, damit sie gerecht, zweckmässig und für den Bürger verständlich sind. Das war für die damaligen Juristen eine ganz und gar unjuristische, vielmehr rein politische Frage. Also ist es doch wieder die Macht, die das Recht bestimmt. Damit habe ich mich nie abfinden können. Aus mehr als 20 Jahre langem Nachdenken entstand schliesslich meine Schrift «Gesetzgebungslehre». Ich würde sie heute ganz anders schreiben, aber die Zeit ist zu kurz. Als Vorstudie bräuchte es eine Lehre von der Gerechtigkeit, die genau das Machtverhalten kennt, daher auch weiss, wie man es bändigen, wie man es steuern kann. Wie ist Effektivität des Rechts gegenüber der Macht herzustellen? Hier liegt das ganze Grundproblem, ganz besonders für die Praxis. Warum verlaufen fast alle Reformen im Sande? Warum muss zum Beispiel Mitterrand Stück für Stück seines Programms zurücknehmen, weil die Mächtigen und Reichen eine grosse Kapitalflucht veranstalten, nicht zuletzt in die Schweiz, und auch sonst seine Massnahmen sabotieren? Man muss mit der Macht rechnen, schon dann, wenn man seine

Programme entwirft. Wahrscheinlich gibt es nur die Alternative zwischen ganz radikalen Umbrüchen und schrittweisen Reformen, die für die Mächtigen gerade noch akzeptabel sind. Vielleicht lässt sich beides nur im Weltstaat verwirklichen. Pax americana oder sei es auch pax sovietica. Aber auch diese Vorstellung ist ein Greuel. Ein einziger Riesenapparat würde jeden kontrollieren. Heute können wenigstens die Reichen und Mächtigen mit ihrem Geld von einem Land ins andere ziehen. – Der zweite Teil der Gesetzgebungslehre müsste noch viel mehr auf die Praxis bezogen werden. Man müsste darin lesen können, ganz wie in einer Anleitung, wie man ein Gesetz macht, das einfach ist und seinen Zweck wirklich erreicht. Wie kann man die reichen Franzosen daran hindern, ihr Geld in die Schweiz zu transferieren? Wie kann man Anreize schaffen dafür, dass sie kooperieren, dass sie die Wirtschaft nicht verkommen lassen? Muss es denn immer so bleiben, dass die Reichen reicher und die Armen ärmer werden und dass nur dann, wenn es den Reichen übermässig gut geht, es den Armen auch ein klein wenig besser geht? Weltweit ist diese Frage ohnehin sinnlos geworden. Die armen Völker der Dritten und Vierten Welt produzieren eine derartige Übervölkerung, dass sie gezwungen sind, ganz rasch jetzt noch das Letzte aufzubrauchen, was sie haben, zum Beispiel das bisschen Holz, das in Nepal oder in den Steppen von Afrika wächst. Die ganz grossen Austilger und Zerstörer sind allerdings auch hier wieder die reichen Völker der nördlichen Hemisphäre. Sie verkaufen den armen Völkern Waffen und nehmen dafür das Holz der Tropenwälder, die in 20 Jahren verschwunden sein werden.

Nach dem Studium machte ich Praktika am Bezirksgericht in Arlesheim und am Obergericht in Liestal. Das waren zum Teil sehr fröhliche, auch feuchtfröhliche Zeiten. Nichts von hochentwickelter Jurisprudenz, doch, wie es mir heute scheint, viel Menschlichkeit. Der beste Gerichtspräsident, den ich je gesehen habe, war der Obergerichtspräsident, Paul Gysin. Er war freundlich und geduldig, unendlich geduldig. Der Anspruch auf das rechtliche Gehör wurde übererfüllt. Wenn ich an diese scharfen Juristen denke, von denen es in Zürich einige gibt, deren Namen ich nicht zu nennen brauche, weil alle sie kennen, diese scharfen Juristen, die meinen, schnelles und energisches Zugreifen, schneidende Selbstkritiklosigkeit, gewichtiges Autoritätsgehabe habe mit Recht und Gerechtigkeit auch nur das geringste zu tun, dann muss ich mich immer wieder an meinen alten Paul Gysin erinnern, an seine Bedächtigkeit, an seine zweifelnden und zögernden Überlegungen, an sein Urteil, das, auch wenn es hart sein musste, voll von Gerechtigkeit war und von den meisten Betroffenen auch akzeptiert wurde. Als ich später Obergerichtsschreiber war, trat ein Teil der alten Garde ab, und unter den neuen Richtern legte sich der eine oder andere hin und wieder das Gehabe des scharfen Richters zu. Inzwischen aber konnte ich mit dem Einsatz meines juristischen Handwerkszeugs zusammen mit Paul Gysin manches schlechte Urteil verhindern.

1955 wurde ich an der Uni Basel Privatdozent; mein Lehrer war Germann. Das war dann wohl meine arbeitsreichste Zeit: Uni und Obergerichtsschreiber, beides nebeneinander. Und doch hatte ich, wie mich heute dünkt, enorm viel Freizeit. Viele Gespräche mit Freunden und Freundinnen, welch letztere manchmal die ganze Nacht bei mir blieben. Ich wohnte damals wieder direkt am Rhein, an der St. Alban-Vorstadt in Basel.

1961 wurde ich Professor in Mainz und wohnte wieder direkt am Rhein, der dort nun schon zwanzigmal breiter als in Stein am Rhein und dreimal so breit wie in Basel war. Almuth und ich heirateten. Wir wohnten an der Taunusstrasse im fünften Stock, ohne Lift, im Wohnzimmer einen Kohleofen. Dafür war die Aussicht über den Rhein bis hin zum Taunus, für die Deutschen bereits ein Gebirge, gross und weit. Schon nach einem halben Jahr hatte ich einen Ruf nach Göttingen und zwar nur deswegen, weil die Mainzer den Fehler gemacht hatten, mich nur zum Extraordinarius zu ernennen. Nach den deutschen Regeln bedeutet dies, dass man nicht «gesperrt» ist wie ein Ordinarius, der gemäss dem Kartell der Kultusminister nach Annahme eines Rufes drei Jahre lang keinen neuen Ruf bekommen kann. Ich lehnte Göttingen ab und wurde in Mainz Ordinarius.

Auch mein erster Ruf nach Mainz hatte übrigens weniger mit Leistung als mit Zufall und Glück zu tun. Da die Fakultät in Mainz nur meine Schriften kannte, die ohnehin niemand lesen wollte, schickte sie den Prodekan nach Basel, um mich zu besichtigen. Er ging nicht etwa in eine meiner Vorlesungen, sondern verabredete sich mit mir im Hotel «Jura». Werner Niese war nicht nur ein brillanter Jurist, sondern auch ein begabter Musiker (Bratsche) und sehr an Kunst interessiert. Schon im Hotel Jura zeigte ich ihm die Originale von Rouault, Klee und deutschen Expressionisten, die an den Wänden hingen, da der Hotelinhaber Kunst sammelte und mit einigen der Künstler befreundet war. Niese war begeistert, wir sprachen nur noch über Kunst und Musik, gingen dann zum Tee zu Germann und nachher in meine Wohnung an der St. Alban-Vorstadt. Niese hatte noch nie Veltliner getrunken. Das wurde nun nachgeholt. Ich stellte seine Musikkenntnisse auf die Probe und legte die Platte des Dissonanzenquartetts von Mozart auf. Natürlich spielte ich nur den Anfang, der sich wie eine Komposition aus dem

20. Jahrhundert anhört. Selbst Niese fand den Komponisten nicht heraus. Als ich die Platte weiterspielte, war er ganz hingerissen von der vermeintlichen Weite meiner Bildung. Nach einigen Tagen kam der Ruf, das heisst die schriftliche Aufforderung des Kultusministeriums in Mainz, zwecks Berufungsverhandlungen mich mit dem Ministerialdirektor in Verbindung zu setzen.

1969 kamen gleichzeitig ein Ruf nach Frankfurt und einer nach Zürich. Ich habe lange gezögert, da ich viele Freunde in Mainz und in Frankfurt hatte. Den Ausschlag gab Almuth; sie liebte die Schweiz sehr, da sie sie nur von den Ferien kannte. In Gossau bauten wir ein Haus an einem Hang mit Aussicht auf die Glarner und die Innerschweizer Alpen. Viel Komfort: zwei Badezimmer, eine Dusche, ein heizbares Schwimmbad, später noch eine Sauna. Zuoberst hatte ich unter der Dachschräge ein riesiges Studierzimmer. Unser Haus gehörte zu den obersten in der Bauzone, nur fünf Minuten vom Wald, dahinter ein Ried, die ganze Landschaft des Zürcher Oberlandes, Hügel aus Moränen, die die letzte und die vorletzte Eiszeit hinterlassen hatten. In der Zürcher Fakultät galt ich bald als ein Aussenseiter, schon wegen meiner «linken» Haltung, die im Grunde nur ein Teil meines Individualismus war und an diesem auch ihre Grenzen fand. Oft dachte ich, die Fakultät hätte mich wohl nicht berufen, wenn sie mich vorher gekannt hätte. Aber das mag ein Irrtum sein.

Die Töchter, Rebekka und Sibylle, waren von klein auf ganz verschieden voneinander. Rebekka sprach schon mit eineinhalb Jahren perfekte deutsche Sätze, hatte ständig ausgefallene Ideen, erreichte bei mir fast immer, was sie wollte. Sibylle, ausgeglichen, ruhig, beständig, sehr witzig und gesellig, immer von Freundinnen umringt, weniger einzelgängerisch als Rebekka. Besonders wenn ich an Rebekka und Sibylle denke, tut es mir weh, dass ich gehen muss.

1977 kam ich in die Krise: der Gedanke, dass sich jetzt in meinem Leben nichts mehr ändern werde, der Gedanke an Besitz und Bindungen machten mich depressiv, ich konnte kaum mehr mich konzentrieren und arbeiten. Nach langen Gesprächen mit Almuth verkaufte ich das Haus, wir nahmen zwei verschiedene Wohnungen in der Stadt. Später kam es dann zur Scheidung. An den neuen Abschnitt meines Lebens hat sich dann in kurzer Zeit der letzte angeschlossen. Dieser Abschnitt ist nun wahrlich ganz neu.

Für mein Leben habe ich zu vieles falsch gemacht. Die Krise hätte ich überwinden sollen und können. Ich hätte mich selber zu ändern versuchen sollen, nicht die äusseren Umstände. Für die anderen jedoch habe ich viel Nützliches getan, mehr als meine Pflicht war.

Der Lebenslauf ist zu Ende. Wie soll ich diese letzte Phase nennen? Sterbenslauf? Todesgang?

Ich muss häufiger Wasser lösen und brauche öfter Spasmo-Cibalgin, bis zur Verstopfung. Ich bin schon wieder müde, es ist erst vier Uhr.

Laax, 31. Mai 1982

Am Freitag Telefonanruf von Gerda Rosenbusch: Zuerst soll ich mich setzen. Dann: Ernst ist tot. Er war mit dem Auto auf dem Weg von der Toskana nach Zürich in der Nähe von Rhäzüns, und um sieben Uhr abends fiel ein Felsbrocken durch die Windschutzscheibe und zertrümmerte ihm den Schädel.

Ob ich eine Grabrede halten werde? Natürlich, ja. Inzwischen habe ich sie schon diktiert. Es war wie immer. Ich habe zwei Tage lang an nichts anderes gedacht, vor allem auch an die Seltsamkeit dieses Todes, der ja für Ernst Rosenbusch das Beste war angesichts der Alternative eines langsamen Gehirntodes, und ich habe mir Notizen gemacht, noch und noch, und dann habe ich das Ganze diktiert, in einem Zuge, ohne die Notizen zu brauchen; doch war eben das ganze lange Denken dann doch im Diktat da. Zugleich sehe ich hinterher, dass ich keine der Notizen hätte benützen können. Alle lagen sie neben dem Fluss des Gedankens, tote Seitenarme.

Der Sterbende wird über den Toten reden. Das hat Gerda gut inszeniert. Wahrscheinlich absichtslos. Aber Ernst hatte doch bessere Freunde als mich? Jedenfalls viele, die ihn viel länger kannten.

Christoph und Eva waren zwei Tage hier. Das ist immer sehr schön, aber am Schluss geht mir Eva immer auf die Nerven. Ich ihr natürlich auch.

Der Abend ist jetzt wieder sehr schön, ich kann feststellen, welche Vögel früher, welche später mit dem Singen aufhören. Im Seelein sind zwei Blässhühner und eine Stockentenfamilie.

Zeitplan der Vogelgesänge: bis 21.15 Uhr (Sommerzeit) Buchfinken, die dann plötzlich aufhören. Dann hört man noch den Kuckuck bis 21.30 Uhr. Um diese Zeit fängt weiter unten im Tal eine Singdrossel an zu singen und etwas später ganz nahe eine Amsel. Aber das hört gleich auf. Bis 21.15 fliegen die Schwalben am Abendhimmel, und ich hatte unrecht mit der Behauptung, sie würden dann sofort von den Fledermäusen abgelöst. Es dauert länger. Ich warte. Die Vögel, die am längsten sich hörbar machen, sind die Amseln mit ihrem Angstruf. Jetzt, 21.35, fängt der Kuckuck wieder an. Die Dämmerung neigt der Dunkelheit zu; die Wacholderdrosseln schnarren hin und wieder noch. Auch ein vereinzeltes Rotkehlchen hörte ich, als ich auf den Balkon ging; doch die Fledermäuse sind noch immer nicht da. Nur noch Grillengesang. Von ferne ein Vogel, den ich nicht identifizieren kann, wahrscheinlich eine Singdrossel. Gebimmel der Kuhglocken. Immer noch keine Fledermäuse (22.00 Uhr), kaum mehr Licht.

Zürich, 10. Juni 1982

Gestern habe ich das Manuskript zum zweiten Band des Strafrechts zu Ende diktiert, und nun geht es mir wie immer: ich falle in eine Leere, alles langweilt mich. Kaum habe ich etwas zu lesen angefangen, lege ich es wieder weg. Ich habe keine Lust, irgend etwas zu tun, fühle mich müde, dabei geht es mir körperlich eigentlich sehr gut. Abgesehen von dem manchmal zunehmenden Druck und Schmerz in der Blase.

Die Welt ist wieder voll von Krieg – von sinnlosen Kriegen, wie man überall hört, als gäbe es auch sinnvolle. Was ist denn eigentlich anderes zu erwarten von Leuten wie Galtieri, Begin, Thatcher? Zwei von den beteiligten Kriegsparteien sind Atommächte: Grossbritannien und Israel. Wenn die Briten bei den Falklandinseln verlieren, wer weiss, was Frau Thatcher in den Sinn kommt? Und wer weiss, was Begin mit seinen Atombomben machen wird, wenn ihm die beiden Grossmächte drohen, ihn auf die alten Grenzen zurückzuwerfen? Gleichzeitig marschieren die Iraner in Irak ein, der sie ursprünglich angegriffen hatte. Natürlich kämpfen sie alle um ihr Recht. Wenn die Apokalypse ausgerechnet von Israel ausgehen sollte, so wäre dies eine bösartige Bestätigung der

Aussagen, die ursprünglich in diesem Lande gemacht worden sind. Diese Welt hat einen Anfang und ein Ende, das haben die Juden und die Christen immer gewusst. Sollte der Messias im Atomblitz über Jerusalem erscheinen?

13. Juni 1982

Immer wieder diese Ungerechtigkeit, die man glaubt, als Sterbender sich leisten zu können. Dabei sind ja alle anderen doch auch Sterbende. Seit es sich überall herumgesprochen hat, dass ich Krebs habe, schreiben oder telefonieren mir viele Bekannte, wollen mich noch lebend sehen, und ich denke, dass sie gar nicht daran denken, dass ich sie vielleicht nicht sehen will, und dass sie von einer konventionellen Vorstellung ausgehen, dass derjenige, der bald stirbt, möglichst viele von seinen alten Bekannten noch sehen will. Ich bin ungerecht gegenüber dieser Geste, die denen, die sie tun, wirklich etwas bedeutet.

14. Juni

Die Einladungen häufen sich; ich muss verschieben, vertrösten, manchmal absagen. Seit einiger Zeit schlafe ich zehn Stunden in der Nacht, mit jeweils drei Unterbrüchen, und manchmal noch eine halbe Stunde am Tag. Der Schlaf ist nur ein halber Tod, das Bewusstsein ist immer noch irgendwie da, man spürt den eigenen Körper, die Decke, das Kissen, das sich verschoben hat.

Die Predigt von Bossuet (1627–1704) über die «Einheit der Kirche» umfasst in meiner französischen Ausgabe von 1869 55 eng bedruckte Seiten. Der

Mann muss drei Stunden lang gepredigt haben. Nichts als ein einziges Gloria auf die katholische Kirche: «Sie ist schön, gross und schrecklich.» Ganz am Schluss kommen dann noch die Protestanten dran, aber ohne genannt zu werden, wie denn überhaupt der ganze Sermon keine konkreten Einzelheiten enthält: «Denkt an das Unglück der Völker, die die Einheit gebrochen und dadurch sich selbst in so viele Stücke zerschnitten haben, dass sie in ihrer Religion nur noch die Verwirrung der Hölle und den Schrekken des Todes sehen.» «Schon sehen wir auch unter uns diese Freigeister ... halten wir ihnen und dem trügerischen Reiz der Neuheit den Stein entgegen, auf dem wir gebaut sind, die Autorität unserer Traditionen, in der sich alle vergangenen Jahrhunderte zusammenfinden, und die lange Zeit (antiquité), welche uns mit dem Ursprung der Dinge verbindet. Gehen wir auf den Wegen unserer Väter; doch gehen wir in den alten Sitten, wie wir verbleiben wollen in dem alten Glauben.» Dazwischen immer wieder grosses Lob für die französischen Könige.

Auf diese Weise hat die Kirche den Atheismus hervorgebracht.

Bibelworte werden benützt wie irgendwelche antiken Zitate, wie es gerade passt.

Bossuet war ein Starprediger vor einem Publikum von Reichen und Mächtigen. Er gab ihnen gerade soviel schlechtes Gewissen, wie sie schmerzlos ertragen konnten.

Das Dilemma ist: Der Geist bedarf der Aktualisierung und Überlieferung, die Überlieferung bedarf der Organisation. Die Organisation bringt immer Macht hervor und die gleichen Typen an die Macht. Die einzige Organisation des Geistes, die ohne Verlust an Geist einigermassen funktioniert hat, war diejenige der Propheten im alten Juda, immerhin eine

Epoche von gut fünfhundert Jahren, bewundernswert, weil es eine Art institutionalisierten Geistes gab, die dennoch frei blieb und immer wieder Einfluss hatte auf die Macht.

Der Feind, den man bekämpft, muss abstrakt, anonym, kollektiv bleiben, sonst erlahmt die Aggression. Letztlich kann man nur im Namen von Prinzipien gute Schlachten schlagen. Oft wird der Gegner in die Vergangenheit versetzt, die er längst hinter sich gelassen hat. Christentum, Sozialismus usw. lassen sich am besten widerlegen, indem man ihnen Gedanken zuschreibt, die sie vor mindestens hundert Jahren hatten. Man bekämpft den Feind von Gestern. Das erspart auch die Information über den neuesten Stand.

Das Krematorium Nordheim und seine ganze Umgebung wirkt viel altmodischer als das Grossmünster oder die Predigerkirche. Der feurige Glaube an die Feuerbestattung ist längst tot. Übriggeblieben sind die Gebäude, die schon deshalb eine Atmosphäre des Todes verbreiten, weil sie nur für Abdankungen benützt werden; die Imitation der Düsternis einer alten Kirche wirkt nur bedrückend. Abdankungen müssen in Mehrzweckgebäuden stattfinden, also in Kirchen, wo auch getauft, geheiratet, gesungen, gepredigt und geschlafen wird. Man soll den Tod nicht vom Leben trennen. Auch nicht in die Spitäler und in die Altersheime verlegen. Doch das System der gegenwärtigen Gesellschaft hat sich mit all diesen Trennungen abgefunden, wollte sie sogar, ist vielleicht dabei glücklicher geworden, doch ohne Hoffnung. Im Grunde sind nur Bequemlichkeiten erreicht worden, wie mit Geschirrspülmaschinen und Waschmaschinen.

Man sagt nicht: er hat Krebs; man sagt: er ist schwer krank.

Der Krebs wird nicht beim Namen genannt. Alle anderen Krankheiten werden bei ihrem Namen genannt: er hat einen Gehirnschlag gehabt; er hat einen Herzinfarkt gehabt usw.

15. Juni 1982

Dass der Glaube an die Gesundheit Ersatzreligion geworden ist (Du sollst nicht rauchen, Du sollst nicht übermässig Alkohol trinken, Du sollst dich körperlich fit halten) und dass Wunderheiler aller Art grossen Zulauf haben, mag sehr wohl mit der Wunderheiltätigkeit Jesu zusammenhängen, die damals ihren Sinn hatte, heute aber doch nur als Gleichnis verstanden werden kann. Das Wunder als Beweis ist äusserst anfällig, z. B. gegenüber späteren wissenschaftlichen Erklärungen, vor allem aber gegenüber einer Gläubigkeit, die des Wunders nicht bedarf, in der richtigen Meinung, dass Gott solches nicht nötig hat. Es gibt sicher geistige Fähigkeiten, die biologische Abläufe beeinflussen können. Doch bedeuten diese nichts für die Wahrheit Gottes. Jesus würde heute ganz andere Beweise führen. Schliesslich haben auch die Propheten, von wenigen Ausnahmen abgesehen, keine Wunder vollbracht. Wunder stimmen immer misstrauisch. Der Gedanke an Gott stimmt nicht misstrauisch.

Man kann die Bibel aufschlagen, auf welcher Seite man auch will, immer stimmt sie nachdenklich und regt zu einem Denken an, das weiterführt als das rein Operationale. Bibelkunde als Grundfach für die ersten Semester, verbunden mit vertretbarer theologisch-historischer Analyse.

Wenn jetzt plötzlich mein Krebs verschwände, ich glaube nicht, dass ich christlicher oder «religiöser» würde. Ich würde mich nur sehr wundern. Vielleicht neu zu denken anfangen.

22. Juni 1982

Trotzki gelesen, «Mein Leben», und ich erinnerte mich an die fünfziger Jahre, wo ich die Anfänge der Stalinschen Ära, wahrscheinlich auf Anregung von Fritz Lieb, in der Literatur verfolgte, vor allem die Schauprozesse in Moskau, in denen Stalin seine letzten Gegner liquidierte. Trotzki war zu jener Zeit schon lange erledigt. Er war zweifellos der grösste Kopf der Russischen Revolution, brillanter, klüger, mutiger als Lenin, der sich im Oktober 1917 versteckte, bis die Würfel gefallen waren.

Die Russische Revolution war wahrscheinlich auch moralisch gerechtfertigt, denkt man an das stumpfsinnige und brutale Regime des Zarismus. Bei zu grosser Ungerechtigkeit und Unterdrückung durch zu grosse Macht von zu wenigen Personen kann auch gewaltsame Revolution – als Mittel in sich selbst natürlich auch ungerecht – gerechtfertigt sein. Nur weiss man eben nie, was schliesslich aus der Revolution entsteht: ein Napoleon, ein Stalin, Rote Khmers. Die Revolution lebt von ganz kurzfristigen Zielen. Trotzki schreibt:

«Unsere humanen Freunde von der Art derer, die weder heiss noch kalt sind, erklärten uns wiederholt, sie könnten die Unvermeidlichkeit von Repressalien im allgemeinen begreifen; aber den *gefangenen* (unterstrichen im Original) Feind zu erschiessen, bedeute, die Grenzen der notwendigen Selbstverteidigung zu überschreiten. Sie forderten von uns ‹Grossmut›. Klara Zetkin und andere europäische Kommunisten – die es damals Lenin und mir gegenüber noch wagten, zu sagen, was sie dachten – bestanden darauf, wir müssten das Leben der Angeklagten schonen. Sie schlugen uns vor, es bei Gefängnisstrafen zu belassen. Das schien das Einfachste zu sein. Aber die Frage der persönlichen Repressalien erhält in einer revolutionären Epoche einen ganz besonderen Charakter, an dem alle humanitären Gemeinplätze ohnmächtig abprallen. Der Kampf geht unmittelbar um die Macht, ein Kampf auf Leben und Tod – darin besteht eben die Revolution. Welche Bedeutung kann unter solchen Umständen Gefängnishaft haben für Menschen, die hoffen, in den nächsten Wochen die Macht zu erobern und dann jene ins Gefängnis zu setzen oder zu vernichten, die heute am Ruder stehen? Vom Standpunkt des sozusagen absoluten Wertes der menschlichen Persönlichkeit unterliegt die Revolution genauso der ‹Verurteilung› wie der Krieg, wie übrigens die ganze Geschichte der Menschheit. Jedoch der Begriff der Persönlichkeit selbst hat sich als Folge von Revolutionen gebildet, wobei dieser Prozess noch fern von seinem Abschluss ist. Damit der Begriff der Persönlichkeit einen realen Sinn bekomme und der halb verächtliche Begriff der ‹Masse› aufhöre, eine Antithese des philosophisch-privilegierten Begriffs ‹Persönlichkeit› zu sein, ist erforderlich, dass die Masse selbst durch den Hebel der Revolution, oder richtiger einer Reihe von Revolutionen, sich auf eine höhere historische Stufe erhebt. Ob dieser Weg vom Standpunkt der normativen Philosophie gut oder schlecht ist, weiss ich nicht und, offengestanden, interessiert mich auch nicht. Hingegen weiss ich ganz genau, dass es der einzige Weg ist, den die Menschheit bis jetzt kennt.»

Revolution ist die primitivste Form von politischer Veränderung, auch die schmerzhafteste: das hat Trotzki selbst gesehen. Der Idealismus der Revolutionäre (nicht etwa der Putschisten) gibt ihnen die Berechtigung, andere zu opfern, wie sie auch selbst bereit sind, sich selbst zu opfern. Dazu kommt das Gefühl des Aktivismus, besonders deutlich bei Trotzki, als er in seinem legendären Eisenbahnzug die Rote Armee aufbaute und befehligte, schliesslich zum Siege führte. Das Gefühl, aktiv Geschichte zu machen, die primitive Freude am Kämpfen und Siegen, lässt keinen Raum für weiter in die Ferne schweifende Gedanken. Nicht zuletzt darum erreichen alle Revolutionen ein ganz anderes Ziel als dasjenige, das ihnen vorschwebte.

Trotzki war immer der zweite Mann neben Lenin. Er berief sich auf Lenin, er rechtfertigte sich mit Lenin. Dies, und nicht nur die Intrigen der anderen um Stalin, hat ihn in erster Linie um die Macht gebracht. Trotzki war nicht machtsüchtig, im Gegensatz zu Lenin und Stalin. Als Lenin zuerst schwer krank war und dann starb, verlor Trotzki jeden Rückhalt bei der revolutionären Macht. Als der zweite Mann Lenins konnte er auch mit diesem frei Meinungsverschiedenheiten austragen. Später wurden dann diese als Versündigungen gegen das leninistische Dogma gegen ihn verwendet.

Schliesslich war die Russische Revolution doch nicht viel mehr als ein Putsch. Die Grundlage für die Revolution war zwar vorhanden: der grösste Teil der Bevölkerung war unzufrieden, hasste die Weiterführung des Krieges, das Land löste sich in Chaos auf. Alsdann hat aber eine kleine Clique, die Bolschewisten, die Macht übernommen, und zwar gegen Demokraten wie Kerenski, nach nicht wesentlich anderen Methoden, als denen südamerikanischer Putschgenerale.

Trotzki sah auch die Blindheit revolutionärer Entwicklungen:

«Ich treibe hier keine Geschichtsphilosophie, sondern erzähle mein Leben auf dem Hintergrund der Ereignisse, mit denen es verbunden ist. Aber es ist unmöglich, nebenbei nicht darauf hinzuweisen, wie diensteifrig das Zufällige dem Gesetzmässigen hilft. Allgemein gesprochen, spiegelt sich das Gesetzmässige des gesamten historischen

Prozesses im Zufälligen wider. Will man die Sprache der Biologie gebrauchen, dann kann man sagen, dass sich die historische Gesetzmässigkeit durch die natürliche Auslese der Zufälle verwirklicht. Auf dieser Grundlage entwickelt sich die bewusste menschliche Tätigkeit, die die Zufälle einer künstlichen Auslese unterwirft.»

Ich muss nachtragen, dass Fritz Lieb, Vetter meiner Mutter, einer der ganz grossen geistigen Führer der linken Sozialdemokraten in unserem Lande war, zugleich ein tief gläubiger evangelischer Christ, Theologieprofessor an der Universität Basel, Freund von Karl Barth. Gerade in der Russischen Revolution sah er die grosse christliche Seele des russischen Volkes; erst nach der Machtergreifung Stalins wurde er unsicher. Er war der Macht gegenüber naiv, sah nicht, wie sie sich durch die Apparate und in den Apparaten bildet. Fritz Lieb war Antistalinist, sicher nicht Trotzkist; doch hatte er für diesen eine grosse Verehrung, die ich nachfühlen kann, schon angesichts der überragenden Intelligenz Trotzkis, neben dem Stalin die Mittelmässigkeit als solche verkörperte, worauf auch Trotzki in seinen späteren Schriften immer wieder hinwies. Machtmenschen, die durch Apparate und mit Apparaten hochkommen, sind eben fast ausnahmslos mittelmässig. Das gilt für die Politik, für die Wirtschaft, für die Wissenschaft, überall. Dass dann Stalin den Zweiten Weltkrieg gewann, ist nur dem Grössenwahn Hitlers zu verdanken. Fritz Lieb war hochintelligent, äusserst belesen und in einer unnachahmlichen Weise zerstreut. International war er bekannt, lokal, in Basel jedoch vor allem dadurch, dass er einmal als Mitglied des Grossen Rates den Zwischenruf «Sauhund!» von sich gab, als ein Bürgerlicher die Sozialdemokraten verleumdete. Die Zerstreutheit ging bis ins Sprachliche hinein: ich erinnere mich an einen Satz in einem Vortrag, wonach jemand (wahrscheinlich Trotzki) «Armeen wie Pilze aus dem Boden gestampft habe».

So beschreibt Trotzki seinen Machtverlust:

«Wenn ich an den Vergnügungen, die in der neuen regierenden Schicht immer mehr Sitte wurden, nicht teilnahm, so nicht aus moralischen Prinzipien, sondern weil ich mich der Folter schlimmster Langeweile nicht aussetzen wollte. Gastgebereien, fleissiges Besuchen des Balletts, gemeinschaftliche Trinkabende mit dem dabei unvermeidlichen Klatsch über die Abwesenden hatten für mich gar keine Anziehungskraft. Die neue Spitze fühlte, dass ich für ihre Lebensweise mich nicht eignete. Man versuchte auch nicht, mich hinzuzuziehen. Deshalb hörten auch die Gruppengespräche bei meinem Erscheinen auf, und ihre Teilnehmer gingen mit einiger Verlegenheit vor sich selbst und einer Feindseligkeit gegen mich auseinander. Wenn man will, kann man sagen: dies bedeutete, dass ich begann, die Macht zu verlieren.»

Das alles spielte sich natürlich erst nach dem Tode Lenins ab, auch das Folgende:

«Bei einer Flasche Wein oder auf dem Heimweg vom Ballett sprach ein selbstzufriedener Bürokrat zu dem anderen: ‹Der hat immer nur die permanente Revolution im Kopfe.› Eng damit verbunden sind die Anschuldigungen wegen meiner Ungeselligkeit, wegen meines Individualismus, Aristokratismus und so weiter. ‹Aber doch nicht immer und nicht alles nur für die Revolution, man muss auch an sich denken› – diese Stimmung wurde übersetzt mit: ‹Nieder mit der permanenten Revolution!› Der Widerstand gegen die theoretischen Ansprüche des Marxismus und die politischen Ansprüche der Revolution nahm für diese Menschen allmählich die Form des Kampfes gegen den ‹Trotzkismus› an. Unter dieser Flagge vollzog sich die Entfesselung des Kleinbürgers im Bolschewik. Darin eben bestand mein Verlust der Macht, und das ergab die Form, in der dieser Verlust erfolgte.»

Genauso kann jemand in einem viel harmloseren Gremium, z. B. in einem Aufsichtsrat, in einem Management oder in einem wissenschaftlichen Institut kaltgestellt werden.

Einen weiteren Mechanismus der Machtverschiebung und der Machtergreifung durchschaut Trotzki:

«Das Verhältnis zu Lenin als zu einem Revolutionsführer wurde ersetzt durch das Verhältnis zu ihm als einem Oberhaupt einer Priesterhierarchie. Auf dem Roten Platz stellte man trotz meinem Protest das für einen Revolutionär unwürdige und beleidigende Mausoleum auf. In ähnliche Mausoleen verwandelten sich die offiziellen Bücher über Lenin. Seine Gedanken zerschnitt man in Zitate für falsche Predigten. Mit der einbalsamierten Leiche kämpfte man gegen den lebendigen Lenin und – gegen Trotzki.»

Revolutionen sind eigentlich fast immer, die Französische Revolution nicht ausgenommen, Machtergreifungen durch verhältnismässig kleine Gruppen in einer revolutionären Situation des allgemeinen Aufstandes und des allgemeinen Chaos. Vorher findet der Kampf zwischen diesen kleinen Gruppen statt, zwischen den Jakobinern und den Girondisten, zwischen den Menschewiki, den Sozialrevolutionären und den Bolschewiki usw. Siegt eine dieser Gruppen über die andern, was fast unvermeidlich ist, weil sonst das Chaos und der Bürgerkrieg weitergehen, dann gibt es zwei Möglichkeiten. Entweder wird die siegende Gruppe durch einen einzigen Mann beherrscht (Lenin), oder die siegende Gruppe zerfällt in Fraktionen, die gegeneinander kämpfen, und aus diesen Kämpfen geht schliesslich wieder ein einziger Mann als Sieger hervor (Stalin nach Lenins Tod). Ist die Revolution vorbei, der Einzelherrscher gestürzt oder gestorben, dann kann durchaus wieder eine Clique regieren, deren Mitglieder nicht gegeneinander kämpfen. So das heutige Machtsystem in Sowjetrussland. Oft ergreift jemand die Alleinherrschaft nur, weil er Angst hat, ein anderer werde es tun und ihn dann liquidieren. Oft auch einigt sich die Gruppe auf einen Alleinherrscher (Breschnew), um eben diese Kämpfe und Liquidationen zu vermeiden.

Ich erwähne die Geschichte der Entmachtung Trotzkis nur, weil sie im Grossen und im Kleinen exemplarisch ist und überall beobachtet werden kann: der Aussenseiter wird ausgestossen, sobald er seinen Protektor verloren hat. Es könnte sich auch um einen unbeliebten Assistenzprofessor handeln, dessen Doktorvater und Habilitationsvater aus Altersgründen aus der Fakultät ausgeschieden ist.

Der Entmachtung Trotzkis liegt ein ganz einfaches Phänomen zugrunde. Kein Mensch kann allein mächtig sein. Er bedarf derjenigen, die sich ihm unterworfen haben und ihm helfen, die anderen zu unterwerfen. So hatte denn Stalin schon lange vor dem Tode Lenins die GPU (damaliger Name für die sowjetische Geheimpolizei) aufgebaut beziehungsweise unter seine Herrschaft oder die Herrschaft seiner Vertrauten gebracht. Hätte Trotzki einen solchen Apparat unter sich gehabt, so hätte er die anderen davonjagen können.

Die Geschichtemacher sehen sich als Geschichtemacher an und werden von anderen dafür gehalten, weil sie an die Machbarkeit der Geschichte glauben. In Wirklichkeit besteht die Geschichte fast ausschliesslich aus Zufällen. Das Ganze ist ein grosser Wirbel, von dem man nur weiss, dass er einen Anfang hat und ein Ende. Die geschriebene Geschichte der Menschen ist überdies so kurz, dass es sich gar nicht lohnt, in sie einzugehen.

Viel grösser ist die Sicht auf die Vergänglichkeit, am grossartigsten beschrieben im Gedicht von Johann Peter Hebel, in welchem er Basel beschreibt, wie es aussehen würde nach einem Atomkrieg. Dieses Gedicht sollte heute jeder kennen.

Beispiele in der Literatur, die mehr Aussagekraft haben, als der Autor wusste, wollte und konnte. Meistens handelt es sich um kleine Geschichten, Märchen, Fabeln oder Gedichte. Der Zauberlehrling von Goethe gehört dazu: er beschreibt unsere Zeit, die Goethe gar nicht voraussehen konnte, die Unbeherrschbarkeit der Technologie.

Einige der Grimmschen Märchen. «Hans im Glück» kann einerseits verstanden werden als ein Gleichnis für die Zufriedenheit, die entsteht, wenn man bedürfnislos ist (Diogenes); das Märchen kann aber auch, gewissermassen von der anderen Seite her, als ein Beispiel für die Ausbeutung der Werktätigen durch die Händler gesehen werden.

24. Juni

Manche der von den Brüdern Grimm gesammelten Märchen enthalten mehr Weisheit als die ganze Philosophie. Gleichnisse, die immer wiederkehrende Ereignisse, immerwährende menschliche Wahrheiten enthalten, manchmal so konzentriert, dass man daraus sozialpsychologische Sätze ableiten kann. Die meisten Märchen, vor allem die bekanntesten, sind indessen nichts anderes als phantasievolle Unterhaltungen, es sei denn, man lege ihnen geradezu gewaltsam einen metaphysischen Sinn zugrunde. Etwa Aschenbrödel: die Ärmsten und Erniedrigsten werden erhöht werden.

Eines der besten Beispiele für die Ungerechtigkeit der Geschichtsschreibung gibt dagegen das Märchen von Herrn Korbes: Vier Mäuschen, ein Hühnchen und ein Hähnchen, eine Katze, eine Ente, ein Ei, eine Stecknadel, eine Nähnadel und ein Mühlstein trafen sich auf einer Reise, die zu Herrn Korbes seinem Haus gehen sollte. Korbes war nicht daheim; da versteckten sie sich alle in seiner Wohnung. «Da kam der Herr Korbes nach Haus, ging ans Kamin und wollte Feuer anmachen, da warf ihm die Katze das Gesicht voll Asche. Er lief geschwind in die Küche und wollte sich abwaschen, da spritzte ihm die Ente Wasser ins Gesicht. Er wollte sich an dem Handtuch abtrocknen, aber das Ei rollte ihm entgegen, zerbrach und klebte ihm die Augen zu. Er wollte sich ruhen und setzte sich auf den Stuhl, da stach ihn die Stecknadel. Er geriet in Zorn und warf sich aufs Bett, wie er aber den Kopf aufs Kissen niederlegte, stach ihn die Nähnadel, so dass er aufschrie und ganz wütend in die weite Welt laufen wollte. Wie er aber an die Haustür kam, sprang der Mühlstein herunter und schlug ihn tot. *Der Herr Korbes muss ein recht böser Mann gewesen sein.*» Das heisst: das Schicksal ist immer gerecht (was fast in allen Märchen behauptet wird); aus der Strafe wird auf das Verbrechen gefolgert. Absurd, vielleicht ironisch gemeint, aber so ist es.

Die beste Analyse von Ewigkeitsvorstellungen ist leider in meiner Sammlung nicht enthalten, doch habe ich das Märchen von Kindheit her im Gedächtnis. Ein reicher Mann und ein armer Mann kommen gleichzeitig in den Himmel. Petrus lässt sie ein und erklärt ihnen, dass jetzt alle ihre Wünsche in Erfüllung gehen würden, doch müssten sie sie ihm genau beschreiben. Der reiche Mann wünschte sich ein grosses Schloss mit einem riesigen Park, einem See davor, eine grosse Dienerschaft, täglich gutes Essen usw.; der arme Mann wünschte sich, für immer vor dem Angesicht Gottes zu sitzen. Beider Wünsche gingen in Erfüllung. Schon nach wenigen Jahren wurde der reiche Mann seines «ewigen» Lebens überdrüssig; immer dasselbe, und am Rande seines grossen Besitztums das Nichts. Er quälte sich, versuchte sich abzulenken, kam sich vor wie ein Gefangener, stieg eines Tages in denDachstock des Hauses, öffnete dort ein Dachfensterchen und sah einen kleinen Schimmer, der vom Antlitz Gottes ausstrahlte. Von nun an verbrachte er, Tag und Nacht mühsam auf einem hohen Stuhl stehend, seine Ewigkeit an dem Fensterchen, alles übrige war ihm verleidet. Schliesslich sagte ihm Gott, dass er, der reiche Mann, nun lange genug gelitten habe und ebenfalls eintreten dürfe zu ihm, vor das Angesicht Gottes. Da war der reiche Mann endlich erlöst. Das Märchen muss, da es eine Art Gleichnis für das Fegefeuer ist, von einem katholischen Geist erfunden worden sein. Doch enthält es zugleich die metaphysische Antwort auf die Frage nach der konkreten Ewigkeit. Jede Ewigkeit wird zur Hölle, wenn sie aus konkreten Details besteht. Da helfen auch Vorstellungen wie ewige Jugend und dergleichen nichts. Es sei denn, man gehe zugleich von der Annahme aus, der körperliche Mensch könne in der Ewigkeit sich ständigem Wechsel, immer neuen Überraschungen und nie der Gewöhnung unterziehen. Da sind wir dann bei den echten Märchen.

Eine ganz alte Liebe und grosse Flamme von mir hatte mir vor einigen Wochen einen wunderschönen Brief geschrieben. Jetzt folgt die Sendung von zwei Büchern über die Erweiterung von Bewusstseinsdimensionen, über Esoterik, Reinkarnation, Karma, Jenseitserfahrungen usw. Nun bin ich sehr verlegen. Die Absenderin möchte, dass ich vorurteilslos die Bücher lese, und ich kann es nur stichprobenweise, um sofort festzustellen, dass das alles unsinnige Spekulation ist. Eine Art von Rede, die sich als Denken und Wissen ausgibt, natürlich der Wissenschaft weit überlegen, doch alles nur als Ausrede für hemmungslose Verwischerei und Auslöschung des Denkens. Letztlich sind das alles Beiträge zur Verdummung, die sich schliesslich in einer kolossalen Idiotie zusammentun. Dazu natürlich die Geschäftemacherei: in einem Buch werden gewisse Wörter mit einem R in einem Kreis versehen, was bedeutet, dass sie unter Markenschutz stehen, was juristisch natürlich lächerlich ist.

Meine Wohnung, exakt nach Norden ausgerichtet, ohne Südseite, im Winter eine Gruft, ist jetzt bei schönem Wetter sehr angenehm. Die langen Tage sind weniger fordernd, weil die Schatten doch schnell kommen. Nur auf der Terrasse liegt Sonne, am Tage zu hell und zu heiss, abends aber ist alles von durchsichtiger und milder Helle. Die Mauersegler schiessen durch die Luft, diese reinen Lufttiere, die nie am Boden sind, auch nicht vom Boden auffliegen können, sondern nur an Mauern sich festhalten und nisten können. Kein anderes Lebewesen ist so der Luft verbunden.

26. Juni 1982

Sich verewigen, in die Weltliteratur, in die Musikgeschichte, in die Kunstgeschichte oder gar in die Weltgeschichte eingehen wollen heisst doch wohl, dass man ein ambivalentes Verhältnis zur Ewigkeit hat. Man zählt die Ewigkeit zum Leben. Wenn ich tot bin, habe ich nichts mehr davon, dass noch eine Zeitlang über mich geredet wird, sei es auch ein paar hundert oder tausend Jahre lang.

Wenn ich aber nach dem Tode in irgendeiner Form als dieselbe Persönlichkeit weiterlebe, so kann mir dies erst recht egal sein. Der Drang zur eigenen Verewigung setzt also eigentlich voraus, dass an ein Weiterleben nach dem Tode nicht geglaubt wird. Davon auszunehmen sind magische Vorstellungen wie diejenigen der Ägypter, die meinten, das Jenseits sei eine Fortsetzung des Diesseits und es bedürfe dafür ganz handgreiflicher Mittel aus dem Diesseits. Ramses II. hat hier alle Rekorde gebrochen. In ganz Ägypten stehen seine Kolossalstatuen herum. Wenn es wahr wäre, was er – vielleicht – glaubte, dann wäre er jetzt der wichtigste Mann im Himmel. Schon in der Antike Griechenlands und Roms (Horaz: *aere perennius* seien seine Gedichte, unvergänglicher als Erz) und wieder seit der Renaissance ist die Selbstverewigung durchaus ein Teil des Lebens und eine Verbesserung des Lebensgenusses. Vorausgesetzt ist dabei, dass die Menschheitsgeschichte Jahrtausende weiterdauert. Was heute nicht mehr gesagt werden kann. Die mittelalterlichen Kathedralenbauer, deren Namen meistens unbekannt geblieben sind, hatten ein ungebrochenes Verhältnis zur Ewigkeit. Sie arbeiteten zum Lobe Gottes oder ganz einfach, um das zum Leben nötige Geld zu verdienen, keinesfalls wollten sie sich in ihren Werken selbst verewigen; denn die Unsterblichkeit war ihnen ohnehin sicher, sei es im Himmel, sei es in der Hölle.

Meine Diktate sollten, so möchte ich es haben, von keiner dieser Ewigkeitsvorstellungen geleitet sein. Ich will nur meine Situation als durchschnittlich und zugleich exemplarisch vorführen, damit die Leser sehen, dass es Sinn hat, sich mit Sterben, Tod und Jenseitsvorstellungen schon im Leben auseinanderzusetzen. Wenn mir dies nicht gelingt, werde ich die Diktate vor meinem Tode vernichten.

Die Schmerzen in der Blase kommen und gehen, unabhängig von den Mitteln, die ich nehme.

Peter Schneider, Mainz, wie immer auf der Durchreise, hat mir gestern telefoniert und gesagt, meine Theorie von der zwangsläufigen und gesetzmässigen Selbstzerstörung der von Lebewesen bewohnten Planeten habe ihn lange beschäftigt. Sie treffe sich mit dem Manichäismus, dem noch Augustinus angehangen sei. Danach sei die Welt ein Werk des Teufels und ihr Ende die Erlösung durch Gott. Das Schema gefällt mir nicht. Ich machte Peter Schneider auf meine Vorstellung von den Sinnoasen aufmerksam, die, wenn man im Grundmodell des Manichäismus bleibt, bedeuten würden, dass das göttliche Jenseits hier und jetzt schon immer wieder durchscheint, wenn auch das Ganze von uns nur als sinnleere Wüste begriffen werden kann. Doch was umfasst schon unser Begreifen?

Ich muss mein Testament abändern. Ich will nicht, dass für die Publikation dieser Diktate Geld aus meinem Nachlass (zum Nachteil meiner Töchter) ausgegeben wird. Entweder wird das Zeug gedruckt oder dann eben nicht. Auch dieser Entschluss erleichtert mich (ähnlich wie der Entschluss, mich nicht operieren zu lassen). Ich überlasse es gewissermassen der Natur, wie ich jetzt und nach meinem Tode behandelt werde.

Freitod ist ein verbaler Protest gegen Selbstmord. Das Wort hat sich nie durchgesetzt. Es ist eine Höflichkeitsfloskel. Zugleich enthält es die Vorstellung, man sei völlig frei, wenn man sich umbringt. Die Wirklichkeit ist anders. Ohne Verzweiflung oder Ausweglosigkeit tötet sich niemand. Besser wäre das neutralere Wort Selbsttötung.

Neuestens gibt es eine Vereinigung «Exit», die sehr vernünftige Aufklärung betreibt, letztlich auch für den «Freitod». Vor allem aber geht es darum, dem einzelnen zu ermöglichen, dem Automatismus der medizinischen Technologie zu entrinnen. Das ist sehr gut. Dazu gehörte aber auch die Aufklärung darüber, dass Sterben und Tod immer nahe sind und dass man sich schon früh darauf vorbereiten soll.

Karl Reber fällt mir plötzlich ein, ich weiss nicht warum; wir haben uns seit sicher 15 Jahren nicht mehr gesehen. Mit einer bewundernswerten Entschlusskraft und Abruptheit hatte er sich eines Tages dafür entschieden, sich scheiden zu lassen und nur noch Dichter und homosexuell zu sein. Als ich Student war, hat er alles bewundert, was ich literarisch von mir gab, selbst im mündlichen Gespräch, und später hat er mich angepumpt und immer wieder angepumpt, nie etwas zurückgezahlt, obwohl ich selber nichts hatte. Jetzt ist er ein Dichter für Kenner, ein Literaturleckerbissendichter von mittlerem Bekanntheitsgrad. Schade, dass wir uns nicht mehr sehen.

29. Juni

Seit Mittag starke Schmerzen, an der Grenze des Erträglichen. Die Mittel nützen nichts, auch die neuen, die mir Christoph geschickt hat. Nur ganz langsam, gegen Abend, geht der Schmerz zurück.

Freude hat ihren Sinn in sich selbst; Schmerz muss ihn aus einem Zweck beziehen: Schmerz als Warnsymptom, das ist die einfachste, medizinische Erklärung; Leiden für eine Sache. Vielleicht gibt es doch auch Schmerz als Selbstwert. Ich weiss es nicht, habe Mühe daran zu glauben, obwohl doch der Schmerz fast mehr zum Alltag und zur menschlichen Existenz gehört als die Freude.

Zingg sagte mir, für ihn sei der Tod immer nur der Gegner, nichts anderes. Jeder muss so sprechen, wenn es um den Tod des anderen geht, besonders der Arzt. Zum eigenen Tod aber kann man ein neutraleres Verhältnis gewinnen.

Doch ist es unrichtig, nur den Gegensatz zwischen Freude, Genuss, Wohlsein einerseits und Schmerz, Trauer, Verzweiflung andererseits zu sehen. Die grössten Lebensabschnitte der meisten Menschen liegen im Bereich des verdeckten Schmerzes und der verdeckten Trauer, der verdeckten Verzweiflung. Es ist unmöglich, als Fliessbandarbeiter oder als Bürolist an der eigenen Tätigkeit Freude zu haben. Vielleicht macht der Schmerz – und dies wäre seine ganz andere, unbiologische Bedeutung – erst sichtbar, dass das Leben hauptsächlich aus Mühsal besteht, unterbrochen hin und wieder von kleinen Sinnoasen. Also hat der Schmerz eine metaphysische Bedeutung, gerade auch als verdeckter Schmerz, als Sinnentleerung, indem er zeigt, dass diese Welt, zumindest seit es den Menschen gibt, vom Bösen beherrscht ist und dass es dem jenseitig Guten nur hin und wieder gelingt, dem Individuum Freude zu bereiten. Konsequent weitergeführt würde dieser Gedanke bedeuten, dass Freuden und Wohltaten Zeichen aus einem besseren Jenseits sind.

Natürlich liegt die triviale Erklärung näher. Das ganze Weltgeschehen ist ein physikalisch-biologischer Ablauf, der auf nichts Rücksicht nimmt, seine Erlösungsbedürftigkeit nicht kennt und auch nicht auf Erlösung zustrebt.

Wenn ich tot bin, werde ich das alles wissen, schlimmstenfalls nur im allerletzten Augenblick, wo ich erkenne, dass jetzt, jetzt nichts mehr ist.

30. Juni 1982

Nach zehn Tropfen Morphiumlösung, soweit bin ich jetzt, gehen die Schmerzen langsam zurück und verschwinden schliesslich ganz. Dafür werde ich müde; von Euphorie keine Spur.

Die Rechtsphilosophen sind in den letzten Jahren wieder ziemlich fleissig gewesen. Ich habe einige von ihren Büchern angelesen, vor allem das kolossale Werk von Rawls, das jetzt auch in Europa sehr bekannt geworden ist und als Jahrhundertwerk gilt. Aus dem Grundgedanken der «Fairness» baut er ein kompliziertes und, wie mir scheint, inkohärentes Gebäude auf. Das Problem der Macht taucht nur am Rande auf.

Hätte ich noch wenigstens zwei Jahre Zeit, so würde ich sie der ausführlicheren Darstellung und Begründung des folgenden Gedankenganges widmen: Was wir überall sehen und mit Händen greifen, ist die Ungerechtigkeit. Darüber ein ideales Gebilde der Gerechtigkeit freischwebend aufzuhängen, ist sinnlos. Den guten König, das edle Parlament, das gute und vernünftige Volk usw. Auszugehen ist vielmehr von der Ungerechtigkeit, und dabei höre ich schon den Einwand, wie soll denn diese umschrieben werden, wenn man nicht zuvor weiss, was Gerechtigkeit ist? Lassen wir uns von den Wörtern nicht täuschen: Ungerechtigkeit ist das Ursprüngliche, Gerechtigkeit das Ergebnis von Kritik und Reflexion. Gerechtigkeit müsste also heissen: Unungerechtigkeit. Gerechtigkeit kann nur in der Zerstörung von Ungerechtigkeit beobachtet werden. Wenn wir aber von der Ungerechtigkeit ausgehen, dann stossen wir sofort auf die Macht. Wollen wir Gerechtigkeit herstellen, und das heisst nichts anderes als Ungerechtigkeit abschaffen, so müssen wir die Machtmechanismen kennen, die die Ungerechtigkeit herbeigeführt haben, und diese Mechanismen auseinandernehmen oder ihnen Gegenmechanismen, die wiederum der Macht bedürfen, entgegenstellen. Kein einziges rechtsphilosophisches Buch hat bis jetzt etwas daran geändert, dass die Ausbreitung der Ungerechtigkeit gleichgeblieben ist. Auch Rawls wird nichts daran ändern, sondern nur neues Futter in die Bibliotheken bringen, das dann wiedergekäut und in Einzelstücken den Jungen vorgeworfen wird. Das Denken darf sehr wohl Selbstbefriedigung betreiben, solange es dies zugibt. Behauptet es aber, einen Zustand zu verbessern, dann muss es den Nachweis dafür liefern. Nun stellen wohl die meisten Philosophen und Rechtsphilosophen diese Behauptung gar nicht auf, sondern sie sinnieren nur über das, was gut und gerecht wäre, ohne weiteren Anspruch. Irgendwann wird wohl auch einmal die Geduld, die solcher Beschäftigung Raum gibt (genauer: Räume, Gelder, Arbeitskräfte) zu Ende gehen. Denn die Ungerechtigkeit weitet sich aus, mit stets grösserer Beschleunigung. Dass die Strafjustiz in Zürich seit den Krawallen und in den Krawallfällen sich mit der Militärjustiz in der Türkei vergleichen lässt, das hätte ich mir vor sieben Jahren, als ich als Beauftragter der Internationalen Juristenkommission in der Türkei war und Militärprozesse beobachtete, kaum träumen lassen.

Thema, Anti-Ungerechtigkeitsphilosophie. Diesem und gerade diesem Thema haben sich die historisch tatsächlich wirksam gewordenen Philosophen und Rechtsphilosophen von Montesquieu bis Marx gewidmet. Sie sind von Mechanismen der Ungerechtigkeit und Zuständen der Ungerechtigkeit ausgegangen und haben gezeigt, wie man diese durch etwas

Besseres ersetzen könnte. Gewaltenteilung (immer noch einer der grössten Gedanken), Abschaffung des Monopolkapitalismus, früher die Puritaner: Abschaffung der Sklaverei usw. Nur so ist die Welt teilweise gerechter geworden – teilweise, denn die Ungerechtigkeit wächst von selbst und immer weiter; die Gerechtigkeit muss hergestellt werden, indem die Mechanismen der Ungerechtigkeit und der Macht, die sie stützt, immer wieder an ihren Schwachstellen angepackt werden.

Auch die Wissenschaft erliegt jedoch immer wieder ihren Eigengesetzlichkeiten. Die Felder, auf denen gearbeitet wird, auch die Werkzeuge sind alle schon da. Die Analyse von Machtstrukturen liegt ausserhalb des Feldes der Rechtsphilosophie; diese pflegt ihren Blumengarten, ohne sich darum zu kümmern, dass demnächst ein Bergsturz oder eine Überschwemmung kommen wird. Rechtsphilosophie betreiben heisst: ein guter Rechtsphilosoph werden, einige Publikationen und schliesslich ein grosses Buch schreiben. Das Feld ist immer genau vorgegeben und umgrenzt.

Das Nachdenken über die Verhinderung des Atomkrieges gehört schon nicht mehr zur Rechtsphilosophie, obwohl dies heute eines ihrer wichtigsten Themen sein müsste. Die Denker und Schreiber bleiben freiwillig ewig subaltern; das was wirklich geschieht, wird von Stalin und seinesgleichen gemacht.

Am letzten Donnerstag habe ich an einer Einladung B. gesehen, und er erzählte mir meine Theorie vom Untergang der mit intelligenten Lebewesen bevölkerten Planeten als Resultat seines eigenen Nachdenkens.

4. Juli 1982

Neunundzwanzig Prozent der Menschen in unserem Lande sterben an Krebs, dreiunddreissig Prozent an Herz-Kreislaufkrankheiten. Also gehöre ich zu dem einen Drittel. Die Zahl kann es nicht sein, die den Krebs so sensationell, so mitleiderregend, so existentiell beunruhigend für die anderen erscheinen lässt. Nach dem prozentualen Anteil müsste er eine ganz gewöhnliche, meist tödlich verlaufende Krankheit sein. Wahrscheinlich liegt es auch am Wort «Krebs». Dieses wird denn auch von den Medizinern vermieden, die Karzinom sagen oder besser: CA, wie bei der Gonorrhoe: GO. Eine Krankheit bekommt einen Tiernamen; das gibt es sonst nur bei harmloseren Unpässlichkeiten; z. B. wird die leichte Entzündung der Hinterbacken durch langes Laufen «Wolf» genannt.

Es geht mir auch um die Entmythologisierung des Krebses. Vor allem seit ich immer wieder auf Bücher stosse, die von Krebskranken geschrieben wurden. Beflügelt der Krebs die Mitteilungslust? Warum schreiben die Herzkranken nicht über ihren bevorstehenden Tod?

5. Juli 1982

Rebekka hat mir gestern klipp und klar – oder mindestens klipp – bewiesen, dass ein Zwergriese in jedem Fall grösser sei als ein Riesenzwerg: im Deutschen bezeichne bei zusammengesetzten Wörtern das zweite die Grundkategorie; der Zwergriese bleibe immer noch in der Grundkategorie der Riesen, der Riesenzwerg in der Grundkategorie der Zwerge. Daher könne ein Riesenzwerg nie an einen Zwergriesen heranreichen.

Das Buch von Arnold Hottinger, «Allah heute», gelesen, das hauptsächlich aus Zitaten der «Kirchenväter» des Islams sowie seiner heutigen Theologen besteht. Schon das ist aufschlussreich genug. Der Islam ist, wenn man das von einer Religion sagen kann, nicht originell, sondern eine Kopie der jüdisch-christlichen Religion. Strenger im Monotheismus als das Christentum mit seiner Dreieinigkeit. Mohammed war nur ein Prophet, nicht Sohn Gottes. Dafür war er ein grosser Sieger und Eroberer, vielleicht das, was die Juden sich unter dem dermaleinst kommenden Messias vorstellen. Scharfe Trennung zwischen Gläubigen und Ungläubigen, Erlösten und Verdammten. Der Islam ist eine Erfolgsreligion, ohne Verständnis für das ungeheure Gleichnis des gekreuzigten Jesus, in welchem der Allmächtige sich mit den Erfolglosen, Gescheiterten, Machtlosen solidarisiert. Diese Kritik der Macht, schon bei den jüdischen Propheten vorbereitet, geht dem Islam völlig ab. Je mehr Erfolg er hat, desto stärker wird er, z. B. zur Zeit in Iran, je mehr Misserfolg, desto schwächer. Dass der Misserfolg selber ein Erfolg sein könnte, fällt ihm nicht ein. Die Rezepte der späteren Theologen gleichen sich alle: wenn wir uns endlich wieder ganz zu den Lehren des Korans bekehren, dann werden wir auch wieder die Kraft haben, die ganze Welt zu unterwerfen und zum Islam zu bekehren. Je länger dieser Erfolg ausbleibt, desto schwächer wird der Glaube, der ihn herbeiführen sollte. Der Islam ist sicher keine Alternative zur westlichen Sinnentleerung, obwohl seine modernen Theologen ihn immer wieder als solche anpreisen.

6. Juli 1982

Schmerzen lassen sich lokalisieren (Kopfweh, Bauchweh usw.), nach ihrer Quantität jedoch kaum und nach ihrer Qualität fast gar nicht beschreiben. Die Ärzte sprechen von ziehenden, stechenden, brennenden, krampfartigen, diffusen usw. Schmerzen. Wie soll man aber beispielsweise den furchtbaren Schmerz beschreiben, der bei einer Prellung der Hoden entsteht? Es gibt kein einziges direktes Wort für die Eigenschaft eines Schmerzes, so wie es direkte Wörter gibt für Farben (rot, grün usw.) und Formen (rund, eckig usw.). Der Schmerz sei überhaupt etwas rein Subjektives, sagen die Ärzte. Seine Sprachlosigkeit macht es auch schwer, mit ihm umzugehen. Meine Schmerzen sind jetzt da, stumpf und schwer, aber ich kann nichts über sie aussagen, weil ich mich auf keine fremde, gleichartige Erfahrung berufen kann. Mit den Mitteln lässt er sich dämpfen, manchmal für lange Zeit ganz verscheuchen, manchmal gibt es auch eine Art von Schizophrenie: Euphorie und daneben trotzdem den Schmerz als stillen, strengen Beobachter.

Jeder hat unendlich viele Arten von Schmerzen schon erlitten, doch kann er keinen einzigen einem anderen mitteilen, wenn dieser andere nicht genau dasselbe äussere Ereignis erlebt hat, welches den Schmerz ausgelöst hatte. Und auch dann noch ist die Kommunikation unsicher. Wird ein Messerstich in den Arm von jedem gleich empfunden?

Laax, 9. Juli 1982

Die Landschaft hat sich seit dem letzten Mal, als ich hier war, wieder gänzlich verändert. Alpenhochsommer. Die Maiensässe, die noch vor etwas mehr als einem Monat tief unter Schnee lagen, sind jetzt ganz grün, als hätte es dort nie Schnee gegeben. Das Schilf steht wieder hoch und wächst immer weiter in das Seelein hinein. Die Schatten sind scharf in der grellen Sonne, und doch scheint es, als ob das Licht durch seinen eigenen Glanz sich dämpfe.

Heute gegen Mittag habe ich auf dem Vorabgletscher Ski gefahren; ich war sehr gespannt; es ging eigentlich wie immer, nur der Schnee war viel zu schwer. Also habe ich mich doch mehr angestrengt als früher? Die Müdigkeit kommt schnell, zusammen mit einer gewissen Lustlosigkeit. Man müsste morgens um acht auf den Gletscher, wenn der Schnee noch nicht weich ist, aber das ist mir zu früh.

Vom Hang nach Falera hört man die Heumaschinen, zum Glück aus grosser Entfernung. In der Landschaft wird gearbeitet.

Am Rande des Seeleins haben sich zwei Fischreiher niedergelassen, zum erstenmal habe ich ihre schrillen, hässlichen Schreie gehört. Diese stören mich, weil ich den Reiher sonst immer nur als unbewegliche, stumme, schöne Statue gesehen habe.

Die Schmerzen habe ich, so scheint es wenigstens vorläufig, etwas besser im Griff. Seit ich am Abend, zusammen mit den Schlafmitteln, einige Tropfen Morphiumlösung nehme, bin ich auch am Tage soweit schmerzfrei, dass ich auch an anderes denken kann. Bei heftigen Schmerzen ist das fast unmöglich. Selbst Jesus hat nicht mehr gepredigt, als er gefoltert und später ans Kreuz gehängt wurde.

In meinen Diktaten habe ich zuviel gesagt und zuviel verschwiegen. Ich wollte meinem Sterben und Tod einen Sinn geben, der auch für andere in der gleichen Situation Sinn sein kann. Das ist mir nicht gelungen.

Immerhin könnte ich wenigstens diese Wohnung in Laax einem Todgeweihten empfehlen: das Licht der Sonne streift jetzt gerade noch die Wipfel der Tannen jenseits des Seeleins. Dies und der dunkle Hang nach Falera machen etwas bewusst, was kaum in Worten auszudrücken ist; es ist etwas, was man gerne immer wieder und auch zum letztenmal, selbst im Bewusstsein dieses «letzten Males», vor sich sehen möchte. Hier könnte man, an einem solchen Abend, gut sterben.

Dennoch bleiben die früher gestellten Fragen. Ich will sie mir morgen noch einmal genau vornehmen: ganz existentiell. Gott, Sinn, Tod.

Sinn wäre eigentlich alles, das heisst die alles umgreifende Frage.

Im Augenblick habe ich, wenn ich nach draussen schaue, ein ganz genaues Gefühl, dass die Erde sich wälzt, von der Sonne weg gegen die Sterne. Am Morgen entsteht dieses Gefühl nicht. Es ist ein Abendgefühl.

Laax, 10. Juli 1982

Es gab zuviele falsche Verbindungen: Gott und die organisierte, höchst weltliche Kirche; Gott und das ewige Leben nach dem Tode, im Jenseits; Gott und gesetzliche Vorschriften usw. Die einzig tragende Verbindung ist: Gott und Sinn. Das Leben wird nicht sinnlos ohne Gott, wohl aber der Tod. Wohl gibt es Ersatzgötter, die dem Tod ebenfalls subjektiv Sinn geben, wie Vaterland, Zukunft der Revolution, ständiger Fortschritt usw. Die Ersatzgötter sind allesamt kurzfristig, kurzsichtig, der Vergänglichkeit des Geschichtlichen unterworfen.

Trotzki schreibt am Ende seines Testamentes:

«Aber wie auch die Umstände meines Todes sein werden: ich sterbe mit dem unerschütterlichen Glauben an die kommunistische Zukunft. Dieser Glaube an den Menschen und seine Zukunft gibt mir auch jetzt eine Widerstandskraft, wie sie keine Religion jemals geben könnte.»

Die Zukunft übernimmt hier die Funktion des versprochenen Himmelreichs. Über die zeitliche Dimension schweigt sich Trotzki aus: 200 Jahre oder 200 Milliarden Jahre? Offensichtlich ist sein Gott nicht ewig, sondern zeitgebunden.

Auf der anderen Seite hat Trotzki – fast prophetisch – Visionen von Zuständen entwickelt, die ihm das Glück der Zukunft bedeuteten, die wir aber inzwischen, seit sie sich teilweise verwirklicht haben, als apokalyptisch empfinden. Schon 1926 hat er die Atomenergie vorausgesagt und 1932 die Gen-Manipulation.

«Das Atom enthält in sich eine gewaltige verborgene Energie, und die grösste Aufgabe der Physik besteht darin, diese Energie freizusetzen, den Korken herauszuziehen, damit diese verborgene Energie hervorbrechen kann. Dann eröffnet sich die Möglichkeit, Kohle und Öl durch Atomenergie zu ersetzen, die auch zur wichtigsten Antriebskraft wird. ... Vor der befreiten Menschheit werden sich unbegrenzte technische Möglichkeiten auftun.»

«Ist er einmal mit den anarchischen Kräften der eigenen Gesellschaft fertiggeworden, wird der Mensch sich selbst in Arbeit nehmen, in den Mörser, in die Retorte des Chemikers. Die Menschheit wird zum ersten Male sich selbst als Rohmaterial, bestenfalls als physisches und psychisches Halbfabrikat betrachten. Der Sozialismus wird ein Sprung aus dem Reiche der Notwendigkeit in das Reich der Freiheit auch in dem Sinne bedeuten, dass der gegenwärtige, widerspruchsvolle und unharmonische Mensch einer neuen und glücklicheren Rasse den Weg ebnen wird.» (Beide Zitate aus: Leo Trotzki, Edition Suhrkamp Nr. 896).

Deutlicher könnte nicht dargetan werden, dass die Dinge, die man sich ausdenkt, immer ganz anders aussehen, wenn sie gemacht sind. Schon deshalb kann es den Weg zum irdischen Paradies nicht geben. Heute sind wir doch froh um alle architektonischen und städtebaulichen Projekte dieses Jahrhunderts, die nicht verwirklicht wurden, und traurig über diejenigen, die man realisiert hat.

11. Juli

Am unteren Teil des Hanges nach Falera befindet sich ein Schiessstand. Da wird im Sommer fast jeden Samstag- und Sonntagnachmittag geschossen, auf Scheiben. Am unangenehmsten ist das Warten auf den nächsten Schuss.

Und was werden die Scharfschützen im nächsten Kriege machen?

Seit dem letzten Weltkrieg hat es auf der Erde Hunderte von lokalen Kriegen gegeben, bis heute, und das wird so weitergehen, bis alle lokalen Kriegsparteien die Atombombe haben. 35 Millionen Tote hat man zusammengezählt, mehr als der letzte Weltkrieg gekostet hat. Grausam wurde und wird gestorben, grausamer als durch Krebs, und keines der Opfer hatte Zeit oder Kraft, sein Sterben zu beschreiben. Zumal der Tod als Kriegsopfer oder Genozidopfer angesichts der Natur und Geschichte des Menschen ein ganz natürlicher Tod ist.

Die privilegierten Krebskranken, die ihre Kranken- und Sterbensgeschichte schreiben, sollten weniger an ihrer eigenen Biographie und Thanatographie interessiert sein als vielmehr daran, dem Sterben, stellvertretend für alle weniger Privilegierten, Sprache zu verleihen. Andernfalls sind diese Krebsbücher nur eine spezielle literarische Ausdrucksform unserer Wohlstandsgesellschaft. Den Autoren geht es nur um das Leben, wie man es festhalten, wie man es auch in den letzten Wochen noch geniessen kann. Warum dann überhaupt noch vom Sterben und vom Tod reden? Alle Anklagen der Betroffenen gegen ihren Krebstod sind ungerecht und wirken narzisstisch und wehleidig, wenn wir an die Millionen denken, die wirklich ungerecht umgebracht worden sind.

Dennoch kann das Sterben nur ganz individuell erlebt und beschrieben werden. Insofern gibt es keinen kollektiven Tod. Auch von dieser Seite zeigt sich die ungeheure Bedeutung des Todes Jesu am Kreuz. Er war allein, starb, wie es nicht anders sein kann, als einzelner, und zugleich war sein Sterben das Sterben jedes einzelnen, auch der Hunderte von Millionen Menschen, die seither von anderen Menschen umgebracht worden sind.

In meinem Büchlein «Jesus und das Gesetz» habe ich vor Jahren behauptet, dass Jesu Postulat der Feindesliebe nicht nur im ganzen jüdischen und antiken Denken etwas völlig Neues gewesen, sondern auch höchst realistisch sei, wegen der Möglichkeit der Selbstvernichtung der Menschheit. Heute gewinnt diese Einsicht, da immer mehr Atomsprengköpfe aufeinandergestapelt werden, an Boden. Doch hat schon Jesus gesehen, dass es zwar natürlich ist, den Nächsten zu lieben, darum auch kein Verdienst, dass aber mit der Liebe zum Feind die menschliche Psyche schlechthin überfordert wird. Besonders der Falklandkrieg hat gezeigt, dass die Völker es sind, die den Krieg wollen, manchmal mehr als die Regierungen. Erst wenn an die Stelle der Siegesvorstellungen die Realität der Opfer tritt, gehen den Völkern langsam die Augen auf.

Die These Jesu lässt sich auch mit einer ganz einfachen Überlegung als realistisch beweisen. Was würde geschehen, wenn zum Beispiel die Amerikaner oder die Russen einseitig und total abrüsteten? Für die Völker gar nichts. Nur Friede. Dagegen würden die Herrschaftsapparate einen solchen Vorgang nicht überleben. Der Kreml könnte Europa besetzen, aber nicht verdauen, und Amerika erpressen, aber wozu? Und was will Amerika mit einem in die Knie gezwungenen Russland anfangen? Höchstens das, was für die russischen Bevölkerungen gut wäre: Friede, Freiheit, Demokratie. Dafür dann auch: Kapitalismus.

Die Vision ist realistisch, aber die Realität ist es nicht. Bei einer Konfrontation zwischen Amerika und Russland werden die Völker genauso für Härte, Stärke und Krieg eintreten wie die Engländer und Argentinier im Falklandkrieg. Somit bedürfte es des Atomkrieges, um die Menschen zur Vernunft zu bringen, weil sie erst dann sehen, was ihre Siegesträume in Wirklichkeit bedeuten. Doch wird sich dann diese Vernunft auf nur noch ganz wenige verteilen.

Laax, 24. Juli 1982

Eine Woche war ich zu Besuch in Sent bei Anne, Hans und Mutter, in der noch fast unzerstörten Landschaft des Unterengadins, wunderte mich, dass ich auf den Wanderungen ganz gut mitkam; man musste fast nicht auf mich Rücksicht nehmen oder tat es so, dass ich es nicht merkte. Hans interessiert sich als Geologe für jedes Detail der Erdgeschichte, besonders der Entstehung der Alpen, einer sehr komplizierten Sache.Es gibt da das sogenannte Unterengadiner Fenster; da sind die obersten Schichten die ältesten, weil die neueren Schichten sich unter die älteren schoben, was anscheinend fast überall der Fall war, aber fast überall wurden die ältesten Schichten von der Erosion wieder abgetragen, ausser im Unterengadin, wenn ich das richtig begriffen habe.

Natürlich taugt das Zeichen «Gott» nicht für Erklärungen, das heisst man kann mit ihm nicht das Wissen ergänzen, wie dies die Frommen zum Teil bis heute noch glauben. Gott als Ursprung, Schöpfer und Ordner gibt nichts her, er scheitert an der moralischen Frage und an der Ursprungsfrage. Eine gute Ordnung hätte nie den Menschen, der alles wieder zerstört, zugelassen. Und die Frage nach dem Ursprung führt in den unendlichen Regress: wer hat Gott geschaffen, und wer hat denjenigen geschaffen, der Gott schuf, usw.? Die alten Juden wussten es besser: Gott ist eine ganz andere Dimension; die Ewigkeit macht Zeit, Raum, Kausalität zunichte. Einen Schimmer Gottes finden wir in den Sinnoasen des Daseins. Mehr kann man nicht sagen. Mehr kann höchstens die Musik ausdrücken, die so abstrakt ist, dass sie nahe an das Übersinnliche herankommt.

Das Seelein ist jetzt ganz vom grünen Schilf überwachsen. Jetzt schön auch im Regen, der einen feinen Schleier vor den Wald hängt.

Selbstverständliche oder praktische Atheisten nenne ich diejenigen, die ihren Atheismus weder mit dem Kampf gegen die Macht und die Irrtümer der Kirche noch mit einem exakt durchdachten Agnostizismus begründen. Die ersteren sagen: die Erde ist rund und sie wurde nicht in sieben Tagen erschaffen, und mit der Berufung auf Gott, vor allem durch die Kirche, wurden immer nur Untaten gerechtfertigt. Das war einmal ein notwendiges Stadium des menschlichen Denkens und seiner Befreiung. Doch wurde dabei stets vergessen, dass mit keiner von allen möglichen Variationen des Glaubens an Gott und mit keinem der gescheiterten Beweise sich die Nichtexistenz Gottes beweisen lässt. Sie wollen ein Wunder, also etwas Unerklärliches, dann erst glauben sie. Nun bleibt aber als Unerklärliches fast alles übrig, was nicht in einem begrenzten Denkrahmen in Kausalitäten abgefüllt werden kann. Konsequent und wahrhaftig ist daher nur die Position des Agnostikers: wir wissen fast nichts, jedenfalls keine Antwort auf die Fragen, die uns wirklich bewegen. Erst diese Position lässt Glaube und Hoffnung wieder zu. Der praktische, der selbstverständliche Atheist stoppt hier sein Denken. Er fragt nicht weiter, weil er meint, da gebe es nichts Denkenswertes. Und das ist natürlich falsch. Denn auch im übersinnlichen Bereich kann die Vernunft zwischen Absurdem und Sinnvollem unterscheiden.

Überall setze ich mich dem Verdacht aus, mir und anderen einen Trost einzureden, der auf dem individuellen Weiterleben nach dem Tode besteht. Dabei bin ich nur auf der Suche nach Sinn. Und das ist viel viel mehr.

Beneiden kann man Leute wie Heinrich Albertz, die aus einer selbstverständlichen und bewundernswert naiven Jesus-Erlöser-Gläubigkeit atmen, leben, handeln. Da kann jeder Sprung schiefgehen, und man landet immer im Netz Gottes.

Von vorgestern bis heute war ich bei Peter Schneider (Zürcher und Staatsrechtsprofessor in Mainz) in Serneus. Die Freundschaft hat nicht gealtert. Alles, was er liest, und er liest sehr viel, kann er so gut erzählen, dass man nachher vom Buch enttäuscht ist. Seine ganz grosse Begabung aber liegt im Interpretieren und Argumentieren. Aus einem völlig banalen Roman von Walter Jens kann er eine recht tiefgründige Philosophie herausschälen, die der Autor nie gedacht hatte. Seine Argumentationskunst ist von mindestens gleichem Niveau wie diejenige des deutschen Bundesverfassungsgerichts; darum hat er dort mit seinen Gutachten auch so viele Prozesse schon gewonnen und verloren. Das deutsche Bundesverfassungsgericht ist jetzt doch (gemäss meinen in der Gesetzgebungslehre noch unterdrückten Befürchtungen) zu einem Überparlament geworden. Es sagt: jedes Wort, das aus meinem Munde kommt, ist geltendes Recht, auch wenn es sich um eine beiläufige und überflüssige Bemerkung in der Urteilsbegründung handeln sollte. Rein politische Fragen werden als verfassungsrechtliche Fragen behandelt und definitiv beantwortet. Daraus könnte sich schliesslich eine völlige Erstarrung der Gesellschaft in einem Netz von unveränderlichen Rechtsnormen ergeben. Dass die Deutschen einem Gericht, bestehend aus neun Personen je Kammer, mehr Glauben entgegenbringen als dem von ihnen selbst gewählten Parlament, entspricht nicht nur ihrer speziellen Schwäche, sondern derjenigen jedes parlamentarischen Systems ohne Elemente der direkten Demokratie. Das Volk sollte nur diejenigen Suppen auslöffeln müssen, die es sich selber eingebrockt hat. Die Deutschen aber haben lieber wenige und fremde Köche.

Schneider liest ein französisches Buch über den Manichäismus. Die Welt ist des Teufels, doch Gott wird sie und den Teufel schliesslich überwinden. Es gibt nur Gut und Böse, Schwarz und Weiss. Das frühe Christentum hat unendlich lange mit dieser Lehre gekämpft. Sofort verband sich auch das Politische mit dem Religiösen: die Geschichte des Balkans lässt sich nur damit erklären. Die Katharer, eine der manichäistischen Bewegungen, haben schliesslich für den Westen allen Ketzern den Namen gegeben. Der Manichäismus löst die Sinnfrage nicht. Er geht wie alle Religionen von der Behauptung aus, dass ein guter Gott keinesfalls eine schlechte Welt erschaffen könne. In der jüdisch-christlichen Religion wird dieses Dilemma mit dem Sündenfall gelöst: erst die Menschen haben die von Gott gut geschaffene Welt böse gemacht; die Manichäer erklären diese an sich viel zu wichtig genommene Frage damit, dass Gott immer noch mit dem Teufel kämpft. Erst am Ende wird er siegen. Wozu dann aber das ganze Scheingefecht mit doch so vielen realen Toten?

Der praktische Atheist hat es vor den Zweifeln gegenüber aller metaphysischen Heilsmechanik viel leichter: Die Welt ist gut für diejenigen, denen es gut geht; die Welt ist schlecht für diejenigen, denen es schlecht geht.

Wenn ich mit Schneider diskutiere und er dabei mit langen Schritten und weit von oben nach unten ausgreifenden Armbewegungen im Zimmer hin und her geht, dann ist das noch genauso wie vor zwanzig Jahren in Mainz.

Er sagt: wenn er an den Tod denke, dann kehre er immer zu seinem Kinderglauben zurück.

Laax, 25. Juli 1982

Alles macht mir Mühe, nun auch schon wieder das Atmen. Die Entschlusslosigkeit hat einen Höhepunkt erreicht. Ich gehe nicht aus dem Haus, obwohl es nicht regnet. Nichts reizt mich, nichts verlockt mich. Die Diktate, die Krankheit, die Schmerzen, der Gedanke an den Tod – alles ist schon zur Gewohnheit geworden.

Die Ewigkeit als Ewigkeit denken, wenn auch unvorstellbar, das ist vielleicht die letzte Leistung dieses Planeten, die er mit Hilfe seines Endprodukts, des menschlichen Gehirns, hervorgebracht hat: Geist, der vielleicht doch ein Teilchen von dem ist, durch den alles gemacht ist und durchschaut werden kann. Doch der Bereich der Sinnlosigkeit wird durch die Ewigkeitsfrage ungeheuer ausgedehnt.

Morgen fahre ich zu Max Frisch nach Berzona. Vom Tiefpunkt aus kann jede Bewegung nur nach oben führen. Diese letzte Zeitspanne fordert mehr als jede frühere. Nicht wissen, wie es weitergeht, mit dem Beruf, der Krankheit, dem Sterben. Und mit denjenigen, die mich dann nicht mehr haben werden, vor allem mit Rebekka und Sibylle. Dauernd denke ich an die beiden. Irgendwie möchte ich eine ganz heile Welt für sie zurücklassen, was natürlich unmöglich ist. Ständig fallen mir neue Kosenamen für sie ein, zu all den alten hinzu.

Zürich, 3. August 1982

Vier schöne Tage in Berzona. Zwei davon im Regen. Doch der Regen hat die Fülle und Unaufhörlichkeit des echten Tessiner Regens, wie ihn Frisch im «Holozän» so drastisch beschrieben hat, nicht erreicht.

Das Haus liegt unterhalb des Friedhofs, der etwa 150 m vor dem Dorf angelegt wurde, damit kein Kulturland verloren ging. Kaum war ich angekommen, stellte Alice fest, dass die Kühltruhe ausgefallen war, offenbar seit längerer Zeit: es roch nach Aas, und wir warfen alles Fleisch in eine Grube – für etwa 400

Franken, wie Frisch feststellte. So überstanden wir die vier Tage vegetarisch, ohne jeden Schaden. Frisch ist ein Kochkünstler, obwohl er wahrscheinlich unter einem anderen Titel in die Geschichte eingehen wird. Der Verlust des Fleisches regte ihn zu immer neuen Gemüse-Ei-Mehl-Kombinationen an. Alle hervorragend. Er beherrscht die Form des gratinierten Auflaufs, der ums Gemüse herumgerollten Omelette, des gebackenen Gemüsekuchens. Mit Pilzen, versteht sich. Das Fleisch kommt nur einmal in der Woche, am Samstag, nach Berzona, durch einen fahrenden Metzger.

Alles Grüne wächst dagegen von selbst. Die Bocciabahn ist völlig überwachsen, nicht nur von Gras und Kraut, sondern schon auch von jungen Bäumen. Der steile Hang unterhalb des Hauses wird immer mehr von Gebüsch überwuchert, und die früher schon grossen Bäume wachsen weiter. Alles war einmal für die frühere Frau gedacht; als er sich von ihr trennen liess, nahm die Vegetation ihren Platz ein. Frisch hat tagelang, zusammen mit zwei italienischen Arbeitern, Bäume gefällt, Büsche gerodet, um wenigstens die engere Umgebung des Hauses von der vegetativen Umklammerung zu befreien. Es hat nichts genützt. Die Pflanzen reagieren sofort, wenn der Mensch sich entfernt. Je länger Frisch in New York bleibt, desto mehr muss er nachher roden. Das Roden hat sich schon auf seine Literatur übertragen: er tippt den ganzen Vormittag auf seiner Schreibmaschine, und dann wird alles wieder zusammengestrichen, neu formuliert, wieder geschrieben, wieder gestrichen, geändert, bis er die ganz knappe Form erreicht, mit den vielen Lücken, die der Leser ausfüllen muss, diese streng begrenzte Aussage, die seine letzten Werke auszeichnet.

Alice würde ich heute nicht mehr aus dem «Montauk» erkennen. Sie bewegt sich munterer, lieblicher;

vielleicht haben die Träume des alten Mannes sie zu dem gemacht, wovon er wirklich träumte. Es gab nur eine einzige kurze Verstimmung, die sich aber ganz schnell wieder auflöste. Natürlich ging es um das Geschirrwaschen. Wie ein Dritter das sieht: er überhäuft sie mit Komplimenten und sie ihn mit Zärtlichkeiten und fröhlicher Stimmung. Plötzlich wirft sie ihre Arme von hinten über seine Schultern und schmiegt sich an. Auf meine Frage sagt sie, sie käme sich schon ein wenig vor wie Alice im Wunderland.

Zürich, 5. August 1982

Die Schmerzen lassen sich mit konventionellen Mitteln in Grenzen halten. Also mit Cibalgin und Zomax. Die Morphiumtropfen sind nur selten nötig, glücklicherweise. Nur muss ich jetzt die Tabletten häufiger nehmen. Vielleicht hängt es damit zusammen, dass mich manchmal eine ungeheure Müdigkeit überfällt, die sich nicht einmal in Schlaf auflösen lässt.

Zürich, 10. August 1982

Letzte Woche kam wieder die Atemnot. Am Samstag hat mich Christoph, der sowieso nach Zürich musste, am Oberkörper abgehört und festgestellt: nasses Geräusch, also wieder Wasser in der Lunge. Jetzt nehme ich sechs verschiedene Sorten von Tabletten, kann wieder normal atmen, doch das Herz ist angeschlagen, Herzmuskelschaden links. Alles von der Virusinfektion vom April, wenn es eine war.

Ich ärgere mich über meine vorsichtigen und langsamen Bewegungen.

Mein Bruder Hans meinte, es sei nicht zwingend, dass die Intelligenz und das Böse sich aus demselben Grunde entwickelt hätten. Die Selektion, auf der die Evolution beruht, finde ja zum geringsten Teil durch Kampf statt, vielmehr grösstenteils durch objektive Umweltveränderungen, Hitze, Kälte, Trockenheit usw. Das ist zwar richtig, aber zugleich muss jede Art sich gegen andere Arten behaupten, und in dieser Auseinandersetzung siegt immer entweder der Intelligentere oder derjenige, der sich am schnellsten vermehren kann. Die *menschliche* Intelligenz, um die es mir ausschliesslich geht, hat sich, wie mir schliesslich auch Hans zugeben musste, im Kampf gegen andere Arten und im Kampf gegen die eigene Art entwikkelt. Der Schlauere, der Hinterlistigere, Odysseus, hat schliesslich gesiegt, gegen andere Arten und gegen andere Gruppen seiner eigenen Art.

Dieser Prozess führt zwangsläufig zur Zerstörung jedes belebten Planeten. Meine Theorie ist genauso exakt wie diejenige von Darwin, aber natürlich noch unpopulärer.

Es ist auch nicht richtig, das ganze einfach umgekehrt zu sehen, indem man sagt, unsere moralischen Ansprüche hätten mit der Wirklichkeit nichts zu tun, seien daher irrelevant. Tatsächlich jedoch kann die Vernichtung alles Lebenden nur als böse bezeichnet werden. Dass der Mensch intellektuell hochentwikkelt und moralisch unterentwickelt sei, stimmt zwar, erklärt aber nichts. Die Erklärung liegt im Selektionsmechanismus, der das Böse begünstigt, bis dieses sich selbst und fast alles andere Leben zerstört. Was dann übrigbleibt, braucht uns nicht zu interessieren: Bakterien, Insekten, einige Tiefseefische. Einziges, letztes Selektionskriterium: die Widerstandsfähigkeit gegen Atomstrahlung.

Immer noch unterstützt die grosse Mehrheit der Israelis den erbarmungslosen, kriegsverbrecherischen und sinnlosen Feldzug gegen Libanon. Wird der Angriff gegen Beirut definitiv gescheitert sein, so wird dasselbe Volk, das jetzt dafür ist, seine Regierung dafür verantwortlich machen. Dabei gibt es heute schon viele Kritiker und Opponenten, selbst Befehlsverweigerer in der Armee – und es geschieht ihnen nichts, sie werden höchstens versetzt oder abgesetzt. Da mag ein Rest von prophetischem Bewusstsein wirken: der Ruf zur Umkehr, auch gegenüber Staatsaktionen, selbst im Kriege, muss toleriert werden – nur so hat Israel das Recht, sich auf seine Tradition zu berufen. So lange auch ist es unsinnig, Israel faschistisch zu nennen.

Gemeinsam mit den Arabern haben sie den schönsten Gruss, den ich kenne: Schalom bzw. Salam aleikum: Friede! Wir empfinden diese Formel heute als reine Heuchelei, doch muss man eben wissen, dass er nur dem Nächsten, nicht dem Feinde gilt. Jesu Erfindung der Feindesliebe hat sich auf dem internationalen Markt nie durchgesetzt.

Der Unterbau der aggressiven Biomasse wird immer stärker bleiben als der Überbau der ganz dünnen moralischen Schichten.

Haddad, Erzbischof von Tyrus, wird in die Geschichte eingehen, solange es sie noch gibt, wahrscheinlich sogar in die Legende. Als die israelischen Panzer gegen Tyrus vorrückten, lief er ihnen vor den Stadtrand entgegen und stellte sich vor den ersten Panzer, verlangte den Panzerführer zu sprechen. Der Kommandant des vordersten Panzers liess den Motor aufheulen und schrie: Macht Platz! Der Erzbischof, begleitet von einem hilflosen Schweizerdelegierten des KRK und einem seiner Priester, blieb breitbeinig vor dem Panzer stehen und verlangte, mit dem Führer der Kolonne zu sprechen. Die ganze Kolonne stand still. Unter dem Gelächter der israelischen Soldaten wurde er zum Oberst begleitet, der die Kolonne führte. «Sie können froh sein, dass ich mich mit Ihnen überhaupt unterhalte.» Die Unterredung führte zu nichts. Der Offizier kletterte wieder auf seinen Panzer. «Wollen Sie nicht einmal in Ihrem Leben menschliche Grossmut zeigen?» provozierte ihn Haddad, der seine Mission schon verloren glaubte. «Wann wollen Sie eigentlich Tyrus angreifen?» «Um 12.30 Uhr.» «Jetzt ist doch schon 12.15 Uhr.» «Richtig, in einer Viertelstunde. Und jetzt reicht's, auf Wiedersehen.» Der Erzbischof: «Ich verspreche Ihnen, dass Sie in Tyrus keinen bewaffneten Widerstand vorfinden; bei uns gibt es keine schweren Waffen. Die PLO hat keine Stellungen in der Stadt.» Haddad sagte die Wahrheit. Die PLO hatte die dichtbevölkerte Stadt schon vor einiger Zeit geräumt. Der israelische Oberst überlegte. «Mein Ziel ist es, die Verluste meiner Truppe möglichst gering zu halten. Ich gebe Ihnen zwei Stunden.» Der Erzbischof rannte mit seinen Begleitern in die Stadt zurück. In wenigen Minuten läuteten sämtliche Kirchenglocken von Tyrus, forderten christliche wie islamische Geistliche die Bevölkerung auf, die gefährdete Stadt sofort zu verlassen und sich an den Strand zu begeben. Kaum war die Bevölkerung aus der Stadt abgezogen, rückten die israelischen Panzer ein. Als ein paar jugendliche Palästinenser mit leichten Waffen auf die Panzer schossen, antworteten diese mit schwerem Feuer und legten 700 Häuser in Schutt. Doch kostete der israelische Sturm auf Tyrus kein einziges Menschenleben. (So teilweise wörtlich der Bericht im «Spiegel» vom 2. August 1982.)

Diese Situation müsste eigentlich jeder gesehen haben: der Erzbischof stellt sich vor die Panzer, stoppt für zwei Stunden eine militärische Operation und weckt beim Feind das Gewissen, welches dann rational in die militärische Überlegung umgekleidet wird, es sei wichtig, möglichst wenige eigene Soldaten zu verlieren. Solche Bilder hätten in die Geschichte eingehen müssen, nicht die Siege, Eroberungen und Triumphzüge.

Zürich, 14. August 1982

Vor einigen Tagen wurde im deutschen Fernsehen erklärt, dass die Mauersegler schon in den Süden gezogen seien und die Schwalben sich zum Abzug sammelten. Irgendwie war ich traurig, weil die Mauersegler zu diesem Himmel gehören, vor allem im milderen Abendlicht. Und heute war ich fast glücklich, als ich einen ganzen Schwarm von Alpenseglern über der Predigerkirche kreisen sah, mit dem trillernden Ruf, durch den sie sich nebst ihrer imposanten Grösse von den Mauerseglern unterscheiden. Beide sind sie ganz: Vögel des Himmels.

Gespräche mit Dolf Vogt sind analytisch, essayistisch. Warum gibt es Architekten? Sollte man den Beruf nicht abschaffen? Einzelarchitektur in Städten ist immer zerstörerisch. Ein Glas- und Stahlhaus neben einem mittelalterlichen Fachwerkgebäude. Die Architekten haben eben einen begrenzten Auftrag, und soweit die Vorschriften sie nicht behindern, toben sie sich in diesem aus. An die Stelle des klassizistischen Physikgebäudes neben der Universität soll ein futuristischer Superbau in Form eines Ozeandampfers gesetzt werden. Sie glauben schöpferisch zu sein und sind zerstörerisch. Und was sie bauen, aus Stahl und Beton, wird als Gerippe sogar nach einem Atomkrieg übrigbleiben. Es gibt keinen selbsttätigen Zerfall, sondern nur ein Veröden durch Vernachlässigung.

Unsere Zeit ist die erste, in der man Häuser abbricht, im vollen Bewusstsein dessen, dass etwas Schlechteres in die Lücke tritt. Noch in den dreissiger Jahren haben die Architekten wenigstens *gemeint*, sie würden besser und schöner bauen als ihre Vorgänger, noch deutlicher galt dies für den Bauboom der Jahrhundertwende. Erst heute wissen wir, dass wir für schlechte und öde Bauten schönere zerstören. Das ist Nihilismus. Wir leben in einem nihilistischen Zeitalter auch in dem Sinne, dass die Wirtschaftlichkeit zum Mass aller Dinge geworden ist. Natürlich gibt es für diesen Nihilismus viele Deckmäntel, zum Beispiel Produktivität, Erhöhung des Wohlstandes und, wenn niemandem mehr etwas einfällt: Vermeidung von Arbeitslosigkeit. Arbeit um jeden Preis, den andere bezahlen. Arbeit durch die Rüstungsindustrie, durch die Fabrikation des seriellen Todes, Arbeit für buchstäblich nichts in jeder Hinsicht, auch wenn die Kriegsmaschinen, die Kampfflugzeuge, Panzer usw. wegen Veraltens alle fünf bis zehn Jahre ersetzt werden müssen. Im gleichen Augenblick, in dem die neue Maschine in die Produktion geht, liegen schon die fertigen Pläne für die nächste Auflage vor. Die noch älteren Maschinen werden an die Entwicklungsländer verkauft; dort kommt es ohnehin nicht darauf an, wieviele Menschen und Völker sich gegenseitig umbringen.

Den Nihilismus können wir daran erkennen, dass ein Mittel zum Selbstzweck erklärt wird: das Geld, die Arbeit, die Rendite.

Dass der Nihilismus, als Ausnützungsrendite, als Bodenspekulationsprodukt zugleich ein hässliches Antlitz trägt, das wenigstens haben wir den Architekten zu verdanken, die sich ihm unterworfen haben. Hier, wenigstens hier, unterliegt (in jedem

Sinne des Wortes) das ästhetische Urteil dem moralischen.

Laax, 25. August 1982

Ernst Jünger, der Ästhet des ersten Weltkrieges und Ästhet des zweiten Weltkrieges, wird mit 87 Jahren den Goethe-Preis der Stadt Frankfurt erhalten. So lange hat man ihn immerhin warten lassen. Auch er sucht jetzt, habe ich das Interview richtig verstanden, nach Moral, vor allem nach Rechtfertigung (nicht nach Entschuldigung!) seiner Haltung und Entwicklung. Natürlich gibt es nichts zu bedauern, und im übrigen ist man missverstanden worden. Sein Mut, seine Tapferkeit (im ersten Weltkrieg) sind bewundernswert, weniger seine intellektuellen und moralischen Fähigkeiten. Irgendwie hat er etwas von einem Stehaufmännchen. So lebt er denn jetzt, im hohen Alter, sehr gesund. Als ich ihn, weil damals sein theatralischer Heroismus mich faszinierte, 1947 in Kirchhorst bei Hannover besuchte, rauchte er noch Zigaretten, eine nach der andern, meine letzten, die ich von der Schweiz noch hatte. Das hat er sich inzwischen anscheinend abgewöhnt. Er sass, ein kleiner Mann mit strenger, schriller Stimme, immer noch wie ein Leutnant aussehend, hinter seinem antiken Tisch und entwickelte mir seine – damalige – politische Theorie: Die Russen seien jetzt sehr ernst zu nehmen, und eine europäische Ordnung müsse sich hauptsächlich nach deren Vorstellungen ausrichten. Als ich immer wieder, wie ich es als Student gelernt hatte, freiheitlich-rechtsstaatlich-demokratische Gedanken einwarf, sogar die Amerikaner hervorstrich, widersprach er weniger mit Argumenten als mit Strenge und wurde immer ungehaltener. Als er meine letzte Zigarette geraucht hatte, verabschiedete ich mich und nahm wieder den zweistündigen Weg bis Hannover unter die Füsse. Später hat sich Ernst Jünger gegenüber Armin Mohler, der einige Jahre, bis auch er sich mit dem Meister überwarf, sein Sekretär war, bitter über mich beklagt. Was habe er ihm da für einen naiven Schweizer geschickt. Dabei hatte mich Armin Mohler nicht geschickt, sondern nur mir des Meisters Adresse gegeben.

Man sollte nie zu den Autoren gehen, deren Bücher man gerne gelesen hat. Zumindest sollte man sie kennen, schon bevor sie berühmt sind. Später sollte man sie nicht absichtlich kennenlernen. Erfolgt die Bekanntschaft unabsichtlich, so pflege man sie getrost, wenn es möglich ist, sie genauso zu pflegen wie die Freundschaft mit einem unberühmten Freund. Sehr oft wird das aber nicht möglich sein.

Christoph hat angerufen, und ich habe ihm die Entwicklung der alten und die Entstehung der neuen Symptome erklärt. Er sagte, im Januar hätte ich dir eine kürzere Frist gegeben. So überlebe ich wenigstens seine Prognose. Wenn auch, wie ich mehr und mehr sehe, nicht um lange Zeit. Alle fragen ihn nach meiner Gesundheit. So muss ich immer mein Leben wieder melden, wie der Lokomotivführer mit dem «Totmannpedal».

Der Test, meine Diktate jemandem, der in ihnen vorkommt, zu lesen zu geben, ist letzthin negativ verlaufen. Die Testperson fand meine Darstellung einseitig und strich ihren Namen, an den wenigen Stellen, wo sie vorkommt, mit solcher Kraft durch, dass die Unterlage, ein Paperback-Buch, auf dem Deckel an der betreffenden Stelle ganz zerkratzt ist.

Anne, meine Schwester, hat mir geschrieben und mir die englische Originalausgabe und die deutsche

Übersetzung des Bestsellers, besser Dauersellers von Salinger geschickt: «Der Fänger im Roggen». Das Buch ist allen bekannt, die ich kenne, nur mir nicht. Jetzt bin ich am Lesen. Leider interessiert mich wieder am meisten, warum ein so kleines Buch, historisch einzigartig, ein derartiger Hit wird, dass der Autor, der anscheinend seither kaum mehr etwas geschrieben hat, noch heute, nach mehr als dreissig Jahren, davon leben kann.

Anruf von Rebekka: sie fliegt am Samstag nach Polen, mitten in die voraussichtlichen Unruhen. Nach ihrer Rückkehr soll ich ihr Privatlektionen in Strafrecht erteilen. Sie will unbedingt noch die Matur machen und nachher Jus studieren; das Strafrecht möchte sie noch bei mir lernen. Alles in amore et memoria patris.

Laax, 27. August 1982

Wieder mit Zingg telefoniert, wegen meiner verkürzten WC-Intervalle, wegen der Verkleinerung des Blasenvolumens, wegen der Schmerzen. Vor allem wollte ich wissen, wie es weitergeht und wie es am Schluss aussieht. Zingg ist so sachlich und zugleich menschlich mitfühlend, dass ein Gespräch mit ihm schon fast eine Therapie ist. Nach unserem ersten Gespräch, ich glaube im Januar, hatte er gedacht, dass ich nach spätestens sechs Wochen psychisch zusammenbrechen und alle meine Entschlüsse revidieren würde. Er sei bewundernd verwundert darüber, dass das nicht passiert sei und mit welcher Haltung ich meine Situation bewältige. Was das Ende anbetrifft, so wurde mir aus seinen Erklärungen deutlich, dass jeder spätere Eingriff sinnlos ist, weil er das medizinische Problem nur von einem Ort an den andern verschiebt. Und schliesslich bin ich dann doch dem Spital ausgeliefert. Die Schmerzen kann man wegbringen, zumindest stark lindern, zuerst mit den Tropfen, dann mit den Spritzen. Die Situation im Spital sei auch in dieser Hinsicht nicht gut, weil man abhängig sei vom Personal: Bitten und Betteln um eine schmerzlindernde Injektion. Ich kann mit meiner Krankheit auch zu Hause sterben. Es muss am Schluss nur jemand da sein, der auch Spritzen geben kann und geben darf. Meine Frage: wie lange kann man den Schmerz beseitigen, ohne das Bewusstsein stark zu beeinträchtigen? Wahrscheinlich bis kurz vor dem Ende. Das Morphium bewirke eine starke Euphorisierung, bei starken Dosen verbunden mit Halluzinationen, und dann wird man sowieso sterben, weil der Körper keine Widerstandskraft mehr hat.

Es ist kalt geworden. Der Regen fällt mit einem einschläfernden Geräusch in die neblige Dämmerung. Das Seelein ist ganz zugewachsen. Noch aber ist das Schilf grün.

Wenn die Sonne kommt, wird es wieder ganz heiss. Die dicken Fliegen prallen in voller Fahrt an die Fensterscheiben, sausen hin und her, bis sie schliesslich das offene Fenster finden. Sie lernen es nie. Wäre der Anprall an das Fenster tödlich, so gäbe es mit der Zeit nur noch Fliegen, die Fensterscheiben erkennen. Die Erbmasse lernt das Unheil nur durch die Todesstrafe kennen. Die Erbmasse des Menschen kann nichts lernen, weil der Mensch als Individuum immer ein Mittel findet, um den Tod abzuwenden. Darum wird er schliesslich nicht überleben.

Das Sterben kündigt sich auch dadurch an, dass Eros sich in Agape verwandelt, nicht nur beim Sterbenden, sondern auch bei den Partnern. Wenn jemand gemeint hätte, Eros sei intensiver als Agape, so hat er sich getäuscht.

Laax, 29. August 1982

Genau um 19.04,5 ist heute die Sonne untergegangen, hinter dem Bergrücken, der sich hinter Falera, das man selbst nicht sieht, erhebt. Die Sonnenuntergänge finden also schon wieder vor dem Haus statt, wenn auch noch viel weiter westlich als im September, da ich zum erstenmal hier war.

Das Buch von Salinger lese ich mit grossem Vergnügen; jeder wird es mit grossem Vergnügen lesen, und ich glaube, das ist der Hauptgrund für seinen Erfolg. Es ist nie langweilig, nie hat der Autor zwangshaft weitergeschrieben, obwohl ihm nichts einfiel. Keine Überbrückungen usw. Das ist es wohl, was das Buch so gut macht, mehr als die Tatsache, dass da einer als 18jähriger sich darstellt und die Masche vollständig durchhält. Surtout pas trop de Tiefsinn. Dieser ist Sache der Interpreten und lässt sich sehr einfach durch Verallgemeinerung erreichen. Die Geschichte: Ein Junge fliegt vom College, weiss nicht, wie er es den Eltern sagen soll, und macht während dieser Zeit eine gezielte Irrfahrt durch New York. Die Verallgemeinerung: Irrwege der Jugend, Probleme des Scheiterns, die *viel* stärkere Sensibilität der Jungen gegenüber Ungerechtigkeit, Routine, Langeweile und besonders: Lüge. Das Leben eines normalen, robusten und erfolgreichen Erwachsenen kann nur eine Lebenslüge sein.

Zürich, 31. August 1982

Gestern abend kam Peter G., und wir gingen zusammen essen, natürlich in den «Zimmerleuten». Er erzählte mir, dass ich ihn, als er wegen einer Blinddarmoperation im Alter von fünfzehn Jahren im Spital lag, besucht und einen ganzen Korb voll junger, kleiner Kaninchen mitgebracht habe, die dann im Spitalzimmer herumrannten und auf dem glatten Boden ständig ausrutschten. Der Mitpatient, ein erwachsener Mann mit einem Armbruch oder dergleichen, hatte seine helle Freude und Peter natürlich auch, wir waren beide begeisterte Kaninchenzüchter. Die Schwester kam, war sowohl streng als auch geduldig, sagte nur: In einer halben Stunde – dann war sowieso Ende der Besuchszeit – müssen die Tierchen aber wieder weg sein. Peter hatte damals eine irre Freude und versteht es einfach nicht, dass ich mich an den Vorfall überhaupt nicht mehr erinnern kann. Vielleicht habe ich solche Vorfälle verdrängt, weil sie möglicherweise ähnlicher Art waren wie diejenigen, ebenfalls verdrängten, die zu meinen schlechten Betragensnoten führten.

Die Vergangenheit greift nach mir: Gestern ein Telefon von Elisabeth Cabasse, geborener Brunet, in die ich vor etwa 35 Jahren bis zum Wahnsinn verliebt war, folglich auch unglücklich. Sie hat dann kurz darauf den Mann geheiratet, den sie indirekt durch mich kennengelernt hatte. Die beiden trafen sich auf dem italienischen Konsulat in Paris, um sich ein Visum für Italien zu besorgen; sie tat es auf meinen Wunsch hin, weil ich ihr eine Italienreise vorgeschlagen hatte, die wir dann auch durchführten. Wir rührten uns kaum an. Kurz darauf hat sie sich dann in Cabasse verliebt, wurde schwanger, heiratete ihn, baute mit ihm zusammen aus kleinsten Anfängen ein

Unternehmen auf, das heute sehr bedeutend sein muss; denn der Mann hat, wie sie mir sagte, ein Privatflugzeug und eine Privatjacht usw., und sie wohnen in Brest, wahrscheinlich weil man damals Subventionen bekam, wenn man in der Provinz etwas aufbaute. Sie kommt nach Zürich wegen der «FERA», und ich soll sie an ihrem Stand morgen besuchen, und dann sollen wir gemeinsam zum Mittagessen gehen. Das einzige Problem dabei ist, dass ich morgen von Mittag an nichts mehr essen darf, weil Dr. Spiegel, der Oberarzt von Haemmerli, meinen Darm röntgen will.

Ich hatte heute vormittag eine Konsultation und habe ihm die Symptome beschrieben, die inzwischen da sind. Er hat sich alles angeschaut und gesagt, dass der Knoten, den man am untersten Teil des Bauches, ziemlich an der Oberfläche, spüre, sicher eine Metastase sei. Der Knoten am linken Schlüsselbein könnte eine Lymphknotenmetastase sein, doch sei dies bei der betreffenden Lage (viel zu weit aussen) ziemlich unwahrscheinlich. Nun wird ja vorläufig *eine* Metastase ausreichen. Ich bin nicht unglücklich darüber, wenn die Metastasen den Primärtumor überholen, da dies einen sanfteren Tod gibt. Doch wird es wohl trotzdem dabei bleiben, dass zuerst die Blase zumacht. Und dann werde ich eben sehr starke Mittel brauchen. Leider gefällt es mir ganz gut, dass die Ärzte, die mir anfänglich alle die Operation einreden wollten, alle falsch getippt haben und dass mein Entscheid, den ich ja nur für mich selber traf, weil ich genau fühlte, dass ich anders gar nicht leben wollen könnte, richtig war. Wenn die Metastasen jetzt schon mit den Händen greifbar sind, dann müssen sie schon lange vor dem letzten Dezember, als die erste Diagnose des Tumors stattfand, vorhanden gewesen sein.

Elisabeth hat keine Ahnung. Ich werde es ihr morgen erklären müssen. Es wird sie sicher nicht umwerfen.

Interessant ist immerhin, dass das längst Vergangene jetzt von allen Seiten neu hervorkommt. Vielleicht entspricht dies der Geschichte des Krebses im eigenen Körper. Wahrscheinlich hat er lange lange Zeit geruht oder erfolglos gearbeitet, bis er schliesslich eine Stelle gefunden hat, von wo aus er den Körper zerstören kann.

Zürich, 2. September 1982

Die strenge Form des echt dramatischen Theaterstücks, die einen «geschürzten Knoten» verlangt, also eine Darstellung, die ein Ereignis in sich schlüssig macht (Sophokles, Shakespeare, Schiller, Kleist, Dürrenmatt in den früheren Stücken), fordert vom Autor mehr Konzentration als jede andere Literaturgattung. Die Form hindert ihn daran, abzuschweifen, weiterzuschreiben, auch wenn ihm nichts mehr einfällt. Tut er es trotzdem, so wird das Stück sofort als missraten erkannt werden. Darum haben sich auch immer nur sehr wenige an das echt dramatische Drama herangewagt.

Schon viel mehr lässt der Roman zu und eigentlich alles das Tagebuch. Ich lese das Tagebuch 1942–1949 von André Gide. Der Autor gibt selber zu, dass ihm häufig nichts einfällt, und er leidet darunter. Doch steht er unter einem Zwang, fast jeden Tag mindestens eine halbe Seite zu schreiben. Der grosse Schriftsteller weiss, dass alles, was er schreibt, gedruckt wird. Darin liegt eine grosse Versuchung. Da ihn die anderen wichtig nehmen, nimmt er sich schliesslich selbst so wichtig, dass er alles für mitteilenswert hält, was ihm gerade durch den Kopf geht und was er gerade erlebt hat. Nur das Tagebuch, eigentlich nicht für die Öffentlichkeit gedacht, kann dafür die Form sein. Abgesehen von einigen *historischen* Ausnahmen, zum Beispiel Samuel Pepys, die dann wieder als Perspektive des Individuums im Weltgeschehen historisches Interesse bekommen, lässt sich mit Tagebüchern auch nicht der Ruhm begründen, welcher es erst ermöglicht, dass sie gewissermassen unbesehen gedruckt werden. Weiteres Gegenbeispiel: Das Tagebuch der Anne Frank.

Wenn jemand mit seinem Tagebuch Literatur machen will, was nicht der Fall zu sein braucht, dann muss er wenigstens das Gesetz der exemplarischen Bedeutung beachten. Seine Erlebnisse, die Art wie er sie beschreibt, seine Sicht auf die zeitgeschichtlichen Ereignisse, seine Mitteilungen über das, was er gerade gelesen hat, müssen durch das Medium des Individuellen das Überindividuelle sichtbar machen. Oft sind es gerade die Tagebücher, die nicht für eine Veröffentlichung geschrieben wurden, denen das gelungen ist. Siehe obige Beispiele.

3. September 1982

Im «Spiegel» schreibt Helm Stierlin, Professor für Psychoanalytische Grundlagenforschung und Familientherapie, einen scharfen Artikel gegen Jesus. Nicht erst das Christentum, sondern schon Jesus selber habe es darauf angelegt, das friedliche Zusammenleben zu verunmöglichen. Einerseits sei Jesus liebevoll, demütig usw. gewesen, andererseits aber auch «gnadenlos, unerbittlich, intolerant und gewaltbereit». Zum Beleg dafür werden die Aussprüche verwendet, in denen Jesus Verdammungsurteile aussprach, die Hölle androhte usw. Besonders aber stört den Verfasser, dass Jesus die Familien auseinanderriss, indem er sagte, er sei gekommen, den Sohn mit seinem Vater zu entzweien und die Tochter mit ihrer Mutter usw. Der Verfasser schreibt, er habe die Evangelien und besonders die Bergpredigt erneut gelesen. Zitiert wird der schon aus dem Alten Testament stammende Satz: «Du sollst deinen Nächsten lieben wie dich selbst!». In der Bergpredigt jedoch steht:

«Ihr habt gehört, dass gesagt ist: du sollst deinen Nächsten lieben und deinen Feind hassen. Ich aber sage euch: liebet eure Feinde und bittet für die, welche euch verfolgen, damit ihr Söhne eures Vaters in den Himmeln seid! Denn er lässt seine Sonne aufgehen über Böse und Gute und lässt regnen über Gerechte und Ungerechte. Denn wenn ihr nur die liebt, die euch lieben, was habt ihr für einen Lohn? Tun nicht auch die Zöllner dasselbe? Und wenn ihr nur eure Brüder grüsst, was tut ihr Besonderes? Tun nicht auch die Heiden dasselbe? Ihr nun sollt vollkommen sein, wie euer himmlischer Vater vollkommen ist» (Matthäus 5, 43–48).

Jesus war sicher kein Familientherapeut; sondern er hat die Spannung gesehen zwischen Nächstenliebe und Feindesliebe. Das ist Stierlin entgangen: der Widerspruch zwischen Nächstenliebe und Feindesliebe. Alle Kriege sind im Grunde zum Schutz der eigenen Familie, zur Verteidigung des eigenen Volkes, also aus Nächstenliebe geführt worden. Mit der Feindesliebe würden sie sich nicht begründen lassen. Wenn also Jesus die Auflösung der Familien um des Reiches Gottes willen verlangt, dann ist damit eben auch der Aufruf zu Friede und Toleranz verbunden (wie Gott regnen lässt über Gute und Böse).

Es bleiben die nicht zu leugnenden Sätze, in denen die Unbarmherzigen, die Richter, die Mächtigen verdammt werden. Jesus hat so gedacht, zweifellos, kein Mensch kann anders denken. Können wir Hitler, Himmler, Stalin in dieser Welt mit Liebe therapieren? Gott wird dies alles vielleicht ganz anders sehen, seine Gnade kann keinen blinden Fleck haben, und wir werden, um dasselbe zu sehen, neue Augen bekommen.

Die Metastasen fangen also an. Wir brauchen uns ja nichts vorzumachen, meinte Dr. Spiegel sehr zu recht. Inzwischen haben sich einige andere verdächtige Stellen bemerkbar gemacht. Nun sollte es also nicht mehr allzulange dauern.

8. September

Bei meinem gegenwärtigen Zustand kann ich unmöglich das Wintersemester durchhalten. Die Schmerzmittel machen mich müde, manchmal verursachen sie Übelkeit.

Vor einigen Tagen habe ich am Fernsehen den Film über Robert Oppenheimer gesehen. Oppenheimer war Geist und Seele des riesigen Teams der besten Naturwissenschaftler, das in Los Alamos die erste Atombombe konstruierte. Da soviel wissenschaftliche Prominenz beisammen war, war es gewissermassen eine Ehre, mitmachen zu dürfen. Hochinteressant die Interviews mit den Beteiligten, von denen die meisten noch am Leben sind. Vor allem die von Hitler vertriebenen jüdischen Wissenschaftler befürchteten, dass Hitler die Atombombe konstruieren werde; Einstein warnte Roosevelt, und dieser beauftragte das Verteidigungsministerium, Robert Oppenheimer alle finanziellen Mittel zur Verfügung zu stellen, um so rasch wie möglich das Projekt zu verwirklichen. Als Hitler tot war, wäre die Atombombe eigentlich überflüssig gewesen, doch wurde sie dann eben zu Ende gebracht. Einer antwortete: Niemand hat die Atombombe gebaut, eigentlich niemand. Ein anderer: Es ist mir unerklärlich, wie wir nach Hitlers Untergang an dem Projekt weiterarbeiten konnten. Offenbar waren wir von der Aufgabe einfach zu sehr fasziniert. Ein dritter: Nach Hiroshima bin ich aus der Kernphysik ausgestiegen und habe mich ganz anderen Gebieten zugewandt. Ich würde heute nie mehr an einem solchen Ding arbeiten. Keiner ist nach Hitlers Untergang ausgestiegen, kein einziger. Der Apparat war einfach stärker. Die Sachzwänge: Milliarden Dollar hatte das Projekt schon verschlungen, da konnte man es doch nicht einfach unfertig liegen lassen. Während alle anderen japanischen Städte durch die konventionellen Bomben schon zerstört waren, hatte der amerikanische Generalstab Hiroshima und Nagasaki absichtlich ausgespart für die ganz grosse Bombe. Frank Oppenheimer, der Bruder von Robert, sagte ganz ehrlich: Als die Bombe abgeworfen wurde, überfiel mich zuerst der Gedanke, dass es hoffentlich kein Blindgänger gewesen sei. Dann erst dachte ich an die Opfer, an die unendlichen Leiden, die riesigen Zerstörungen, und ich habe mich geschämt.

Zürich, 13. September 1982

Eine ganztägige Kassationsgerichtssitzung, was bisher noch nie der Fall war. Ich habe es gut überstanden, bemerkte zugleich, wie alle Kollegen sehr auf mich Rücksicht nahmen, hin und wieder fragten, ob ich nicht eine Pause wünsche, was ich jeweils verneinte, da es wirklich sehr gut ging, von 09.00–11.30 Uhr und dann wieder ab 14.00 Uhr. Es stört mich gar nicht, dass alle es wissen; den Brief, in welchem ich den Rücktritt erkläre, habe ich schon diktiert.

Fahrt nach Basel. Klärli chauffiert mich in dem unmöglichen, ungefederten Mini.

Megge – kürzlich hatte er seinen 70. Geburtstag – sitzt in seinem Atelier am Tisch, ganz zusammengefallen, die grauen Haare hängen ihm ins Gesicht. Seine Freundin hat ihm eine Schüssel mit Haferschleimsuppe gebracht, und jetzt löffelt er langsam und mit grossen Pausen.

Ich hatte vorher angerufen, doch niemand nahm ab. Die Frau des Nachbarn im Hause, den ich ebenfalls kenne, sagte: Ja, es geht ihm sehr schlecht. Was ist es denn? Das müssen Sie schon selber sehen.

Megge, geistig noch absolut präsent, erzählt mir von seiner Krankheit und von seinen Operationen. Da es genau mein Fall ist, kann ich alles ergänzen, was die Ärzte ihm offenbar nicht gesagt haben. Der Tumor hat beide Harnleiter zugewachsen, Nierenstauung, Kalium wird nicht mehr abgebaut. Im Spital wird ohne Narkose – da Megge, praktisch schon im Koma, diese nicht überstanden hätte – die Blase von den Geschwüren befreit. Während des Eingriffs wird M. bewusstlos, vor Schmerzen. Sie holen ihn mit Aufputschspritzen in die Welt der Schmerzen zurück. Einige Zeit später hat sich M. soweit erholt, dass man nun unter Narkose ihm die ganze Blase herausnehmen kann. Seither ist er ziemlich beschwerdefrei, wird nur zusehends schwächer. Er kann das alles mit ganz distanzierter Gelassenheit erzählen, teils ironisierend. Das einzige, was ihn plagt, sind die häufigen Hustenanfälle. Das ist manchmal so, als würde die Welt im Husten untergehen. Jetzt bekommt M. Codein, und es geht besser.

Meine Diagnose steht ziemlich schnell fest: Krebs im letzten Stadium, Metastasen im ganzen Körper.

Im Spital hat M. nichts gegessen und in kurzer Zeit 20 Kilo abgenommen. Jetzt isst er Haferschleim, als Protein rohe Eier; Früchte sind auch gut. Fleisch, Käse usw., das alles geht nicht mehr.

M. kann nicht mehr malen, weil er nicht länger als höchstens zehn Minuten lang stehen kann, und nicht mehr zeichnen, weil ihm die Hände nicht mehr folgen. Er sitzt an seinem Tisch, in der Mitte des Ateliers, raucht Zigaretten, liest die Zeitung, geht häufig schlafen.

So sehe ich, überraschend zum letztenmal, einen alten Freund. Er beklagt sich nicht, er lässt es so mit sich geschehen und will es wohl auch nicht ganz genau wissen oder wenigstens nicht ausgesprochen haben. Denn seine Gedanken sind ganz klar; nur ist die Sprache nicht sein Medium, sondern Zeichnen oder Malen.

Nachher bei Gschwind auf dem Steinerhof. Gschwind war wieder ganz der alte, in voller Fahrt, gutgelaunt, seine Einfälle prasselten nur so nieder. Es gelang ihm auch, ernst zu werden, was in meinem Fall ohnehin nicht schwierig ist. Den Tod als gedankliche Möglichkeit lehnt er ab, das Sterben hält er für sehr wichtig, gekonntes Sterben. Der Patient selber muss es lernen; denn die Ärzte verdrücken sich davor.

14. September

Das Recht ist biegsam – oder soll man sagen: beugsam? Stets kann man mit formalen Argumenten inhaltliche überfahren, mit inhaltlichen formale. Als ich vor etwa einem Jahr in einer rasch verwehten SP-Flugschrift den Regierungsratsbeschluss kritisierte, wonach die Zürcher Krawallverfahren von den Bezirksanwälten «beschleunigt durchzuführen» seien, wurde meinem Vorwurf, damit werde die Untersuchungs- und Anklagebehörde zur Schnelljustiz und zu Pauschalurteilen aufgefordert und dies sei ein typisches Zeichen einer politischen Justiz, entgegengehalten, der Regierungsrat habe nun einmal das Weisungsrecht gegenüber den Staatsanwälten und den diesen unterstellten Bezirksanwälten. Das sei gesetzmässig. Da die Untergebenen meistens über jeden Befehl hinaus gehorsam sind, kam es dann auch zu der grotesken Szene, in welcher 46 Beschuldigte mit ihren Verteidigern in einen Saal geführt wurden und über ein Videogerät sehen und hören konnten, was die fünf Zeugen, alle Polizisten, in einem anderen Raum gegen sie aussagten: damit war – schliesslich auch nach der Meinung der Mehrheit der Kassationsrichter – § 14 StPO nicht verletzt, da schon die blosse Befürchtung von Störungen die Notwendigkeit geschaffen habe, die Rechte der Beschuldigten zu beschneiden. Dabei hätte doch die Untersuchungsbehörde ohne grosse Schwierigkeiten die Beschuldigten einzeln oder in kleinen Gruppen mit den Zeugen konfrontieren können.

Das Buch von Peter Robert Schneider, einem früheren Doktoranden von mir, «Unrecht für Ruhe und Ordnung», sorgt immer noch für grosse Aufregung. Der Kantonsrat hat, gestützt auf eine übermächtige Mehrheit in der Bevölkerung, das Ansinnen einiger Sozialdemokraten abgelehnt, eine parlamentarische Untersuchungskommission damit zu beauftragen, die nun bald zweieinhalb Jahre alte Zürcher Krawalljustiz in ihren Einzelentscheidungen und Tendenzen zu durchleuchten. Hier nun war das *formale* Argument höchst willkommen: Schliesslich haben wir eine Gewaltenteilung, und niemand darf der Justiz, sei es auch nur hinterher, dreinreden. Das mag ja richtig sein; warum aber hat man damals nicht gegen den Regierungsrat in gleicher Weise formal argumentiert?

Eine Zeitlang dachte ich, die Justiz kann nur dadurch auf den Weg der Gerechtigkeit gezwungen werden, dass immer nur formelle gegen formelle und materielle gegen materielle Argumente ins Feld geführt werden dürften. Ich gebe zu, das ist ein naiver Gedanke. Genauso naiv wie die Hoffnung, die Justiz möge eines Tages nicht mehr politisch sein, das heisst sich nicht mehr nach der Macht ausrichten.

Bei dieser Situation können auch die Justizjuristen jede ihrer Blössen mit Gemeinplätzen abdecken: gehorchen wir der Stimme des Volkes, tadelt man uns, gehorchen wir ihr nicht, tadelt man uns auch.

Heute abend kommt Heidi A. Ich habe ihr meine Diktate zum Lesen mitgegeben, und sie ist ganz begeistert von ihrer neuen Aufgabe als Lektorin. Ich selber bin gespannt auf ihre sensiblen Reaktionen, obwohl ich jetzt schon weiss, dass ich nichts ändern werde.

Der letzte Krieg, den die Schweiz geführt hat, war der von Marignano (1515), und der war im Ausland. Seither können sich die Schweizer einen Krieg nur noch als Morgarten, Sempach oder eben Marignano vorstellen, niemals als Vietnam oder Libanon. Die Schweizer gehen an eine Wehrschau wie ins Landesmuseum. Ein Düsenjägergeschwader, das 90 Meter über ihren Köpfen hinwegbraust, jagt ihnen heilige Schauder ein. Wenn eine Panzereinheit einen von imaginären Feinden verteidigten Hügel in der Nähe von Frauenfeld einnimmt, mit scharfem Geschoss wohlverstanden, dann ist dies ein feierlicher Akt und nicht etwa die Vorbereitung auf Massentötungen. Gefahr des Milizsystems: Das ganze Volk identifiziert sich mit dem Militär. Militärisch zu sein ist Bürgereigenschaft. Stillschweigend wird immer davon ausgegangen, dass die Schweiz nie ein anderes Land angreifen wird, sondern sich höchstens immer nur verteidigen muss. Ob diese Voraussetzungen heute noch stimmen, wo bereits derjenige einen Angriffsvorteil hat, der seine Zivilbevölkerung besser vor atomaren Angriffen schützt, scheint äusserst fraglich.

Das Buch von Peter Robert Schneider wird fast allgemein als ein Machwerk, eine einseitige, verzerrte Darstellung bezeichnet. Da ich (als Kassationsrichter) nur ganz wenige von den im Buch zitierten Fällen kenne, kann ich auch nur ganz wenig darüber sagen: in den mir bekannten Fällen stimmt alles, was Schneider schreibt. Vielleicht ist gerade dies der Grund dafür, dass Regierungsräte, Oberrichter, Staatsanwälte sich so aufregen. Auch die Tendenz, die Schneider bei der Zürcher Justiz feststellt – obrigkeitshörig und ordnungssüchtig –, ist genau so vorhanden und wird selbst vom Bundesgericht gestützt, indem es den Landfriedensbruchtatbestand nunmehr ganz wortgetreu auslegt: jeder, der wissentlich sich in einer «Zusammenrottung» befindet, von der Gewalttätigkeiten ausgehen, macht sich strafbar. Sollte es Zweck dieser Justiz gewesen sein, in Zürich wieder Ruhe herzustellen, so ist dieser Zweck zweifellos erreicht worden. Geblieben sind nur die heimlichen Sprayer, die an jede zweite Hauswand irgendein Zeichen setzen, ein Schlagwort oder eine unbeholfene Zeichnung. Die Sprayung als Befreiung. So weit sind wir anscheinend schon.

Zürich, 20. September 1982

Mit Zingg telefoniert, um ihm mitzuteilen, dass ich schon ziemlich viele Metastasen habe. Wahrscheinlich, meint er, werden diese nun doch den Primärtumor überholen. Ich komme mir vor wie einer, der zum Tod durch Rädern verurteilt war und nun zum Tod durch Köpfen begnadigt wird. Die Metastasen führen zum vollständigen Zerfall des ganzen Organismus und seiner einzelnen Organe.

Heute machte mir Robert Hauser (Kollege) einen sehr netten Besuch. Ich hatte ihn letzte Woche angerufen und ihn gebeten, eine Dissertation von mir zu übernehmen und weiter zu betreuen, da ich damit nicht weiterkomme. Vor der Verabredung erfuhr ich, dass er mein Strafrecht I zusammen mit dem Allgemeinen Teil von Schultz und demjenigen von Stratenwerth in der NZZ besprochen habe. Zudem hatte ich gestern Gelegenheit, die Rezension schnell zu lesen. Leichtes Gefühl des Ärgers, nicht recht lokalisierbar. Wir unterhielten uns kurz über meine Darlegungen über Kunst und Strafrecht auf Seite 114 des Buches. Ich glaubte, dass er meine dortigen Ausführungen in missverständlicher Form verallgemeinert habe, indem der Leser glauben könnte, ich liesse verfassungsmässigen Rechten einen absoluten Vorrang vor den strafrechtlichen Geboten und Verboten. Ich beruhigte mich dann aber, als auch er der Meinung war, dass Strafnormen verfassungskonform auszulegen sind und seine Kritik nicht im obenerwähnten Sinne zu verstehen sei. Wir einigten uns schnell darauf, dass wir aber über das Verhältnis Kunstwerk und religiöse Gefühle nicht gleicher Meinung sind.

Er hatte mir frische Äpfel aus seinem Garten mitgebracht. Ich ass gleich einen davon auf. Früher war ich immer ein Apfelgegner. Auch dies hat sich in der letzten Zeit verändert und hängt – glaubt Zingg – mit meinem Zustand zusammen. Zingg fragte mich: Mögen Sie noch Fleisch? Da erst fiel mir ein, dass ich in letzter Zeit nicht mehr so scharf darauf bin.

Als ich dann die Dissertation, die ich nicht mehr weiterbetreuen kann, dem Kollegen Hauser überreichte, meinte er: Ist das jetzt die Strafaufgabe dafür, dass ich mit meiner Rezension einen Unwillen erregt habe? Dem früheren Staatsanwalt musste ich ein zwingendes Argument vorlegen. Es bestand darin, dass ich ihm ja wegen der Dissertation schon telefoniert hatte, bevor seine Rezension in der NZZ erschienen war.

Seit vorgestern habe ich Fieber, zwischen 37 und 38, heute um 17.00 Uhr 38. Christoph meinte, das sei ein Infekt irgendwelcher Art (genau muss man ja jetzt nicht mehr sein mit mir) und sicher werde ich den schöneren Tod haben, zum Beispiel an einer Lungenentzündung sterben statt an einer Metastase.

Gestern war auch noch Ballweg da, der ist als Freund so treu, dass man im ganzen Spektrum der möglichen Meinungen und politischen Positionen etc. genau das Entgegengesetzte von ihm vertreten kann, ohne ihn als Freund zu verlieren. Das entspricht auch seiner rechtsphilosophischen Grundposition: im Bereich der Rechtsphilosophie gibt es nur rhetorisches Argumentieren, niemals Wahrheit. Kühler Agnostiker. Und plötzlich sagte er mir, Du musst gegen den Krebs kämpfen, nur noch Rosenkohl, Blumenkohl essen und Saft von roten Beeten dazu trinken. Wohin gerät das Irrationale, wenn es sogar aus der Rechtsphilosophie verbannt wird? Natürlich in die Medizin.

Wenn ich nur Energie speichern könnte. Ich hätte nicht nur das Problem dieses Planeten gelöst, sondern auch mein eigenes, höchstpersönliches. Abends, wenn die Stimmung für das Diktieren gut ist, fehlt mir meistens jeglicher Elan.

30. September 1982

Vom letzten Sonntag auf den letzten Montag hatte ich zuviel Morphium genommen. Vollständiger Verlust des Zeitgefühls. Drei Tage hintereinander fragte ich Frisch, ob wir auf heute oder auf morgen abend verabredet seien. Beim dritten Mal sagte er mir dann ganz freundlich: Heute ist nicht Freitag, wie Du anzunehmen scheinst, sondern erst Donnerstag. Wir fuhren dann in seinem alten «Jaguar» über Forch und Pfannenstiel zum Restaurant «Buech». Der Zürcher Albin Zollinger war oft dort, noch drei Wochen bevor er starb, am Tisch, an welchem wir assen. Max nötigte mich zu frischen gewürzten Pfifferlingen als Vorspeise, dazu weissen Burgunder. Immer auf der Suche, möglichst leicht und wenig zu essen, wählte ich dann Eglifilet mit rohen Zitronen.

Als wir zurückfuhren, regnete es, und wir spürten, dass mit dem milden Wetter auch der Sommer gegangen war, definitiv.

# DIE LETZTEN TAGE

## Nach Erinnerungen von Rebekka Noll und Max Frisch

Nach Notizen von Max Frisch hat jenes Mittagessen in der «Buech», wovon im letzten Diktat die Rede ist, am Donnerstag, dem 30. September, stattgefunden. Am folgenden Tag, dem 1. Oktober, verbrachten die Freunde vier Stunden vor dem Fernseher, «Peter zum Teil aufmerksam, zum Teil geht er weg, raucht»; es handelt sich um den Sturz von Bundeskanzler Helmut Schmidt. Gestorben ist Peter Noll am Samstag, den 9. Oktober.

Der Leser der Diktate möchte wissen, ob und wie dem Verfasser der Aufzeichnungen gelungen ist oder geschenkt wurde, sein Bemühen um ein würdiges, persönliches Sterben durchzuhalten. Erinnerungen seiner älteren Tochter Rebekka, die sie in einem Gespräch mit Frau Gladys Weigner auf Tonband festgehalten hat, können ihm dazu einiges sagen. Von Rebekka heisst es in den «Diktaten» am 30. April, sie stehe ganz zu ihrem Vater und sei dabei zur grossen, verantwortungsbewussten Tochter geworden. Sie war Samstag, den 28. August, nach Polen, mitten in die vorauszusehenden Unruhen geflogen. Dort erreichte sie Mitte September ein Telefonat ihres Vaters: «Es geht nicht so gut. Komm doch zurück.» So etwas war ganz ungewöhnlich. Sie entschied sich zur vorzeitigen Heimkehr nach Zürich, wo sie in nächster Nähe ihres Vaters wohnte, traf dort aber alles an wie vorher, wenn der Kranke auch sehr geschwächt schien. Sie übernahm die täglichen Besorgungen: Zeitung, Einkäufe, immer häufiger Mittel nach Rezept aus der Apotheke. Der Leser erinnert sich, dass am Sonntag/Montag, den 12./13. September, «zuviel» Morphium eingenommen und ein Verlust des Zeitgefühls festgestellt wird; am Samstag, den 18. September, setzt Fieber ein, und der Elan zum Diktieren erlahmt. Rebekka formuliert: «Mitte September fängt das Sterben wirklich an, vom Intellekt nicht mehr zu verarbeiten.»

In ihrer Erinnerung stellt sich die zweite Septemberhälfte dar als ein «Auf und Ab, ohne Zusammenhang, ohne Linie, ohne Fluss». Die Schmerzen nehmen zu und damit auch der Morphiumkonsum. Für sie erkennbare Symptome sind Zittern, Schwitzen, Unfähigkeit zu Konzentration, Phantasieren. Zweimal am selben Nachmittag machen Nierenschmerzen notfallartig Spitalbesuche zu Spülungen nötig – beim ersten fährt der Vater noch selbst seinen eigenen Citröen. Abends ist er oft eingeladen und geht aus. Auch gelingt es ihm in völliger Klarheit Bücherlegate auszusondern.

Die Zahl der Menschen, die mit ihm umgehen, wird kleiner – Fernerstehende werden über die Entwicklung nicht unterrichtet. Max Frisch holt ihn verschiedentlich zu Ausfahrten auf den Pfannenstiel ab. Die Auseinandersetzungen über Freitod werden fortgesetzt. Gerade an ihnen spürt der Kranke, dass seine Kraft zu argumentieren erlahmt. Dann ist er Anfang Oktober zwei Tage nicht auffindbar. Seine spätere Erklärung dafür lautet: «Jungen talentierten Maler aussuchen.» Zufällig trifft ihn ein Parteifreund in einer kleinen Anlage unweit der Wohnung wie schwer betrunken auf einer Bank und alarmiert die Tochter. Sie findet ihn dann verwirrt und phantasierend im Treppenhaus. «Komm, wir gehen in die Wohnung.» Zum ersten Mal folgt ihr der Vater. Von da an bleibt sie bei ihm.

Nachdem Peter Noll den Morphiumkonsum bis zur Überdosis gesteigert hatte, verzichtete er ganz darauf. Er schämte sich der Verwirrung, in die er, wie

Rebekka ihm erzählte, geraten war. Was ihn dazu getrieben hatte, war wohl die Angst vor dem Spital, aber auch davor, irgendwo auf der Strasse zu verenden oder jemandem zur Last zu fallen. Er blieb trotz Schmerzen um andere besorgt.

Wenige Freunde kommen oft – Max Frisch täglich. Bei gemeinsamen Mahlzeiten spricht er selbst nicht mehr viel und hat Mühe zu essen. Mitte der letzten Woche wünscht er sich ein gemeinsames Hummer-und-Champagner-Frühstück mit Rebekka. Dazu Musik. Auf dem Plattenspieler liegt ein Teil von Bachs h-moll-Messe. Peter Noll hebt die Hand: es ist aus dem Credo der Übergang vom «Sepultus est» zum «Et resurrexit» – die Musik, die er sich für die Abdankungsfeier im Grossmünster gewünscht hat.

Am Donnerstagabend liegt er nach Besuch erschöpft im Bett. In der Nacht packt ihn eine sich aufbäumende Verzweiflung – körperlich, seelisch, intellektuell. Er greift nach Akten vom Obergericht, nach Rebekkas Zeitungsartikeln über Polen, nach der Motorfahrzeugseite der Zeitung. Aber nichts geht. Das Zimmer wird zum Verlies. «Warum nimmt mich niemand raus?» Im Lampenlicht erscheint ein Vogel auf dem Regal als Buddha, als grosser Affe, Teufel, Gott. «Der holt mich jetzt ... Und wenn nun nichts wäre?» Rebekka tröstet mit ihrer körperlichen Nähe und erzählt unaufhörlich ihren Glauben mit den Parabeln von Jesus. «Wenn sogar der Sohn Gottes fragen muss: ‹Gott, warum hast du mich verlassen?›, dann heisst das, dass wir alle das durchmachen müssen. Dann war er ganz ruhig und konnte mit dem Glauben gehen. Als er gegangen war, da hatte ich den Glauben nicht mehr – er muss ganz langsam wieder nachwachsen.»

Nach dieser «Horrornacht» (so Rebekka) herrscht am Freitag eine grosse Ruhe, eine Ergebenheit, die Würde ausstrahlt. Am Morgen kommt Max Frisch zum Abschied vor seiner Amerikareise. «Du weisst, ich habe dich gern.» Darauf Peter Noll: «Ich danke dir für diese Zeit.» Im Laufe des Tages treffen Familienangehörige und nächste Freunde ein. Sie bleiben die ganze Nacht. Am Nachmittag geht das Sprechen in ein sprachähnliches Stöhnen über. Am Samstag früh um vier Uhr, nach vielen tiefen Atemzügen, bleibt das Herz stehen.

Rebekka bezeichnet diesen Tod als schwer, schmerzlich – schmerzlos, hoffnungspendend. «Der liebe Gott kann einen Menschen doch nicht so leiden lassen! Doch! Der liebe Gott lässt den Menschen so leiden – genau so!»

# TOTENREDE VON MAX FRISCH

Unser Freundeskreis unter den Toten wird grösser.

Im Dezember letzten Jahres, nachdem Peter Noll auf die alltägliche Frage am Telefon Wie geht's Dir? zuerst mit halbem Lachen gesagt hat: Vorderhand noch gut, dann trocken: Ich habe Krebs – haben wir uns im Zunfthaus zur Zimmerleuten getroffen, also nicht weit von hier. Er weiss es seit drei Tagen, und ich finde ihn völlig gefasst und bei Kräften, einen Mann, der noch gerne lebt. Aber der medizinische Befund ist klar und hoffnungslos. Ein halbes Jahr, ein Vierteljahr, höchstens ein Jahr. Er weiss genau Bescheid, was seinen Krebs betrifft, und er lehnt die Operation ab, das ist ebenso klar. Seine Entscheidung. Er will nicht sterben als entmündigtes Objekt der Medizin. Wie also stirbt man? Wir reden auch über Freitod (technisch) und über Sterbehilfe (juristisch) und während des Essens auch über anderes, was wir sonst besprochen hätten, und beide empfinden das nicht als Ausflucht. Es gibt keine Ausflucht. Warum soll man nicht auch lachen. Seine sokratische Ruhe lässt alles zu, nur keine Trösterei. Während wir dann auf die Rechnung warten, entsteht eine Pause, und er kommt auf seine Bitte zurück; Du hast ja noch etwas Zeit, so sagt er zu seiner Bitte um eine Totenrede drüben im Grossmünster. Als endlich die Rechnung bezahlt ist und meine Bedenkfrist abgelaufen, gebe ich ihm das Versprechen –

Deswegen stehe ich heute vor Ihnen.

Als Person ohne Amt.

Was hat in der Kirche ein Agnostiker zu sagen?

Als er 90 war, sagte Ernst Bloch bei einem Frühstück im Freien, er sei nur noch neugierig auf das Sterben – er war damals nicht krank – Sterben als die Erfahrung, die er noch nicht gemacht habe und die nicht aus Büchern zu beziehen sei. Das war kein Symposion, sondern ein geselliges Frühstück; nicht alle am Tisch mussten es hören, als er hinzufügte: er könne sich nicht vorstellen, dass nach unserem Tod einfach nichts sei. – Andere sagen es anders:

Ich kann mir einfach das Nichts nicht vorstellen.

Peter Noll, Sohn aus einem Pfarrhaus und in protestantischem Denken geschult, eigenständig in seinem Denken und denklustig, dabei oft kühn in einer Weise, die ihn bei flüchtiger Bekanntschaft als zynisch erscheinen liess, hat mich nie bepredigt – und wir sind in seinen letzten neun Monaten oft zusammengekommen, sei es zuhause oder in Wirtschaften ... Der Wunsch, dass einer, der denken gelernt hat wie Peter, für uns andere aufschreibt, was er denkt und wie er diese Welt erfährt mit dem sicheren Wissen um seinen nahen Tod, auch wenn er noch Ski fährt in Laax, und dass wir von ihm erfahren, was er glaubt bis in die Schmerzen hinein oder nicht glaubt bis zur letzten Luzidität, bevor das Morphium nicht die Sensibilität ausschaltet, wohl aber die Sprache dafür – dieser mein Wunsch, nicht ohne Scheu vorgebracht, machte ihn einen Augenblick lang verlegen: nämlich ein solches Log-Buch hatte er bereits begonnen. Und dieses Log-Buch ist gross geworden; es liegt vor.

Drei Abende am Nil –

(Das war um Ostern.)

Seine Ufer sind grün, soweit sie flach sind, so dass der Nil sie mit seinem Schlamm befruchten kann; wo aber das Gelände sich hebt, sofort beginnt die Wüste.

Die vollkommene Wüste. Gegenüber das kahle Gebirge, tagsüber knochenbleich, in der Dämmerung lila, der Himmel darüber violett, nachdem die grosse Sonne untergegangen ist, zwei oder drei Segel auf dem Strom, der jetzt heller erscheint als der Himmel, im Augenblick ein stilles Strömen ohne Glitzern –

Wir haben besichtigt:

Das Tal der Könige:

ihre Gräber alle ausgeraubt –

Ramses als Mensch-Gott:

seine Mumie verzollt als getrockneter Fisch –

Was glaubten die alten Ägypter?

Sie glaubten ungenau, meint Peter.

Wozu die Mumie?

Wir sitzen auf unserem Balkon, die baren Füsse auf der Brüstung, und trinken einen Whisky und reden über die modischen Bestseller-Thesen: Licht-Effekte beim Sterben usw. als Garantie für ein Leben nach dem Tod –

Lieber spricht er zu Sokrates.

Und wieder zu Jesus ...

Die Fahrt nach Edfu war zuviel: sein physischer Zusammenbruch am vierten Tag, die lange Nacht hinter Jalousien, draussen die Hitze und der Nil schwarz, das Gebirge gegenüber wie leichte Asche und ferner als es in Wirklichkeit ist. Und ein Tag hinter Jalousien, ein langer Tag; manchmal will Peter wissen, was ich mache. Und ich weiss es auch nicht. Draussen die Sonne und der glitzernde Strom, Palmen vor der Wüste, Getrappel von Hufen, dazwischen Hupen, ein arabischer Gärtner wässert wieder den Rasen vor dem Hotel. Und dann die zweite Nacht; wieder das Wiehern dieses Esels. Wenn er auf dem Bettrand sitzt, nackt: was denkt Peter? Seine Augen sehr klein: was sieht er? Wenn er von der Toilette kommt: Wenig, sagt er, hauptsächlich Blut. Und anderntags, als wir zum Flughafen von Luxor fahren, auf der holprigen Strasse vor uns der arabische Leichenzug, den Peter (wie ich später erfahre) nicht wahrgenommen hat; dann die schweizerische Rettungsflugwacht in der glühenden Wüste. Wir fliegen (Peter mit einer Infusion im Arm) über das Tal der Könige, später über Kreta, dann über Mykene vermutlich, aber es ist Nacht. Ich zwinge mich, nicht wegzuschauen; das Ergebnis, ein Beutel voll Urin-Blut, ist verschwunden, die Farbe bleibt noch eine halbe Stunde lang über dem Horizont gegen Westen.

Woran er sich erinnert hat:

er sei bereit gewesen zum Sterben und eigentlich einverstanden, so sagt er später, ganz und gar einverstanden.

Seine Beschäftigung mit Jesus, den er immer anders gesehen hat, als Kirche-Staat-Gesellschaft ihn überliefern: Jesus und das Gesetz, Jesus und der Ungehorsam. Ich lese:

– Man würde heute Jesus wahrscheinlich nicht nur das Gesetzwidrige, sondern auch das Unchristliche seiner Verhaltensweise vorwerfen. Denn inzwischen (das heisst: seit das Christentum staatlich anerkannt ist) ist es ja christlich geworden, der Obrigkeit unter fast allen Umständen zu gehorchen.

Ferner:

– Das Gegenteil, das Jesus beispielhaft setzte, lässt sich nur setzen in der Anerkennung der Rebellion zur Freiheit und in der sehr gewagten Berufung auf Gottes Freiheitsgebot. Wer sich unter dieses Freiheitsgebot stellt, wird keine Ruhe haben; er wird immer Aussenseiter sein, aber er wird eine Gelassenheit und Distanz erreichen, die es ihm ermöglichen, gegenüber allen andern Mächten, gegenüber ihren Drohungen und Verlockungen immun zu sein.

So heisst es in einer Laien-Predigt, die Peter Noll, Professor für Strafrecht, gehalten hat am 1. Dezember 1978 in der Predigerkirche zu Zürich.

Unsere Freundschaft war nicht zuletzt eine politische.

Wie wir die Spiegelgasse hinaufgehen: langsam wie zwei alte Männer. Er aber ist kein alter Mann. Das gibt ein anderes Verhältnis zum Tod – auch wenn wir etwas gemeinsam haben: einen Kalender auf Jahre hinaus machen beide nicht mehr. Er habe nichts im Haus, nein, auch nicht Käse oder so, deswegen gehen wir aus. Langsam braucht er jetzt Morphium, so höre ich, aber wir reden über anderes, Israel zum Beispiel. Was er zu sagen hat, ist von den Gedanken her scharf und klar, aber er spricht langsamer. Seine Augen liegen tiefer im Gesicht, so kommt es mir vor, und auch wenn er Anteil nimmt, manchmal kommt sein Blick plötzlich von weither. Und wieder Atemnot; dann raucht er trotzdem eine Zigarette, wenn auch nur kurz. Der Tod ist nicht einfach der Schluss (was eine Art von Trost wäre) und hat nichts zu tun mit dem Alter, das ihm erspart bleibt: Alter als die Erfahrung unsres langwierigen Schwundes – sondern der Tod ist von Anbeginn und ohne Ende.

Peter Noll –

das natürliche und naive Bedürfnis, einen Toten nochmals anzusprechen. Was aber im Ernst nicht möglich ist. Freitag morgens um zehn Uhr, bevor ich zum Flughafen fahre, die kurze Umarmung, wobei er sitzen bleibt und beide wissen: vielleicht sehen wir uns nochmals, wahrscheinlich nicht. Du weisch, sage ich, dass ich Dich gern han; er sagt: ich dank Dir für die Zyt. Als ich die Wohnung verlasse, ist er nicht allein. Er stirbt Stunden nach Mitternacht, und dort, wo die Nachricht mich einholt, ist es noch nicht Mitternacht ...

Peter ist bestattet.

Wir sind zum Gedenken versammelt.

Sein Leib ist bestattet.

Einmal im Tessin, als wir abends in der kleinen Loggia sitzen mit Wein und Wetterleuchten, es ist schwül und regnet nicht, plötzlich ein Geruch von Verwesung, mein Grundstück grenzt an den Friedhof, aber der Geruch kommt aus dem Wald herauf, kein Wunder, da ich gestern das verdorbene Fleisch aus der Kühltruhe, die bei Gewitter manchmal streikt, in den Wald hinuntergeworfen habe – und plötzlich lacht er, da wir ja, schweigend, im Augenblick genau dasselbe denken, und aus seinen sehr hellen Augen trifft uns der Blick eines Befreiten, der zu wissen wagt, was er weiss, und uns ein Gleiches zutraut.

Wir sind zur Trauer versammelt.

Einen Verstorbenen öffentlich zu loben und öffentlich zu versichern, dass man ihn vermissen werde, ist der übliche Ausdruck unsrer redlichen Trauer in Ahnungslosigkeit, was Tod ist. Kein Antlitz in einem Sarg hat mir je gezeigt, dass der Eben-Verstorbene uns vermisst. Das Gegenteil davon ist überdeutlich. Wie also kann ich sagen, immer grösser werde mein Freundeskreis unter den Toten? Der Verstorbene überlässt mich der Erinnerung an meine Erlebnisse mit ihm ... drei Abende am Nil, ja, oder dieses letzte Mittagessen auf dem herbstlichen Pfannenstiel ... Er hingegen, der Verstorbene, hat inzwischen eine Erfahrung, die mir erst noch bevorsteht und die sich nicht vermitteln lässt – es geschehe denn durch eine Offenbarung im Glauben.

# Jericho

## PERSONEN

GOTT, zugleich Autor des Stückes
JOBAB, König von Jericho
DIE EXKÖNIGE: SIHON VON HESBON
HOHAM VON HEBRON
OG VON BASAN
JAPHIA VON LACHIS
DEBIR VON EGLON
URI VON UR MIT
26 Gattinnen: URIA, URIBE, URICE, URIDE USW.
OBERHOFMEISTER
UNTERHOFMEISTER
MUSEUMSDIREKTOR
RAHAB, die Hure von Jericho
ZOA, ihre Betreuerin
KABU, Polizeipräsident von Jericho
KURUK, Rahabs Diener
KERIM, ein Notar
JOSUA, der Führer der Juden
GABRIEL, Josuas Neffe, vielleicht auch ein Engel
KALEB, Josuas Schreiber
ESAU, Hauptmann der Juden
SAPHAT, ein alter Jude
Priester
Posaunisten
Musiker
Boten
Wachen
Soldaten
Maurer
Frauen
Kinder

Der Autor spricht:

Die Geschichte vom Fall Jerichos, wie sie im Buch Josua erzählt wird, ist in mehrfacher Hinsicht bedenkenswert. Bekanntlich haben die Juden Jericho dadurch eingenommen, dass sieben Priester sieben Tage lang mit Posaunen um die Stadt gingen. Am siebten Tage stürzten die Mauern ein. Zuvor aber hatte Josua zwei Kundschafter nach Jericho ausgeschickt. Diese wurden von der Hure Rahab aufgenommen und verborgen. Als sie zurückkehrten, berichteten sie Josua: «Der Herr hat uns alles Land in unsere Hände gegeben; so sind auch alle Einwohner des Landes feig vor uns.»

Dieser Bericht ist höchst verwunderlich. Wozu musste Josua Kundschafter aussenden, da doch die Stadt infolge des Einsturzes der Mauern in die Hände der Juden fallen musste? Was gab es in Jericho überhaupt zu erkunden? Darüber gibt die Meldung der Kundschafter aufschlussreiche Auskunft: Die Einwohner von Jericho waren feige geworden. Offenbar besteht eine enge Verbindung zwischen der Furcht der Jerichoner und dem Einsturz der Mauern, eine Verbindung, die freilich im Zwielicht bleibt. Aus den Spannungen dieser Widersprüche ergibt sich wie von selber die Handlung des Dramas.

## DER ERSTE TAG

*Schon bevor der Vorhang sich hebt, beginnt die eintönige Melodie der jüdischen Posaunen. Sie dauert, manchmal stärker, manchmal schwächer, ununterbrochen bis zum siebenten Tag an.*

*Eine Säulenhalle im Königspalast von Jericho. Sie wird als Durchgangs- und Aufenthaltsraum benutzt. Im Vordergrund links befindet sich eine Nische mit Bänken und einem Tisch, eine Art Sitzecke. Über den Bänken hängen, an Haken wie in einer Garderobe, fünf Kronen und Szepter. Der übrige Raum auf der Bühne ist mit den verschiedensten Gegenständen – Statuen, Vasen, alten Waffen und Rüstungen, Folterwerkzeugen, Bildern, Teppichen, Fahnen, ausgestopften Tieren, grossen Versteinerungen und Kristallen, Knochen und Skeletten – verstellt, so dass der Eindruck entsteht, man befinde sich im Keller eines Museums.*

*Der Oberhofmeister und der Unterhofmeister treten auf.*

OBERHOFMEISTER
Also der König sagt, sie sollen mit Majestät angeredet werden.

UNTERHOFMEISTER *notiert sich alle Anweisungen auf eine Tontafel*
Auch in Gegenwart unserer Majestät, Herr Oberhofmeister?

OBERHOFMEISTER
Auch dann. Der Titel ist schliesslich das Letzte, was ihnen geblieben ist, und Exilkönige sind ja so empfindlich. Vor allem keine Anspielungen auf die verlorenen Kriege.

UNTERHOFMEISTER *notiert*
Und die Verpflegung?

OBERHOFMEISTER
Die Musik ist wieder lauter geworden, oder täusche ich mich?

UNTERHOFMEISTER
Die Lautstärke scheint tatsächlich etwas zugenommen zu haben.

OBERHOFMEISTER
Weiss der Himmel, was das zu bedeuten hat.

UNTERHOFMEISTER
Welche Weisungen soll ich dem Koch geben?

OBERHOFMEISTER
Die Majestäten sind Gäste Ihrer Majestät. Sie bekommen, was an der königlichen Tafel gereicht wird. Aber keine Sonderwünsche. Das ist natürlich vorbei.

UNTERHOFMEISTER
Der König Debir von Eglon hat aber einen leidenden Magen. Er kann unser Fett und unsere Gewürze nicht vertragen, sagt er.

OBERHOFMEISTER
Ist das der Dicke? Er soll weniger essen. *Unterhofmeister notiert.*

Im übrigen gelten die Bestimmungen des Asylrechts. Also keine politische und diplomatische Aktivität, keine Ausübung königlicher Prärogativen, vor allem nichts, was denen da draussen zum Vorwand eines Angriffes dienen könnte. Majestät legt grösstes Gewicht auf die Feststellung, dass wir uns nicht im Kriegszustand mit ihnen befinden.

UNTERHOFMEISTER

Sonstige Beschränkungen?

OBERHOFMEISTER

Ich wiederhole: die Exilkönige sind Gäste, keine Gefangene. Sie dürfen sich in der Stadt frei bewegen. Während des Ausgangs bleiben Kronen und Szepter hier. *Er weist auf die an den Haken hängenden Kronen und Szepter.*

UNTERHOFMEISTER *notiert*

Jawohl, Herr Oberhofmeister. Übrigens sind die neuen Ankäufe angekommen. Sollen sie wieder hierhergebracht werden?

OBERHOFMEISTER

Soweit Platz ist und möglichst geordnet. Die Statuen zu den Statuen, die Tiere zu den Tieren, die Vögel zu den Vögeln. Nichts darf verlorengehen. Überwachen Sie den Transport. Majestät wird in wenigen Augenblicken den Museumsdirektor empfangen. Beeilen wir uns.

*Beide ab. In der folgenden Szene werden von Bühnenarbeitern dauernd Gegenstände der oben beschriebenen Art hereingetragen, wodurch die Bühne allmählich ganz aufgefüllt wird.*
*Die Exkönige Sihon von Hesbon, Hoham von Hebron, Og von Basan, Japhia von Lachis und Debir von Eglon treten auf. Sie sind – nach damaligen Begriffen – sportlich gekleidet und tragen altertümliche, kurios geformte und verzierte Golfschläger, wie man sie kürzlich bei den Ausgrabungen in Jericho gefunden hat. Jeder nimmt seine an der Wand hängende Krone und setzt sie sich auf.*

JAPHIA VON LACHIS

Als wir noch an der Macht waren, spielten wir Golf, und jetzt spielen wir auch Golf. Eigentlich hat sich nicht viel geändert.

SIHON VON HESBON

Hauptsache ist die Gesundheit.
*Alle lachen, ausser Og von Basan, einem verdriesslichen alten Mann, und Debir von Eglon, einem weinerlichen Dicken, verfallen dann aber sofort wieder in ihre andauernde depressive Grundstimmung.*

OG VON BASAN

Japhia von Lachis macht wieder seine Spässchen.

DEBIR VON EGLON *isst Datteln*

Wie König Jobab von Jericho, der sich über uns lustig macht, weil wir unsere Königreiche verloren haben.

OG VON BASAN

Verloren? Nichts ist verloren. *Er klopft auf den Tisch.* Die Gebiete gehören nach wie vor uns. Unsere Gebiete können uns nur genommen werden, wenn wir einen Friedensvertrag schliessen.

JAPHIA *ironisch*

Und wir schliessen einfach keinen Vertrag und behalten unsere Gebiete, so einfach ist das.

OG

Völkerrechtlich bin ich nach wie vor Herr über mein Land und mein Volk.

JAPHIA

Und wo ist das Volk, Og von Basan?

OG

Wir haben gekämpft bis zum letzten Mann.

JAPHIA

Und der sind Sie.

OG

Ich sagte immer: Basan muss leben, und wenn wir sterben müssen. Ich bin hier, um den unverletzlichen Anspruch auf Basan aufrechtzuerhalten, das der Feind widerrechtlich besetzt hat, genau wie Ihr Reich, Japhia von Lachis.

HOHAM VON HEBRON

Kein Streit, meine Herren! Wie sollen wir den König von Jericho zu einer entschlosseneren Politik bringen, wenn wir nicht einmal unter uns einig sind? Vergessen wir unsere früheren Händel – Ihren Angriff auf Hebron vor fünf Jahren, Sihon von Hesbon, verzeihe ich Ihnen –

SIHON

Angriff? Aber ich bitte Sie! Meine Karawanen wurden auf Ihrem Gebiet ausgeplündert.

HOHAM

Besteuert.

SIHON

Eine seltsame Art der Besteuerung. Ich muss lachen. *Er lacht nicht.*

DEBIR *kauend*

Was soll denn das *jetzt* noch? Wir sitzen alle im selben Boot.

JAPHIA

Aber das Boot ist leck.

OG

Was soll das heissen?

JAPHIA

Ich fürchte, dies ist nicht unsere letzte Station. Zuerst floh Sihon von Hesbon zu Og von Basan, dann flohen Sihon und Og zu Hoham von Hebron, dann Sihon, Og und Hoham zu mir nach Lachis, schliesslich wir alle zu Debir von Eglon, und als der Feind auch Eglon nahm, sind wir nach Jericho gekommen. Das sieht ganz nach Fortsetzung aus, nicht wahr?

DEBIR

Und wohin fliehen wir, wenn auch Jericho genommen wird?

JAPHIA

Zu Jabin von Hazor.

DEBIR *kauend*

Und mit uns der König von Jericho. Dann soll er sehen, was es heisst, als Exkönig Asyl zu geniessen, und fremde Kost – *er hält sich den Bauch.*

OG

Unsinn. Jericho ist uneinnehmbar. Es wurde in den letzten hundert Jahren mindestens zwanzigmal belagert, umsonst. Ich selber habe es vor zehn Jahren versucht. Die siebenfachen Mauern – unmöglich.

JAPHIA

Wie wär's mit einem kleinen Verrat (wie bei Ihnen), Og von Basan?

OG

Sie meinen die als Händler und Hirten verkleideten Juden? Mit ihnen sind wir fertig geworden, König Japhia, Sie können sich den Spott sparen.

JAPHIA

Und der übergelaufene General?

OG

War ein Schwein.

JAPHIA

Was sich zu spät herausstellte.

OG

Leider. Aber die Juden haben ihn nachher trotzdem gehängt, so anständig waren sie immerhin.

DEBIR *kauend*

Jeden ereilt sein Tod.

OG

Weniger essen, Debir.

DEBIR *deprimiert*

Ich ziehe den Tod an Magengeschwüren dem Hungertod vor.

SIHON

Sie haben den Tod auf dem Schlachtfeld vergessen.

DEBIR

Wir flohen, weil wir der Ansicht sind, dass das Leben mehr wert ist als die Ehre. Sind nicht auch Sie hier, Sihon von Hesbon?

SIHON

Wir haben erst aufgegeben, als die Lage hoffnungslos war.

HOHAM

Wir sollten endlich aufhören, uns gegenseitig vorzuwerfen, dass wir noch am Leben sind.

*Pause. Allgemein depressive Stimmung. Debir putzt seine Krone. Alle anderen, ausser Og von Basan, folgen seinem Beispiel.*

Sihon

Nur eine kluge Bündnispolitik hätte uns retten können –

Japhia

Sehr richtig.

Sihon

Eine kluge Politik, das habe ich immer gesagt, ersetzt ganze Armeen.

Japhia *ironisch*

Wir alle haben Fehler gemacht, die einen politische, die anderen strategische, oder beides zusammen. Wir sind zwar geschlagen, aber wir haben dabei sehr viel gelernt.

Debir *kauend, weinerlich*

Zu spät, alles zu spät.

Hoham

Der König von Jericho könnte sich unsere Erfahrungen zunutze machen.

Sihon

Seit wir hier sind, warnen wir ihn vor den anrückenden Juden. Und was tut er?

Debir

Beschäftigt sich mit Kunst. Mitten im Krieg: Kunst.

Sihon

Mit ausgestopften Tieren.

Hoham

Mit alten Waffen statt mit neuen, mit Museen statt Armeen.

Og

Und macht seine hämischen Bemerkungen. Als ich ihm sagte: Hören Sie auf die Erfahrungen des Alters, greifen Sie an – sagt er: Sie könnten mein Vater sein, gegen den Sie erfolglos gekämpft haben – das wirft er mir heute noch vor –, sogar mein Grossvater. Aber soviel Weisheit, wie Ihrem Alter entspräche, ist dem Menschen nicht beschieden, und so gestatten Sie mir denn, meine eigenen Erfahrungen zu machen, auch als König. Sagt er zu mir.

Japhia

So ist das mit den Erfahrungen: die eigenen kommen zu spät, und mit den fremden kann man nichts anfangen.

Og

Wieder sehr witzig, König Japhia.

*Die Bühnenarbeiter schieben einen alten königlichen Kriegswagen auf die Bühne. Auf diesem sitzt Jobab, König von Jericho, pompös gekleidet; er trägt statt einer Krone einen Lorbeerkranz. Er ist ein Mann von etwa 35 Jahren, mit leicht theatralischen, aber selten geschmacklosen Gebärden, mit einem historisierenden und ästhetisierenden Weltbild und Habitus, die seiner Bildung und der Tradition von Jericho entsprechen. Neben dem Kriegswagen geht der Museumsdirektor.*

DIE EXILKÖNIGE *lüften ihre Kronen zum Gruss*
Majestät!

JOBAB
Aber ich bitte Sie. Unter uns können wir doch die Titel weglassen. *zum Museumsdirektor* Sie haben sehr gut eingekauft, mein lieber Museumsdirektor. Ich ernenne Sie zu meinem Oberhofkonservator. *zu den Königen* Ist er nicht wie ein herrliches Gedicht, dieser Kriegswagen?

MUSEUMSDIREKTOR
Frühbabylonisch. Wahrscheinlich noch von Hammurabi I. selber gefahren.

JOBAB
Wie haben Sie das Stück bloss aufgetrieben?

MUSEUMSDIREKTOR
Von den Juden. Eingetauscht gegen einen Rammbock.

OG
Um Himmels willen!

HOHAM
Ausgerechnet ein Rammbock!

JOBAB
Und da meinen einige, wir ständen im Krieg mit ihnen. Woher hatten ihn die Juden?

OG
Von mir erbeutet.

JOBAB
Und Sie, wie kamen Sie dazu?

HOHAM
Von mir erbeutet. Mein Vater hatte ihn aus seinem letzten Kriege mit Jabin von Hazor mitgebracht.

JOBAB
Ein überaus historischer Wagen, wie Sie sehen. Auf ihm fährt die Geschichte selbst daher. Wer Geschichte macht, braucht geschichtliches Bewusstsein.

MUSEUMSDIREKTOR
Es wird immer schwerer, die Gegenstände unterzubringen, Majestät. Das historische Museum, das wir im Baaltempel gegen den Widerstand der Priester eingerichtet haben, ist bis zum Dach gefüllt.

*Jobab steigt vom Wagen und geht zwischen den übrigen Gegenständen umher.*

JOBAB
Die Tiere ins Naturkundemuseum.

MUSEUMSDIREKTOR
Auch schon voll.

JOBAB
Anbauen. Ein Stück des Botanischen Gartens muss wegfallen.

Schade. Aber wenn's nicht anders geht. *Er bleibt vor dem ausgestopften Klippdachs stehen.* Ah! Ein Klippdachs! Sehr schön! Er bleibt noch eine Weile hier, um mein Auge zu erfreuen. Die Statuen, die Bilder und das übrige ins Kunstmuseum.

MUSEUMSDIREKTOR

Wir haben keinen Platz mehr, Majestät.

JOBAB

In den Keller damit, bis der Erweiterungsbau fertig ist. Bleiben die Waffen und der Kriegswagen. – Wie wäre es, wenn wir ein Kriegsmuseum gründeten?

HOHAM

Ein Kriegsmuseum!

OG

Unglaublich!

MUSEUMSDIREKTOR

Ein Kriegsmuseum würde sich angesichts der historischen Bedeutung der Kriegskunst zweifellos rechtfertigen. Aber wo soll es stehen?

JOBAB

Im Tempel des Kriegsgottes natürlich.

OG

Das ist Blasphemie!

MUSEUMSDIREKTOR

Ich weiss nicht, wie die Bevölkerung das im jetzigen Zeitpunkt aufnehmen wird.

JOBAB

Das ist meine Sorge. Lassen Sie die Dinge abtransportieren. *Museumsdirektor geht. Die Dinge werden im weiteren Verlauf der Szene weggetragen.* Nun zu Ihnen, meine lieben Exkönige. Für euch werde ich immer Platz haben.

OG *sich aufraffend*

König Jobab! Kunst ist Kunst, und Krieg ist Krieg. Verlorene Kriege: untergegangene Kultur. Ich kenne das, habe selber Kulturen untergehen sehen, untergehen lassen.

JOBAB

Ich kenne eure Vorschläge, liebe Exkönige: Angreifen, Zuvorkommen, Überrumpeln, Vernichten. Nicht sehr originell und nicht der Stil von Jericho. Bei den Juden ist das anders. Musik, das ist neu. Vielleicht haben sie euch deshalb geschlagen. Aber wir können doch nicht aus musikalischen Gründen Krieg führen. – Dieser Krieg, wenn es einer ist, scheint anders zu sein als alle anderen, interessanter, schwieriger, würdig der allersorgfältigsten Reflexion. Ganz anders als der letzte, als Sie uns vor zehn Jahren angriffen, Og von Basan.

OG

Es ist keine Zeit, alte Rechnungen aufzumachen. Wir haben seither einen gemeinsamen Feind bekommen.

Jobab

Da Sie ja unterlagen, mein Lieber, sind auf unserer Seite keine Rankünen zurückgeblieben. Ihr Angriff, Og, war geistlos, Sie entschuldigen, war, wie man sich Angriffe eben vorstellt, konventionell, und es genügte, konventionell darauf zu reagieren. Die Juden dagegen stimmen nachdenklich, dafür bin ich ihnen dankbar. Ihre aussichtslose Ausgangsposition regt sie zu ungeheuer bedenkenswerten Aktionen an: mit Posaunen um eine absolut uneinnehmbare Stadt zu gehen, vielleicht weil die Soldaten total ermattet, nicht mehr einsatzfähig sind ...

Og

Glauben Sie das nicht!

Hoham

Genau diesen Irrtum wollen sie bei Ihnen hervorrufen. Und plötzlich ist die Stadt genommen, geht unter, mitsamt ihrer Kultur.

Jobab

Das ist nach historischer Erfahrung ganz undenkbar. Der Untergang alter Städte vollzieht sich wie der Untergang alter Familien, unmerklich; auch der Tod verliert seine Jugendfrische. Die Häuser werden billiger, das Theater wird provinziell, ohne dass die Zuschauer es merken. Die Geschäfte verlegen ihren Hauptsitz an andere Orte, berühmte Kunstwerke werden nach auswärts verkauft. Langsam wird alles unbedeutend. Die Kinder ziehen in andere Städte, die alten Leute sterben. So geht eine Stadt unter, ganz allmählich.

*Der Oberhofmeister tritt aufgeregt auf.*

Oberhofmeister

Ur ist gefallen, Majestät! Der König Uri von Ur bittet um Asyl, mitsamt seinen 26 Gattinnen.

Jobab

Entsetzlich, aber stilvoll. Schade um Ur, aber Uri hier zu haben, den Erfinder des Alphabets, den Freund der Dichter und Frauen, kann nur zum weiteren Ruhme Jerichos beitragen, auch wenn seine Erfindung von eher zweifelhaftem Wert ist. Ich fürchte, sie wird eine Sucht hervorrufen, vieles aufzuschreiben, was besser vergessen würde.

Oberhofmeister

Uri will Majestät sein Bittgesuch unterbreiten.

Jobab *zu den Exilkönigen*

Sie sehen, die Amtsgeschäfte rufen mich.

Og

Sie gestatten uns, dass wir uns der Peinlichkeit des folgenden Auftrittes entziehen.

Jobab

Gewiss. *Die Exilkönige und der Museumsdirektor treten ab.*

Jobab *zum Oberhofmeister*

Ich lasse bitten.

*Man hört Weibergeschrei. Uri tritt mit seinen 26 Gemahlinnen – Uria, Uribe, Urice ... bis Urizet – ein und wirft sich auf die Knie. Jede Gemahlin trägt auf ihrem Kleid einen grossen Buchstaben: A, B, C ... bis Z. Es bleibt dem Regisseur überlassen, in der folgenden Szene, um Schauspielerinnen zu sparen, nur drei oder vier von den Gemahlinnen als Sprecherinnen auftreten zu lassen.*

URIA
Du brauchst dich nicht niederzuwerfen!
URIBE
Das hast du nicht nötig.
URI
Es ist – *er kommt nicht zu Wort.*
URICE
Du sollst nicht in die Knie gehen!
URIEF
Damit machst du überhaupt keinen Eindruck!
URI
Es ist für einen König –
*er kommt wieder nicht zu Wort.*
URICE
Du hättest lieber rüsten sollen als Buchstaben erfinden.
URIA
So ein Unsinn!
URIHA
Wir haben dir immer gesagt: Aufrüsten.
URIKA
Aber du wolltest nicht hören.
URII
Weil du Offiziere nicht ausstehen kannst und immer gesagt hast –
URIKA
Wir herrschen durch Geist! So ein Quatsch!
URIJOT
Du wärst froh gewesen, Offiziere zu haben ...
URIKA
Als die Juden kamen.
URI
Es ist für einen König ausserordentlich peinlich – *er kommt wieder nicht zu Wort.*
URIEL
Der Heuchler!
URIEM
Und immer noch auf den Knien!
URIEN
Steh endlich auf!
URIO
Sei ein Mann! *Uri steht auf.*

Uripe

Weisst du nicht mehr, was wir dir gesagt haben?

Uri

Majestät – *sie lassen ihn wieder nicht reden.*

Urique

Ich bereue mein Jawort.

Urier

Ich auch.

Uries

Und ich erst! Lieber einen aus dem jüdischen Wüstenvolk.

Uri *brüllt*

So lasst mich doch endlich reden! *Er sackt sofort wieder zusammen.*

Urite

Ich glaube, er ist verrückt geworden.

Uriu

Brüllt plötzlich wie ein Stier.

Urivau

Und glaubt, damit Eindruck zu machen!

Uriwe

So ein Eunuch!

Uri

Was soll ich denn sagen?

Urix

Das hättest du dir vorher überlegen sollen.

Uriy

Sag, dass wir dich nicht ausstehen können.

Urizet

Dass du ein armseliger Tropf bist.

Uria

Dass es schade ist, dass die Juden dich nicht erwischt haben.

Uribe

Hätten wir dich nicht aus dem brennenden Ur herausgeschlagen –

Urice

Herausgelistet –

Uride

Mit den jüdischen Wachtposten schön getan –

Urie

So wärst du jetzt tot.

Urief

Wie deine Buchstaben.

Jobab

Ruhe! Meine Damen, wir kommen an kein Ende, wenn alle gleichzeitig reden. Wer ist eure Wortführerin?

Uria

Ich!

URIBE
Seit wann denn das?
URIA
Ich stehe zuvorderst im Alphabet.
URICE
Aber ich bin die Älteste!
URIA
Mich hat er zuerst geheiratet!
URIDE
Ich schlief schon vorher mit ihm.
URIE
Ich noch früher.
URIZET
Ich bin die Schönste!
URIA
Du freches Ding!
*Alles schreit durcheinander. Sie geraten einander in die Haare.*
JOBAB *zu den Wachen*
Führt die Damen ins Freie. *zu Uri* Das haben Sie jetzt von Ihrer Erfindung, mein lieber Uri. Die Buchstaben fallen über Sie her und zerreissen Ihre Gedanken. *Die Gemahlinnen werden von den Wachen aus dem Saal gedrängt. Jobab zu Uri* Ihr Bittgesuch. Ich höre.
URI *aufatmend*
Majestät! Es ist für einen König, gewohnt zu befehlen und von Gehorsam umgeben zu sein, peinlich, schmerzlich, ja tragisch, als Bittender die Freundschaft eines Königs und Volkes anzurufen, eine Freundschaft, die man nie unter Probe stellen zu müssen bisher das Glück hatte. Heute erscheint sie als letzte Rettung nicht unseres Lebens, an dem uns nichts mehr gelegen ist, seit uns die Erfindung des Alphabets, mit der wir der Geschichte die Sprache gegeben haben, eine Unsterblichkeit, frei von königlichen und ehelichen Verpflichtungen, eingebracht hat, als vielmehr des Titels und Rechts dieser Krone, des Rechts auf die herrliche Landschaft von Ur, untermauert von der bestimmten Hoffnung, bei gefestigten Verhältnissen bald wieder dahin zurückkehren zu können.
Wie Sie alle wissen, haben wir, bis wie ein Wirbelwind dieses heimat- und namenlose, ungebildete Wüstenvolk uns mit brutaler Waffengewalt aus den angeborenen Rechten vertrieb, mit dem Königreich Jericho in langer Tradition freundschaftliche und vor allem kulturelle Beziehungen gepflogen. Wir wollen nicht den alljährlich erneuerten Freundschafts- und Verteidigungspakt erwähnen, der leider nicht verhindern konnte, dass die Truppen Jerichos, durch die Not der Umstände und der eigenen Bedrohung gezwungen, uns nicht zu Hilfe eilen konnten, trotz des ehrlichen Willens, es zu tun; wir glauben vielmehr, dass die unverbrüchliche Freundschaft der Berufung auf Verträge

nicht bedarf. So bitten wir denn, uns und unsere Gemahlinnen in diesen unüberwindlichen Mauern Asyl zu gewähren.

JOBAB
Auch den Gemahlinnen?

URI
Wir sind mit ihnen legal verheiratet.

JOBAB
Ich heisse Sie in unseren Mauern willkommen, obwohl ich nach wie vor der Meinung bin, dass die Bilderschrift der Buchstabenschrift überlegen ist, weit überlegen, schneller, rationeller. Zwei gekreuzte Bogen, und ich habe einen Fisch. Und wieviele Buchstaben brauchen Sie?

URI
F, I, S, C, H. Fünf.

JOBAB
Von denen vermutlich jeder aus mindestens drei geraden oder krummen Strichen besteht. Und wieviele Buchstaben für eine Schlange?

URI
Acht.

JOBAB
Ich nur eine einzige gewellte Linie!

URI
Es gibt kompliziertere Tiere.

JOBAB
Nehmen wir den Elefanten. Wieviele Buchstaben?

URI *zählt an den Fingern nach*
Sieben, wenn ich ihn mit F, acht, wenn ich ihn mit PH schreibe.

JOBAB
Sehen Sie, mein Lieber. Ich brauche nur 4 Striche: Buckel, Rüssel, zwei Stosszähne.

URI
Und die Beine, die Haare, der Schwanz?

JOBAB
Sie selber beweisen mir die Richtigkeit meiner These: Die Buchstaben führen dazu, über der Beschreibung seiner Haare den Elefanten zu vergessen. Wir aber schärfen den Blick für das Wesentliche. Und verhindern so die Spätkultur. Ich bin sehr für Reformen; aber nur wenn der Fortschritt nichts zerstört. Alles, was da ist, ist wert, aufbewahrt zu werden. Wenn ich das eine annehme, das andere verwerfe: Wer sagt mir, dass die Wahl richtig war? Sie sammeln Weiber und Buchstaben. Ich sammle alles.

URI
Sie meinen, der ausgestopfte Klippdachs wird den wilden überleben?

JOBAB
Nur als ausgestopfter dringt er ins Bewusstsein, wenn er nämlich

nicht mehr Jagdobjekt ist. Verstehen Sie? Und nur wenn er ins Bewusstsein dringt, lebt er ewig. Wir müssen uns verewigen.

Uri

Darüber sind wir uns einig. Aber wetten wir: In 4000 Jahren werden die Menschen – dank meiner Buchstaben – das Wort Klippdachs noch kennen, ohne das Tier, wild oder ausgestopft, je sehen zu können.

Jobab

Wozu dann das Wort, mein Bester?

Uri

Vielleicht wird es Assoziationen wecken.

Jobab

Vielleicht. Aber wozu?

Uri

Sie wollen doch in die Geschichte eingehen? Als Mumie?

Jobab

Ich bin doch kein Barbar wie die ägyptischen Pharaonen!

Uri

Alles, was wir in die Ewigkeit retten können, sind unsere Namen und unsere Geschichte. Vielleicht werden sie sogar von den Nomaden da draussen, von den Juden überliefert, die in Ur meine Buchstaben gefunden haben. Das wäre ein komischer Nebeneffekt meiner Erfindung.

Jobab

Sehr komisch, in der Tat. *Beide ab*

## DER ZWEITE TAG

*Lager der Juden. Josuas Zelt. Josua und Kaleb, später der Hauptmann Esau, alle verlumpt, schäbig, abgerissen und ausgehungert.*

JOSUA

Lies mir, was du geschrieben hast, Kaleb.

KALEB

Ich habe geschrieben, was du mir gesagt hast, Josua. Es ist das sechste Kapitel deines Buches. Das zweite ist noch unvollständig, weil der Kundschafter Gabriel, den du nach Jericho geschickt hast, noch nicht zurück ist.

*Esau tritt auf.*

JOSUA

Was willst du, Esau? Murren sie wieder?

ESAU

Wir haben noch für sechs Tage Wasser und für fünf Tage Mehl, Josua.

JOSUA

Mit dem Fasttage, den ich für nächste Woche zur Feier des bevorstehenden Falles von Jericho einführe, wird auch das Mehl für sechs Tage reichen.

ESAU

Unser Kalender weist in letzter Zeit eine bedenkliche Zahl von Festen auf, die allesamt durch Fasten gefeiert werden. Es fällt immer schwerer, diesen Zusammenhang dem Volk Gottes begreiflich zu machen.

JOSUA

Gott straft uns, damit wir gut und böse unterscheiden lernen. Weil er es auserwählt hat, darum wird Gott dieses Volk nie in Ruhe lassen. Immer wird er mit ihm abrechnen, unablässig wird er es strafen für alle seine Sünden und dazu noch für die Sünden der anderen.

ESAU

Es ist eine harte Sache, das auserwählte Volk zu sein. Früher sandte der Herr auch hin und wieder ein Wunder.

JOSUA

Heute früh, Esau, als ich, um Hunger, Durst und Schlaf zu vergessen, auf den Hügel ging, von wo man ins gelobte Land sieht, vor welchem Jericho steht wie ein Riegel vor dem Morgengrauen, da erschien mir der Engel des Herrn und befahl mir, die Schuhe auszuziehen, weil der Boden heilig sei, auf dem ich stand. Das habe ich getan. Darauf verschwand er. Warum ist er mir erschienen? Wozu braucht Gott der Allmächtige, Allwissende und Allgegenwärtige, dessen Wort, sobald er es ausspricht, geschieht, wozu braucht er Diener und Zwischenträger, die unterwegs vielleicht vergessen, was er ihnen aufgetragen hat?

Mose hatte Wunder über Wunder. In seiner Umgebung schienen die Naturgesetze aufgehoben. Ein Busch stand im Feuer und verbrannte doch nicht. Aus einem Fels schlug er Wasser. Er hat euch die Götzen genommen und dafür die Wunder gegeben. Ich nehme euch auch noch die Wunder. Ich lasse euch nur das Gesetz. Du sollst nicht töten, du sollst nicht stehlen, du sollst nicht ehebrechen, du sollst keine anderen Götter haben neben mir – das ist klar, zwingend, einleuchtend. Da bleibt kein Raum für Wunder und willkürliche Abweichungen. Darum habe ich auch mit keiner eurer Schwächen Erbarmen, damit ihr nicht noch erbärmlicher werdet. Erst unter meiner Führung werdet ihr sehen, wie furchtbar es für euch ist, diesen Gott zu haben.

ESAU *verständnislos*

Es ist doch immer dasselbe, und das viele Strafen hilft auch nichts. Wir sind eben Sünder, mit einer heimlichen Neigung zu Götzenbildern. Die Gebote sind zu schwer. Es ist leicht, für jede Strafe eine Sünde zu finden. Die Erbsünde bleibt immer. Und so haben eben auch der Mannaregen aufgehört und die anderen Wunder.

JOSUA

Nein, nein, nein! Nicht wegen eurer Sünden – als hätte das Volk Israel je etwas anderes getan als gesündigt – hat der Mannaregen aufgehört, sondern weil er nicht mehr nötig ist.

ESAU *lacht unflätig*

Nicht mehr nötig! Das willst du uns weismachen. Du verkennst den Ernst der Situation oder treibst deinen Spott mit uns. Wenn das Manna je nötig war, dann jetzt. Sogar Kinder würden ohne Prügel das klebrige Zeug essen, so hungrig sind sie. Man hört die Mägen knurren, wenn man zwischen den Zelten durchgeht, ich übertreibe nicht. Und da sagst du: das Manna ist nicht mehr nötig! Und verfällst auf den gefährlichen Gedanken, dem Volk einzureden, wir würden binnen einer Frist von sechs Tagen Jericho erobern! Die Jerichoner schlagen den bisher einzigen Gegner, der militärisch wirklich auf der Höhe ist, binnen sechs Tagen! Dabei sind unsere Vorräte fast völlig erschöpft, unsere Truppen am Ende. Ein Wunder, dass sie noch nicht gemeutert haben!

JOSUA

Du sagst doch selbst, dass wir nur für sechs Tage Wasser und Brot haben.

ESAU

Brot für fünf Tage.

JOSUA

Wie konnte da Gott den Jerichonern eine längere Frist geben, wo wir unter einem so offensichtlichen Zeitmangel leiden?

ESAU

Und Nahrungsmangel.

JOSUA

Immer denkst du ans Essen.

Esau
Und Mangel an Wasser, an guten Waffen, Mangel an allem. Ich verstehe nicht, was du tust, Josua.

Josua
Das ist nicht nötig.

Esau
Aber ich muss deine Befehle ausführen und sie einem murrenden Volk erklären. Ich muss den Soldaten antworten, wenn sie mich drohend umringen und fragen: Wie will Josua Jericho nehmen? Mit tari-tara, tari-tara *ahmt die Melodie nach* den ganzen Tag? Wie um Gottes willen kann man mit Posaunen eine Stadt erobern?

Josua
Esau! Du sollst den Namen des Herrn, deines Gottes, nicht missbrauchen! Und dazu erhitzest du dich und erlaubst dir zu schwitzen, bei diesem Wassermangel. Regt dich denn die Musik auf?

Esau
Und wie!

Josua
Schön, sehr schön.

Esau
Die Musik?

Josua
Dass sie nervös macht.

Esau
Josua, es ist mein heiliger Ernst! Was soll diese Musik bedeuten? Wenn du mir nicht antwortest, lege ich den Befehl nieder.

Josua
Esau!

Esau
Mit Posaunen erobern wir doch die Stadt nicht, die Stadt mit den siebenfachen Mauern!

Josua
Erobern wir sie denn mit unseren Soldaten?

Esau
Nie!

Josua
Siehst du!

Esau
Was?

Josua
Die Musiker sind die einzigen Truppen, die noch nicht völlig erschöpft sind.

Esau *lacht*
Die Musiker sollen Jericho stürmen? Das soll ich meinen Leuten begreiflich machen?

Josua

Lies, was du geschrieben hast, Kaleb.

Kaleb

Jericho aber blieb verschlossen vor den Kindern Israels. Da sprach der Herr zu Josua: Siehe, ich gebe Jericho samt seinem König und seinen Kriegsleuten in deine Hand. Lass alle Kriegsleute sieben Tage lang rings um die Stadt gehen. Und lass sieben Priester sieben Posaunen aus Widderhörnern vor der Lade hertragen, und am siebenten Tag gehet siebenmal um die Stadt, und lass die Priester die Posaunen blasen. Und wenn man das Widderhorn bläst und ihr den Schall der Posaunen hört, so soll das ganze Volk ein grosses Feldgeschrei erheben. Dann werden der Stadt Mauern umfallen, und das Volk soll hineinsteigen, ein jeglicher stracks vor sich.

Esau

Ist das alles?

Josua

Das ist alles.

Esau

Der Herr hat viele Wunder, aber diese Mauern sind auch ein Wunder.

Josua

Gelobt sei der Herr!

Esau

Gelobt sei der Herr! *nachdenklich und zögernd ab*

Kaleb

Warum hast du den Kundschafter Gabriel ausgeschickt, deinen eigenen Neffen?

Josua

Alle fragt ihr mich, warum? Moses habt ihr nie gefragt. Du denkst: Warum schickt er Kundschafter aus, Kundschafter nach Kanaan, Kundschafter nach Jericho, wenn doch alles verheissen ist? Du denkst: Mose hat nie Kundschafter ausgesandt.

Kaleb

Die Kundschafter nach Kanaan hatte Mose selber noch ausgesandt.

Josua

Auf meine Anregung, Kaleb, das weisst du genau. Er war dem Tode schon so nahe, dass er alles Diesseitige mir überliess, weil er bereits in einem anderen Lande lebte. Es spiegelte sich in seinen verklärten Augen. Er glaubte, es sei Kanaan. Die Kundschafter haben es anders beschrieben, als es in seinen Augen aussah. Er hat ein anderes Land gesehen, Kaleb.

## DER DRITTE TAG

*Haus Rahabs. Zoa und Rahab. Zoa kämmt Rahab.*

ZOA
Dein Gabriel wird uns Unglück bringen, Rahab. Schliesslich ist er ein Spion, das hat er selbst gesagt, und Spione werden aufgehängt, jedenfalls in Kriegszeiten, auch wenn es in Jericho nichts zu spionieren gibt, wie du immer sagst. Wenn er erwischt wird, geht es uns bös. Dass wir nicht gewusst haben, dass er ein Spion ist, wird uns niemand glauben.

RAHAB
Ich verstehe nicht, was du gegen Gabriel hast.

ZOA
Er ist ein Feind.

RAHAB
Wir haben keinen Krieg mit den Juden.

ZOA
Ein unverschämter Rüpel ist er. Kommt einfach hergelaufen, vor zwei Tagen, gerade als die mit ihren Trompeten anfingen –

RAHAB
Posaunen.

ZOA
Steht mitten im rosa Salon, wo wir die besten Gäste empfangen – weiss Gott wie er da hineingekommen ist, durchs Fenster oder durchs Dach – und sagt frech: Bin ich im Haus der Hure Rahab? Es gibt keine Hure Rahab, unverschämter junger Mensch, sage ich, mach sofort, dass du hier raus kommst, sonst wirft dich der Diener Kuruk aus dem Fenster! Da bleibt er einfach stehen und sagt: Weib – Weib, sagt er! – Weib, ich habe dich gefragt, ob hier die Hure Rahab wohnt. So ein Flegel! Und da sah ich auch gleich, dass er nicht von Jericho sein konnte, denn Jericho ist eine gebildete Stadt, mit 5000 Jahren die älteste Stadt der Welt, und ich gab ihm auch die richtige Antwort: Hier wohnt die schönste, die reichste, die unerschwinglichste Frau von Jericho, und dies ist ein feines Haus, sage ich. Nur Männer mit Rang und Namen verkehren hier, Generäle und Minister, sogar noch höhere Personen, die ich nicht nennen kann. Ich konnte ihm doch nicht sagen, dass auch unsere Beziehungen zum Palast sehr intim sind. Für Ziegenhirten gibt es billigere Häuser. Weisst du, was der Kerl mir antwortet? Er schaut zum Fenster hinaus und sagt ganz ruhig: Ich warte, bis du aufgehört hast zu reden und die Hure Rahab rufst. Ich muss ihr eine Botschaft bringen. Und dann kamst du und nahmst ihn auf, als wäre er der König selbst, redest mit ihm, gibst ihm zu essen, kleidest ihn ein, gibst ihm Ratschläge, was man in Jericho gesehen haben muss.

Rahab

Ich war neugierig.

Zoa

Sieh einer an! Landesverrat aus Neugierde! Was hat er dir denn für eine Botschaft gebracht?

Rahab

Am siebenten Tag fallen die Mauern dieser Stadt.

Zoa

Das ist ja zum Lachen! Die siebenfachen Mauern von Jericho!

Rahab

Dann werden alle Häuser zerstört, alle Einwohner getötet.

Zoa

Die wollen uns Angst machen.

Rahab

Nur meine Häuser würden verschont und alle, die darin sind.

Zoa

Nimmst du darum den Spion auf?

Rahab

Nein.

Zoa

Das wird schlimm enden, Rahab, und deine alte Zoa wird dir wohl noch ihre Meinung sagen dürfen. Du hast mich zwar weit überflügelt – ich bin stolz auf dich –, aber wer hat dich vor zehn Jahren auf der Strasse aufgelesen? Und dich in deinen Beruf eingeführt? Viele haben auf der Strasse angefangen und sind nie in ein Haus gekommen, geschweige denn in ein eigenes. Es ist ein Elend bei der heutigen Konkurrenz; die meisten verkommen in der Gosse. Aber du hast deinen Weg gemacht, Rahab, ich bin stolz auf dich, wahrhaftig, du hast so einen Blick – gar nicht wie eine Gewöhnliche, kein Augenzwinkern und so, das hast du nie gemacht – einen Blick, dass die Männer dir Ehre erweisen wie einer Königin. Und eine glückliche Hand in Geschäften, da schlägt dich keiner. Wenn ich denke, schon nach einem Jahr hast du das Haus, die miese Bude, muss man sagen, von der alten Sahla übernommen, und was ist es heute? Das erste Haus in Jericho, ein Palast! Ein Männertraum! Ein Idyll! Mit Mädchen aus der ganzen Welt, keines über 20 Jahre, aber keines so schön wie du, heute noch, trotz deiner dreissig Jährchen. Du verkehrst mit Königen und Bankiers aus Ägypten und Babylon, halb Jericho ist dir verschuldet, du hast Häuser, Gold, Juwelen. Und das willst du alles aufs Spiel setzen, indem du diesen Juden aufnimmst, der ein Spion ist und ein Flegel obendrein. Da kommt er. Ich lass euch allein. *Zoa ab. Gabriel tritt auf.*

Rahab

Nun? Hast du dich gut umgesehen? Hast du die Sehenswürdigkeiten besucht, die ich dir angegeben habe? Warst du im Botanischen Garten? Hast du die Orchideen gesehen, die fleischfressenden Pflanzen?

Gabriel
Dort war ich. Strategisch völlig uninteressant.

Rahab
Aber schön, nicht wahr?

Gabriel
Ich verstehe nicht, warum du so stolz bist. Das habt doch nicht ihr gemacht.

Rahab
Wer denn sonst?

Gabriel
Der Herr.

Rahab
Die Blumen, vielleicht, aber ohne uns wären sie nicht hier. Und der Tempel des Baal, mit dem historischen Museum?

Gabriel
Ein wichtiger Punkt, leicht zu verteidigen. Wir müssen überraschend ein Kommando dahinschicken.

Rahab
Ist der Tempel nicht ein grosses Kunstwerk?

Gabriel
Ein Greuel!

Rahab
Hast du den Nordfries richtig angeschaut?

Gabriel
Der Götze ist tot. Seine Bilder machen ihn nicht lebendig.

Rahab
Die Götter sind uns nur Vorwand, Gabriel. Ist der Tempel nicht schön, Gabriel, sei ehrlich!

Gabriel
In einem sehr oberflächlichen Sinne, vielleicht. Ihr habt eben viel Zeit gehabt für Ornamente.

Rahab
Fünftausend Jahre.

Gabriel
Auf etwas, Rahab, hast du mich nicht aufmerksam gemacht. Zwei Männer sind mir gefolgt.

Rahab *am Fenster*
Die dort drüben?

Gabriel *tritt ans Fenster*
Ja.

Rahab
Die Geheimpolizisten Nimmi und Chefi. Sie sind in ganz Jericho bekannt. Frühere Kunden von mir. Sie lassen mit sich reden.

Gabriel
Warum kennen sie mich?

Rahab
Wie naiv du bist! Ganz Jericho kennt dich, Gabriel. Du bist eine Sehenswürdigkeit geworden in Jericho.

Gabriel

Wozu dann die vielen Verkleidungen? Jeden Tag ein anderes Kostüm. Dieses zum Beispiel, kein Mensch trägt hier ein solches Gewand.

Rahab

Die Tracht eines assyrischen Hirten. Sie ist etwas auffällig, gewiss, man trägt sie nur noch bei Volksfesten, aber sie steht dir vorzüglich. Du warst ja ganz unmöglich angezogen, als du kamst, mit deinem schäbigen Ziegenfell.

Gabriel

Warum hast du mich getäuscht? Ich habe dir doch geschworen, dass der Herr dich und dein Haus verschonen wird, weil du mich aufgenommen hast.

Rahab

Meine Häuser, Gabriel, und alles, was darin ist, so hast du geschworen.

Gabriel

Du hast mich verraten.

Rahab

Glaubst du das wirklich, Gabriel? So lass dir sagen, wie es um dich steht: Das einzige, was dich in dieser Stadt beschützt, ist mein Einfluss. Solange ich es will, solange wird dir hier nichts geschehen. Die Polizisten werden hinter dir herlaufen, das ist alles. Deine Harmlosigkeit wirkt entwaffnend. Kein Mensch hier nimmt dich ernst, kein Mensch fürchtet sich vor euch. Ganz Jericho lacht über eure komischen Posaunen. Sie gehen uns vielleicht auf die Nerven. Aber so werdet ihr Jericho nie erobern, nie! Hast du gehört? Nie!

Gabriel

Ich habe gehört. Du brauchst nicht zu schreien.

Rahab

Ich habe nicht geschrien.

Gabriel

In ganz Jericho schreien die Leute einander an, von Tag zu Tag lauter, obwohl doch alle gut hören, nicht wahr?

Rahab

Du täuschst dich, Gabriel. Wir haben keine Angst. Ich will dir sagen, warum ich dich aufgenommen habe. Nicht wegen deines Schwures, denn Jericho wird nie in eure Hand fallen; sondern weil ich dir zeigen wollte, dass wir uns nicht fürchten. Du kannst hier spionieren, so viel du willst. Jericho hat nichts zu verbergen. Jericho lebt nicht von der Täuschung, sondern von seiner Stärke, und je besser ihr unsere Stärke kennt, um so besser für euch und für uns. Du sollst sehen, was du zerstören willst, du sollst Jericho kennenlernen. Denn hier ist alles öffentlich, sogar die Laster, und wir wissen es zu schätzen, dass Josua uns wenigstens einen Spion schickt, bevor er uns umbringt, ohne Verhandlungen, ohne Kriegserklärungen, wortlos.

*Zoa tritt auf.*

ZOA
Der Polizeichef Kabu.

RAHAB
Um diese Zeit?

ZOA
Er sagt, es sei geschäftlich.

RAHAB
Ach so, das Haus in der Jordanstrasse. Sag ihm, ich biete nicht mehr als zehntausend. Wenn er nicht will, kann er gleich gehen. Und gib Gabriel etwas zu essen. Er sieht noch immer halb verhungert aus.

ZOA
So, essen will er auch noch. *Zoa und Gabriel ab*

KABU *tritt auf*
Rahab! Du wirst schöner mit jedem Tag, ein Gestirn, das nie den Zenith überschreitet! Ich küsse deine Hand, Rahab, deine schmetterlingsfingrige Elfenbeinhand!

RAHAB
Keine Förmlichkeiten, Kabu, und vor allem keine Poesie! Immer brauchst du falsche Bilder.

KABU
Nicht alle sind mit so vielen Gaben gesegnet wie du, deren Geist nur mit der Schönheit deines Leibes sich vergleichen lässt.

RAHAB
Lass uns lieber zur Sache kommen. Du willst also verkaufen?

KABU
Ja, ich hab es mir überlegt. Das Haus an der Jordanstrasse, das du immer haben wolltest, mit einem einzigartigen Garten. Erst kürzlich habe ich noch einen köstlichen Springbrunnen anlegen lassen. Es fällt mir schwer, mich von ihm zu trennen, äusserst schwer, zumal es das Haus meiner Kindheit ist –

RAHAB
Weine nicht.

KABU
Aber da ich mich nun mit einem Ferienhaus in Ägypten stark belastet habe –

RAHAB
Ferienhaus in Ägypten? Das ist mir neu. Man geht jetzt nach Ägypten. So ist das also.

KABU
Ägypten ist ein sicheres Land. Kapitalanlage. Ich bin mit zehntausend einverstanden.

RAHAB
Aber ich nicht.

KABU
Das war doch dein Angebot.

Rahab

Ich habe es mir auch überlegt. Ich brauche das Haus nicht.

Kabu

Aber ich habe doch eben noch einen Springbrunnen einbauen lassen, ein richtiges Wasserspiel. Marmorne Jungfrauen giessen das Wasser aus Krügen in eine grosse Schale, und von da fliesst es in eine noch grössere.

Rahab

Wie geschmacklos!

Kabu

Und ausserdem bin ich auf dein Angebot eingegangen, trotzdem –

Rahab

Du traust also der Sache nicht mehr ganz.

Kabu

Wie meinst du?

Rahab

Die Juden, man weiss nie, nicht wahr?

Kabu

Die Juden! Du bringst mich zum Lachen, Rahab. Die wissen doch genau, warum sie nicht angreifen. Sie wären nicht die ersten, die an unseren siebenfachen Mauern scheitern. Die haben eingesehen, dass nichts zu machen ist. In wenigen Tagen ziehen sie wieder ab.

Rahab

Hoffen wir es, mein lieber Kabu. Was sagen denn die Leute zu diesen schrecklichen Posaunen?

Kabu

Du meinst die Posaunen der Juden? Du bist die einzige, die das schrecklich findet. Man lacht. Man macht Witze. Nun ja, einige ärgern sich über die gestörte Mittagsruhe, aber sonst –

Rahab

Gut, ich biete fünftausend.

Kabu

Du scherzt, Rahab. Ich kenne deinen Witz, aber vor einem solchen Geschäft sollte er haltmachen.

Rahab

Es ist mir ernst, Kabu. Fünftausend sofort in Gold, und das Mobiliar bleibt im Haus.

Kabu

Himmel, das Mobiliar will sie auch noch! Das ist Erpressung!

Rahab

Wenn ich dich erpressen wollte, Kabu, könnte ich es mir leichter machen, mit allem, was ich von dir weiss. Du würdest von deiner eigenen Polizei verhaftet.

Kabu

Sei still, Rahab. Mir bleibt keine andere Wahl; morgen reise ich nach Ägypten.

Rahab

Das habe ich mir gedacht. Lass uns die Sache sofort regeln.

Kabu

Die Dokumente habe ich hier.

Rahab

Bitte. *weist auf die Tür zum Nebenzimmer*

Kabu

Übrigens, dein jüdischer Spion, Gabriel oder wie er heisst, erregt doch etwas zu viel Aufsehen. Es könnte sein, dass mein Stellvertreter nicht soviel Verständnis zeigen wird wie ich; Rahab, sieh dich vor. *Beide ab. Zoa und Gabriel treten auf.*

Zoa

Also so was! Rahab! Wo ist sie denn? Ich lasse ihm vom Koch die beste Spezialität von Jericho vorsetzen, damit er einmal sieht, wie man sich in einem zivilisierten Land anständig ernährt, Hase à la Cyprienne mit Mandeln, Datteln und süssen Heuschrecken, und er, er lässt den Hasen stehen und sagt, der Hase sei unrein. In diesem Haus gibt es keine unreinen Hasen! Hat man so etwas schon erlebt! Junger Mann, solange ich in diesem Haus bin, wird gegessen, was in der Küche gekocht wird.

Gabriel

Das verstehst du nicht. *Rahab tritt auf.*

Rahab

Was gibt's denn?

Zoa

Entweder geht er, oder ich gehe, gnädige Frau!

Rahab

Alle wollt ihr gehen! Was hat er denn getan?

Zoa

Der Hase sei unrein, hat er gesagt. Einen ganzen Hasen à la Cyprienne habe ich ihm machen lassen, denn der Junge sollte doch etwas Anständiges bekommen, und wir hatten gerade noch einen von den Hasen, die der Herr Innenminister von der Jagd mitgebracht hat. Er aber lässt den Hasen stehen und sagt, das ist unrein. Unrein hat er gesagt, in unserem Haus! In unserer Küche gekocht!

Rahab

Was soll das, Gabriel?

Gabriel

Mose hat gesagt: Der Hase ist zwar ein Wiederkäuer, hat aber keine gespaltenen Klauen; darum ist er unrein.

Rahab

Der Hase ein Wiederkäuer! Du liebes Kind! Euer Mose hat wohl nie einen Hasen gesehen. Zoa, ruf Kuruk. *Zoa ab* Ich werde dir beweisen, du Unschuldslamm, dass der Hase kein Wiederkäuer ist. Du wirst gleich sehen. Mein Vater hatte viele Hasen, die sind viel zu gefrässig, um wiederzukäuen; das käme ihnen durcheinander. Kuruk!

Kuruk *tritt auf*
Gnädige Frau?

Rahab
Kuruk, bring mir sofort einen Hasen. Einen lebendigen, meine ich.

Kuruk
Das ist unmöglich, gnädige Frau. Wir sind eine belagerte Stadt. Sogar tote Hasen, unmöglich.

Rahab
Red keinen Unsinn. Kein Mensch belagert uns.

Kuruk
Karawanen kommen keine mehr, und die Herren gehen nicht mehr zur Jagd. Einen Stallhasen vielleicht.

Rahab
Dann eben ein Kaninchen. Hase ist Hase. *zu Gabriel* Oder wie ist es mit den Kaninchen, Gabriel?

Gabriel
Die Kaninchen sind zwar Wiederkäuer, haben aber keine gespaltenen Klauen; darum sind sie unrein.

Rahab
Schön, also ein Kaninchen. Die käuen nicht wieder, nicht wahr, Kuruk?

Kuruk
Jawohl, gnädige Frau.

Rahab
Was heisst: jawohl, gnädige Frau? Du sollst nicht immer: jawohl, gnädige Frau, sagen, sondern vorher denken.

Kuruk
Jawohl, gnädige Frau.

Rahab
Was?

Kuruk
Vorher denken.

Rahab
Ist der Hase ein Wiederkäuer oder kein Wiederkäuer?

Kuruk
Wie gnädige Frau meinen.

Rahab
Hol mir einen Hasen, Dummkopf!
*Kuruk ab*

## DER VIERTE TAG

*Haus Rahabs, Rahab und Zoa am Fenster. Im Vordergrund Gabriel vor einem Käfig kniend, in welchem sich ein Kaninchen befindet. Er betrachtet es aufmerksam, füttert es.*

RAHAB
Sie spielen immer noch, immer das gleiche, seit drei Tagen, immer das gleiche. Schliess die Fenster, Zoa. *Zoa schliesst die Fenster.*

ZOA
Sie gehen um die Stadt herum, Tag für Tag. Weiss der Himmel, was das zu bedeuten hat.

RAHAB
Immer dieselbe Melodie! Der ganze Himmel hängt voll von ihren Tönen: blau, gelb, rot, jeder Ton eine Farbe. Auch bei Stille klingt es in den Ohren weiter und ist nicht auszulöschen, wie ein Licht hinter geschlossenen Lidern. Und wenn die Ohren taub sind, schmerzen die Augen. Eine unheimliche Musik.

ZOA
Lärmig nenne ich das, lauter Trompeten.

RAHAB
Posaunen.

ZOA
Jedenfalls Bläser. Hab ich dir nicht immer gesagt, dass es ungünstig ist, an der Stadtmauer zu wohnen?

RAHAB
Die Scheiben zittern. Mach die Fenster auf! Man erstickt hier drin. *Zoa öffnet die Fenster.*

ZOA
Da unten sind sie! Sieben gehen voraus, mit langen Trompeten.

GABRIEL *ohne sich von seinem Platz zu rühren*
Das sind die Priester mit den Posaunen, wie sie die Engel blasen vor dem jüngsten Gericht.

ZOA
Dahinter einige mit kleineren Instrumenten.

GABRIEL
Der Stamm Levi.

ZOA
Zuhinterst die Soldaten. Die tun überhaupt nichts, laufen bloss mit. Und so wollt ihr Jericho erobern?

GABRIEL
In drei Tagen werden die Mauern von Jericho zusammenstürzen.

RAHAB
Und ihr werdet diese Stadt zerstören, diese schöne Stadt Jericho, und alle Menschen töten, die darin sind?

Gabriel

So ist es verheissen.

Rahab

Die Verheissung wird sich nicht erfüllen. Es ist eine schlechte, eine böse Verheissung.

Zoa

Wir werden euch in die Flucht schlagen. Mein Bruder, der Feldwebel ist, sagt: Wir werden einen Angriff machen in eure Flanke und euch in die Flucht schlagen und euer Lager zerstören.

Gabriel

Nein.

Rahab

Zoa, sag Kuruk, er soll den Notar holen. *Zoa ab; zu Gabriel* Hast du jetzt gesehen, dass der Hase kein Wiederkäuer ist.

Gabriel

Das Kaninchen scheint tatsächlich nicht wiederzukäuen. Zwar bewegt es dauernd den Mund, aber es schnuppert bloss.

Rahab

Also ist es kein unreines Tier. Mose hat sich getäuscht.

Gabriel

Mose täuschte sich nicht; denn der Herr sprach durch ihn.

Rahab

So hat sich eben der Herr getäuscht. Gabriel, du bist furchtbar hartnäckig.

Gabriel

Gott kann sich nicht täuschen, denn was er sagt, das geschieht; und es geschieht, weil er es gesagt hat. Mose sprach, der Hase und das Kaninchen sind zwar Wiederkäuer, aber sie haben keine gespaltenen Klauen, und also sind sie unrein.

Rahab

Ach so ist das. Nun, ein Paarhufer ist der Hase freilich nicht. Aber er ist auch kein Wiederkäuer. Und wenn das Gesetz in einem Punkt nicht stimmt, dann stimmt es im ganzen nicht. Dann werden auch die Mauern nicht einstürzen, dann werdet ihr Jericho nicht zerstören, dann hat euch Mose belogen, dann stimmt die Verheissung nicht, dann sind die Posaunen ein Schwindel. Und dass in Kanaan nicht Milch und Honig fliesst, das habe ich dir schon gesagt. Kanaan ist ein armes Land, und auch Jericho wäre arm, wenn das Gebiet nicht künstlich bewässert, wenn nicht die Gärtner, Handwerker, Architekten, Kaufleute und Künstler von Jericho aus diesem Fleck Wüste ein kleines Paradies gemacht hätten. Und nun kommt ihr hungrigen Barbaren und wollt daraus wieder eine Wüste machen, weil ihr sagt, das sei eure Verheissung. Mir sollte euer Gott einmal begegnen!

Gabriel

Du versündigst dich! Kein Mensch kann Gott ins Antlitz sehen.

Rahab

Ich würde ihm sagen, wie ein anständiger Gott sich benimmt! Er könnte von unseren Göttern, die wir durch Jahrhunderte erzogen haben, allerlei lernen.

GABRIEL

Du lästerst Gott!

RAHAB

Unsere Götter wollen nicht allein sein. Sie lieben Gesellschaft. Wir haben nur gute Götter, fünf verschiedene allein für Regen. Sie richten zwar wenig aus, aber sie lassen uns in Ruhe. Nur der Sonnengott hat ein paar üble Eigenschaften, die mit dem Klima zusammenhängen, aber auch er wird ein guter Gott genannt, weil die Sonne so schön ist, jedenfalls am frühen Morgen. Jede Minute hat ihren Gott. Darum ist die Zeit heilig, das Verweilen angenehm. Unsere Götter drängen sich nicht auf. Sie umgeben uns sanft, leicht und unverbindlich. In jedem Augenblick, in jedem Ding sind sie da. Sie verlangen nichts, nehmen keine Opfer. Ihre Feste feiern wir zu *unserer* Erheiterung. Mit der Morgenröte kommt die erste Göttin des Tages. Der Tautropfen an der Spitze des Grashalms ist die Gabe eines Gottes für einen anderen Gott. Jede Stunde ist Sternstunde. Nie ist es zu früh und nie zu spät; denn wir warten auf nichts. Bei euch tut Gott alles, ihr nichts. Bei uns die Götter nichts, wir alles. Euer Gott hat all das, was ihr nicht habt, unsere Götter aber sind nicht anders als wir. Wozu sollten wir sie fürchten, wie ihr euern Gott fürchtet?

GABRIEL

Viele Götter sind soviel wie kein Gott. Eure Götter sind dem Herrn ein Greuel, und diese Stadt ist ihm ein Greuel. Darum will er sie verwüsten, dass sie verschwinde vor seinem Angesicht.

RAHAB

Wer hat dir bloss diesen Unsinn beigebracht. Euer Gott ist ein böser Gott, weil er allein ist. Alle Götter werden böse, wenn sie allein sind. Er meint, alles machen zu können, was er will, und fährt kreuz und quer durch den Himmel und schlägt auf die Erde, weil niemand seinen Zorn dämpft. Ich, Rahab, die Hure von Jericho, ich werde eurem Gott ein Bein stellen. Warum wollt ihr diese Stadt zerstören? Sind wir böse, weil wir reich sind, und seid ihr gut, weil ihr nichts habt? Oder habt ihr ein anderes Argument als eure knurrenden Mägen? Ich glaube nicht, dass man böse ist, weil es einem gut geht. Und jetzt soll gemordet und gebrannt werden, damit alle nichts haben und Gerechtigkeit herrsche, blindwütige, blutrünstige Gerechtigkeit? Ur, Ai und Makkeda habt ihr zerstört, und nun soll Jericho an die Reihe kommen. Was wisst ihr von Jericho, von seinen Gärten, von seinen Erfindungen und Genüssen, von seinen Künsten, seiner Malerei, von der Möglichkeit, Farben in Flächen zu setzen, die das Auge füllen und die Sehnerven in ein Zittern des Entzückens versetzen? Was wisst ihr von unseren Dichtern, die aus Worten, Worten, Worten Gebilde schaffen, unvergänglicher als Stein, Erinnerungen an nie Erlebtes beschwören, aus dem Spiel zwischen Sonne und Wasser eine Welt schaffen, Welten auf- und untergehen lassen? Sie träumen Gedanken, die irgendwann ans Licht kommen, und fassen die Quelle und geben jedem zu trinken. Sie spielen mit den unendlichen Kombinationen von Lauten, Vorstellungen und Assoziationen, entwerfen und verwerfen, schweifen rastlos umher, einsame Jäger und Sammler im Wortwald, und machen aus vielen Zufällen einen Fall, aus vielen Steinen einen Wurf, der ins Ziel trifft, das der Wurf sich erst schafft. Warum sollte nicht auch Gott, euer Gott, daran seine Freude haben? Vielleicht ist er doch gescheiter als ihr denkt. Gabriel, du musst zu Josua gehen und ihm sagen: Jericho, die älteste Stadt der Welt, ist eine schöne Stadt, nicht verdorbener als andere Städte, keine Stadt zum Zerstören. Ihr könntet viel von uns lernen, Gutes, auch Schlechtes allerdings, doch alles ist lehrreich, was diese Stadt in ihren Jahrhunderten erfahren und aufbewahrt hat, auch in den komischen Museen unseres Königs. Geh zu Josua und sag ihm: Er soll vorüberziehen. Es gibt unendlich viel Land auf der Erde, fruchtbareres als die Ebene von Jericho, Land bis nach Indien, und Alaska, Land, von dem ihr keine Ahnung habt. Er soll vorübergehen.

GABRIEL

Wir können nicht vorübergehen. Kanaan ist uns verheissen. Es ist das Land Abrahams, Isaaks und Jakobs.

RAHAB

Eure Verheissung – für uns ist sie ein toter Götze.

GABRIEL

Unsere Väter waren Sklaven in Ägypten. Man hat ihnen ihr Land weggenommen. Jetzt kommen wir, um es aus Gottes Hand wieder zu empfangen. Wir kommen aus der schattenlosen Wüste, vierzig Jahre sind wir durch die Wüste gezogen, wir haben Hunger, die Wüste hat unsere Füsse verbrannt, der heisse Wind hat unsere Haut getrocknet. Wir haben genug vom bitteren Wasser der Sodbrunnen. Wir wollen unsere Füsse in den Quellen von Kanaan kühlen. Wir wollen *auch* Erde haben, Weingärten und Äcker. Wir wollen *auch* Melonen und rote Aprikosen pflanzen. Die Reichen sind immer friedlich gesinnt. Doch der Hunger sprengt Mauern und Tore. Und Jericho liegt wie ein Riegel vor Kanaan, mitten in unserem Wege.

RAHAB

Es ist leichter, einen Weg zu verlegen, als eine Stadt. Ich liebe diese Stadt, Gabriel.

GABRIEL

Du wirst verschont bleiben, Rahab; sei nicht traurig.

*Zoa tritt auf.*

ZOA

Der Notar.

*Zoa und Gabriel ab; der Notar tritt auf, mit einem Stoss von Tontafeln.*

Rahab

Wie weit bist du heute gekommen?

Notar

Du hattest wieder einmal recht, Rahab. Die Häuser sind leichter zu bekommen als ich dachte. Aber ein schönes Geschäft ist es nicht, und beliebt machst du dich auch nicht. Man hört Worte wie Wucher und Ausbeutung.

Rahab

Das kümmert mich nicht. Die Neuerwerbungen?

Notar

Die Jordanstrasse gehört uns, der Marktplatz, das ganze Basan- und das Bamoth-Viertel, rund zwei Drittel der Stadt. Die ganze Stadt zu kaufen, Rahab, übersteigt jedoch unsere Mittel.

Rahab

*Meine* Mittel, Kerim. Ich hasse es, wenn du dich mit meinem Vermögen identifizierst. Es erinnert mich an deine früheren Unterschlagungen.

Notar

Deine Mittel, Rahab, sind erschöpft. Es ist nicht zu machen.

Rahab

Es *muss* zu machen sein. Du bist doch Jurist, Kerim. Ich nenne das Ziel, und der Jurist zeigt mir den Weg. Es gibt viele Wege. Ich bin bereit, jeden möglichen Weg zu beschreiten, hörst du: jeden. Hast nicht du selbst gesagt, dass man Gesellschaften gründen kann, dass man die Passiven der einen mit den Aktiven der anderen decken kann?

Notar

Man bezahlt das eine Haus mit der Verpfändung des anderen.

Rahab

So kann ich ganz Jericho kaufen. Indem ich Jericho mit Jericho bezahle; genau was es wert ist. Alles wird mir gehören, und ich werde aller Schuldner.

Notar

Wir werden ins Zuchthaus kommen, Rahab.

Rahab

Wenn das Zuchthaus mir gehört, bin ich auch dort zu Hause.

Notar

Das Zuchthaus zu kaufen ist ganz unmöglich, nicht nur faktisch, sondern auch rechtlich. Das Zuchthaus gehört zum Staatsvermögen, und Staatsvermögen ist niemands Vermögen.

Rahab

Es gehört dem König.

Notar

Aber er kann es nicht veräussern, rechtlich nicht, verstehst du? Er kann nicht, auch wenn er will, und selbst, wenn er es tut, tut er es nicht, weil es nicht geht. Du willst doch nicht auch noch mit dem König zu handeln anfangen?

RAHAB
Genau das will ich.

NOTAR *erschöpft*
Ich sage dir: es ist unmöglich, unmöglich, unmöglich! Ausserdem haben wir – hast du keine Zahlungsmittel mehr. Die Leute wollen Bargeld, sofort auf die Hand, Gold und Edelsteine, Dinge, die man leicht forttragen oder vergraben kann.

RAHAB
Und meine Schuldner? Die Krone selbst schuldet mir Geld!

NOTAR
Da ist nicht mehr viel zu holen. Die meisten Schuldner haben dir schon ihre Häuser überschrieben, und die Krone zahlt, wann sie will.

RAHAB
Das werden wir sehen.

NOTAR
Und überhaupt, wenn du mir ein kritisches Wort erlaubst, was soll diese ganze phantastische Spekulation? Alles setzt du auf die eine unsichere Karte: dass die Juden wieder abziehen.

RAHAB
Im Gegenteil, mein Lieber. Doch das verstehst du nicht. *Sie überlegt.* Meinst du, die Leute würden ohne Bargeld verkaufen, wenn im Vertrag steht: «Der Kauf gilt nur, falls die Juden Jericho erobern. Ziehen sie ab, fällt der Kauf dahin»?

NOTAR
Möglich. Damit riskieren sie nichts.

RAHAB
Dann arbeite mit dieser Klausel.

NOTAR
Das ist doch nicht dein Ernst! Damit verzichtest du ja auf die einzige Chance deiner fabelhaften Spekulation. Du ruinierst dich, Rahab.

RAHAB
Mach, was ich dir gesagt habe.

## DER FÜNFTE TAG

*Haus Rahabs.*

RAHAB *schminkt sich vor dem Spiegel*
Ich glaube, ich werde verrückt. Ich spreche mit mir selber; das habe ich früher nie getan. Oder ist das das Alter? Wenn nur die Musik aufhörte! Was ich mache, ist reine Tollheit. Wenn das gelingt, mein Gott! Welcher Gott? *Sie betrachtet sich im Spiegel.* Wahrscheinlich bin ich wirklich verrückt. Zoa! *keine Antwort* Zoa!! *keine Antwort* Zoa!!! *Zoa geht hinten über die Bühne, ohne von Rahab Notiz zu nehmen.* Zoa!!!! *Rahab wirft den Spiegel nach ihr.*

ZOA
Hast du gerufen?

RAHAB
Ich schreie mich heiser, und du läufst an mir vorbei ...

ZOA
Ich kann dich nicht verstehen; Augenblick. *nimmt sich zwei Wattebäusche aus den Ohren* Was hast du gesagt?

RAHAB
Was hast du dir da in die Ohren gestopft?

ZOA
Watte.

RAHAB
Watte? Wozu?

ZOA *brüllt*
Weil ich diese Musik, dieses verdammte Posaunenkonzert nicht mehr anhören kann!

RAHAB
Schrei nicht so!

ZOA
Ich halte das nicht mehr aus, mein Gott, ich kann nicht mehr! *weint*

RAHAB
Hör auf zu flennen!

ZOA *weinend*
Und mein Bruder, der Feldwebel, sagt, wir verlieren den Krieg. Die Offiziere sind schon davongelaufen, nach Babylon, nach Ägypten.

RAHAB
Unsinn! Du solltest dich schämen, Zoa. Wir haben ja gar keinen Krieg, wir sind ja gar nicht angegriffen worden. Musik haben wir, gut. Aber was ist Musik?

ZOA
Das ist es ja. Mein Bruder sagt, die werden uns glatt einstecken, ohne einen Schwertstreich.

RAHAB

Unsinn, Unsinn! Sag deinem Bruder, er soll sich die Hosen zubinden. So ein Angsthase!

ZOA

Der ist kein Angsthase.

RAHAB

Dann soll er kein dummes Geschwätz verbreiten, sondern warten, bis er angegriffen wird, und dann sich brav verteidigen, mit dem Schwert in der Hand, wie es sich gehört für einen Mann.

ZOA

Du hattest mich gerufen, Rahab.

RAHAB

Ja, was wollte ich sagen ... mir kommt auch schon alles durcheinander. O diese Musik!

ZOA

Siehst du? *will sich wieder Watte in die Ohren stopfen*

RAHAB

Dass du mir die Watte weglegst! Ja, was war's denn? Richtig, der Notar. Ist der Notar noch nicht gekommen?

ZOA

Er wartet seit einer halben Stunde.

RAHAB

Warum um Himmels willen führst du ihn nicht herein?

ZOA

Weil du gesagt hast: kein Besuch heute, ausser wenn ich es ausdrücklich wünsche.

RAHAB

Aber das gilt doch nicht für den Notar. Führ ihn sofort herein.
*Zoa ab. Der Notar tritt auf. Er nimmt sich die Watte aus den Ohren*

RAHAB

Auch du hast Watte in den Ohren, wie ich sehe. Euch steckt wohl die Panik in den Knochen.

NOTAR

Man erleichtert sich die schweren Tage, so gut es geht.

RAHAB

Ihr seid verrückt. Wie könnt ihr denn miteinander reden? Und gerade du, mit deinem Beruf.

NOTAR

Wenn wir miteinander reden, nehmen wir die Watte heraus, zumindest bei wichtigeren Geschäften. Manchmal lassen wir sie auch drin. Es macht keinen grossen Unterschied. Jetzt sowieso nicht mehr.

RAHAB

Was heisst: jetzt sowieso nicht mehr?

NOTAR

Ich meinte nur so. Das Interesse ist überall etwas flau. Die Börse war heute wieder sehr schwach. Alles wieder sehr nervös. In einer Sitzung fast 100 Punkte schwächer. Hat man so was schon erlebt? Wenn das so weitergeht, kann man die Sachen umsonst haben. Sogar die Papiere der solidesten Unternehmen, zum Beispiel der Allgemeinen Sklavenhandels AG – so etwas geht ja nicht unter – werden zu Spottpreisen gehandelt; verschleudert, muss man schon sagen. Keine Käufer. Da muss man eben auch verkaufen, was bleibt einem schon übrig. Und dabei floriert die Wirtschaft. Die Grundlagen sind gesund. Nur das Vertrauen fehlt. *Man hört durchs Fenster den Watteverkäufer.*

WATTEVERKÄUFER
Watte! Watte! Weiche Watte, absolut schalldicht! Watte gegen das Getöse der feindlichen Trompeten! Watte für den gesunden Schlaf der Bürger von Jericho! Watte für den Sieg, Watte für den Frieden! Watte für die Freiheit!

RAHAB
Der scheint gute Geschäfte zu machen.

NOTAR
Es gibt keine Situation, aus der man nicht ein Geschäft machen könnte. Sein Ruf dringt nur zu denen, die seine Ware brauchen. Eine ideal gezielte Propaganda.

RAHAB
In der Tat, er belästigt keinen, der seine Ware schon hat. – Wie ging es mit der neuen Klausel?

NOTAR
Zuerst vermuten die Leute eine Finte; hat man es ihnen erklärt, schütteln sie den Kopf und unterschreiben. *Pause* Rahab, willst du diese Käufe wirklich auch noch unterzeichnen?

RAHAB
Gewiss.

NOTAR
Du weisst, wie sehr ich deinen Geschäftssinn bewundere, und anfänglich glaubte ich, das ist das Geschäft deines Lebens. Doch die Situation hat sich in den beiden letzten Tagen entscheidend geändert. Ehrlich gesagt, ich glaube nicht mehr, dass das Geschäft gelingt.

RAHAB
Stimmt es, dass die Offiziere ihre Mannschaften verlassen?

NOTAR
Es stimmt. Und die Soldaten gehen nach Hause. Sogar Mitglieder der Regierung, munkelt man, sind geflohen. Das Volk fühlt sich verraten und rottet sich auf der Strasse zusammen. Man hört auch oft deinen Namen, Rahab, mit wenig schmeichelhaften Attributen. Rahab, die Wucherin, Rahab, die Verräterin, schreien sie. Warum hast du diesen jüdischen Spion aufgenommen?

RAHAB
Wir haben keinen Krieg, und es gibt nichts zu spionieren in Jericho! Dabei bleibe ich.

Notar
Wenn die Regierung nicht mehr Herr der Lage ist, kann es für dich gefährlich werden.

Rahab
Du siehst die Dinge zu schwarz.

Notar
Ich hoffe, dass du recht behältst. Ich wünsche dir, dass die Spekulation gelingt, und ich bewundere deine Kühnheit, Rahab. Du bist die ungewöhnlichste Frau, die es je gegeben hat, und wirst zweifellos als solche in die Geschichte eingehen. Ich selber, ich lebe lieber etwas länger.

Rahab
Was soll das heissen?

Notar *übergibt ihr eine Tontafel.*
Hier hast du mein Haus und meine Grundstücke am Aboth-Hügel. Es ist ein Schenkungsvertrag. Von morgen an wirst du auf meine Dienste verzichten müssen.

Rahab
Kerim, du bleibst. Du kannst mich jetzt nicht verlassen.

Notar
Ich habe nicht im Sinn, mit Jericho unterzugehen. Ich bin kein mutiger Mensch. Mich aufzuopfern, liegt nicht in meinem Naturell. Warum auch sollte gerade ich hierbleiben, während die anderen sich in Sicherheit bringen? Ich wäre gern ganz einfach ein anständiger Mensch. Wenn man aber nur die Wahl hat, entweder ein Held oder ein Schwein zu sein, dann bin ich eben ein Schwein. Ich lebe lieber unter moralisch ungünstigen Bedingungen als gar nicht.

Rahab
Wenn alle Helden wären, brauchte es kein Heldentum. Da es aber so viele Schweine gibt, müssen einige Helden sein, damit nicht alle untergehen. Du bist wenigstens ehrlich, Kerim. Ich danke dir für das Haus. In einer Woche kannst du es wiederhaben.

Notar
Ich kann dir nicht mehr weiterhelfen. Was zu kaufen war, haben wir gekauft. Was du nicht hast, ist unverkäuflich: die Tempel, die Staatsgüter …

Rahab
Ich muss sie haben. Ich werde zum König gehen.

Notar
Leb wohl.

Rahab
Leb wohl.
*Notar ab.*

Stimme eines Bürgers *hinter der Bühne*
Ich will mein Geld zurück! Gib mir sofort mein Geld zurück! Auch Hurenlohn will verdient sein, du Miststück!

Stimme von Thirza *hinter der Bühne*

Nun mal langsam, Schätzchen. *Ich* habe meine Leistung korrekt angeboten. Mehr Liebe kriegst du nirgends für so wenig Geld. Was kann ich dafür, dass du nicht in Stimmung bist? Ich weiss nicht, was mit euch Männern los ist in letzter Zeit.

Bürger *hinter der Bühne*

Geld zahlen und dafür beschimpft werden! Muss sich das ein senkrechter Bürger von Jericho, ein anständiger Familienvater von einer Hure gefallen lassen? Pfui Teufel, sage ich, pfui Teufel!

Thirza

Zieh erst mal deine Hose an.

Bürger

Pfui Teufel, sag ich! Bin ich schuld an der verzweifelten Lage unserer Stadt? Ich suche ein wenig Entspannung in diesen schweren Zeiten, ein wenig Erholung, um zu vergessen, und was krieg ich für mein Geld? Den Spott einer Dirne! Mit mir kannst du das nicht tun, du Luder, mit mir nicht! Ich bin ein anständiger Bürger, nicht auf Rosen gebettet, aber niemandem was schuldig geblieben und brauch mir das von dir zuletzt gefallen zu lassen.

*Bürger und Thirza sind inzwischen auf die Bühne gekommen.*

Rahab *zu Thirza*

Gib ihm das Geld zurück!

Thirza *gibt ihm das Geld*

Da! Aber dass du dich hier nie mehr blicken lässt!

Bürger

Wenn der Krieg vorbei ist, wird man euern Puff ausräuchern, vielleicht schon vorher. *ab*

*Zwei Mädchen stürzen herein.*

Erstes Mädchen *aufgeregt, weinend*

Sie kommen! Es ist alles verloren!

Rahab

Was ist verloren? Wer kommt?

Erstes Mädchen

Die Juden!

Rahab

Das ist nicht wahr!

Zweites Mädchen

Die Leute! Auf der Strasse! Sie demonstrieren. Sie haben Emma verprügelt. Und jetzt wollen sie noch das Haus anzünden.

Rahab

Ihr seid ja ganz verstört. Geht in eure Zimmer und ruht euch aus. Solange ich da bin, wird euch nichts geschehen.

*Alle ausser Rahab ab; Gabriel tritt auf; man hört Geschrei von draussen.*

Gabriel

Es wird ernst, Rahab, sie sind hinter mir her. Sie werden dein Haus stürmen. *Das Geschrei ist stärker geworden. Man hört Rufe wie: Gib den Spion heraus, Hure Rahab! Verräterin! Wucherin!* Ich muss dich verlassen. Sonst werden sie dich umbringen.

RAHAB *erschrocken und flehend*

Du darfst mich nicht auch noch verlassen, Gabriel, du nicht. Ich habe alles auf dich gesetzt.

GABRIEL

Ich weiss. Ich werde dich nicht enttäuschen. Aber meine Aufgabe hier ist erfüllt. Ich habe alles gesehen, was es in dieser Stadt gibt. Nun muss ich zurück.

RAHAB

Ich lass dich nicht gehen. *umarmt ihn plötzlich* Bleib bei mir, Gabriel, ich habe Angst. Ich kann nicht glauben, dass ihr unsere Feinde seid. Du ein Feind! Ich muss lachen, Gabriel, du mein geliebter Feind. Küss mich, Gabriel.

*Er küsst sie auf die Stirn.*

Wie keusch du bist, wie kühl! Lass gut sein, ich bin doch nicht mehr so schön, wie die Leute behaupten.

GABRIEL *sich aus der Umarmung lösend*

Du bist schön, Rahab, und klug und tapfer und gut; ja sogar gut bist du.

RAHAB

Jetzt fängst du auch noch mit Komplimenten an, wie die andern. Doch dir nehm ich sie ab.

*Das Geschrei wird lauter. Die Menge pocht an die Tür.*

GABRIEL

Jetzt schlagen sie die Tür ein. Es ist höchste Zeit, dass ich gehe.

RAHAB

Ich lass dich aber nicht gehen. Ich habe dir versprochen, dich aufzunehmen und dich zu beschützen, und das werde ich auch tun. *geht ans Fenster und öffnet es; der Lärm schwillt an, die vorherigen Rufe* Was wollt ihr von mir?

STIMME *mit Geschrei vermischt*

Gib den Spion heraus, Hure!

GABRIEL *zu Rahab*

Sag ihnen, ich komme hinunter.

RAHAB *zu Gabriel*

Nein, du bleibst hier! *zur Menge* Warum seid ihr nicht auf den Mauern, Bürger von Jericho?

STIMMEN

Du hast uns an die Juden verraten! Verräterin! Wucherin! Hure!

RAHAB

Gibt es etwas zu verstecken in Jericho? Oder habt ihr nur Angst?

STIMMEN

Wir sind verraten und verkauft! *grosses Geschrei*

RAHAB

Der Jude Gabriel, den ihr einen Spion nennt, ist mein Gast. Es gibt nichts, was ein Fremder in Jericho nicht sehen dürfte, Jerichoner. Das ist unsere Stärke. Die ganze Welt kennt diese Mauern. Haben wir sie nicht voller Stolz allen Fremden gezeigt? Wir brauchen uns vor niemandem zu fürchten.

Stimmen

Lasst euch nichts vormachen! Gib den Spion heraus! Verdammte Hure! Verräterin! Und die Häuser hast du uns abgepresst, Erpresserin, Wucherin! *Sie schlagen an die Tür.*

Rahab *erregt*

Habt nicht ihr sie mir selber angetragen, ihr Feiglinge, weil ihr dafür Gold wolltet, Gold, das man vergraben, und Edelsteine, die man auf der Flucht leicht tragen kann? Ihr habt Jericho verkauft und verraten, nicht ich! Ihr seid hysterisch vor Angst und zittert hinter den Mauern, statt oben Wache zu halten und eure Stadt zu beschützen, ihr Angsthasen!

Stimmen

Sollen wir uns das gefallen lassen? Verräterin, gib den Spion heraus! Verdammte Hure!

*Gabriel tritt ans Fenster.*

Gabriel

Ich komme! *zu Rahab* Ich komme wieder. Keine Angst! *springt aus dem Fenster*

Rahab *versucht vergeblich, ihn zurückzuhalten*

Gabriel, was tust du? Gabriel!

*Grosser Lärm. Stimmen: Wo ist er? Da auf dem Dach! Er läuft auf der Mauer! Schiesst ihn runter! Wo ist er? Weg ist er! Das büsst uns die Hure! – Noch grösserer Lärm. Ein Stein zertrümmert die Fensterscheibe.*

## DER SECHSTE TAG

*Im Lager der Juden. Im Hintergrund das Zelt Josuas. Der alte Saphat, umringt von vielen Zuhörern.*

SAPHAT

Immer wollt ihr von Ägypten hören! Ja, ich bin der einzige hier, der das noch erlebt hat. So dreckig ging's uns eigentlich gar nicht bei den Ägyptern, wie die immer sagen. Der Pyramidenbau, das war das Schlimmste, aber dafür bekam man auch ordentlich zu essen, jeden Tag Fleisch. Man kann gegen Pharao sagen, was man will; jedenfalls ging es uns gut. Er herrschte streng, aber gerecht, und Zucht muss ja sein bei so vielen Sklaven. Wir Juden hatten es am besten von allen, manchmal sogar besser als die Ägypter selbst. Der König schätzte uns. Den Mose hat er wie seinen eigenen Sohn aufgezogen. Wäre er ein solches Scheusal gewesen, wie die Priester uns weismachen wollen, er hätte Mose nicht aus dem Wasser gefischt und ihn aufgezogen wie den eigenen Sohn. Ja, ja, da wird so viel geredet, und doch hat keiner es gesehen, ausser mir.

EIN MANN

Was gab es denn zu essen in Ägypten?

SAPHAT

Alles. Dinge, von denen ihr nicht einmal träumen könnt, weil ihr sie nie gesehen habt. Fleisch aller Art, Würste, herrliche Riesenwürste, so gross wie ein Mann. Was soll ich noch sagen? Ich denke an die Fische, die wir assen, umsonst, so viele gab's, und an die Kürbisse, die Melonen, den Lauch, die Zwiebeln und den Knoblauch!

KNABE

Gibt es auch Wasser in Ägypten?

SAPHAT

Wasser? *lacht* Soviel du willst. Wasser wie Luft, mehr als genug. Die Verbrecher ersäufte man darin.

EIN MANN

Ein schöner Tod! Wasser wie Luft! Und wir sitzen hier in der Wüste.

ZWEITER MANN

Dafür haben wir Sand!

SAPHAT

Da ist der Nil, für die Ägypter war er ein Gott, ein Strom so breit, dass du nicht von einem Ufer ans andere siehst, und nichts als Wasser, Wasser, für Mensch und Vieh und die Krokodile.

KNABE

Was sind Krokodile?

SAPHAT

Du wirst nie ein Krokodil sehen, mein armer Sohn. Denn die

sind nur im Wasser, riesig lange Tiere, mit einem doppelt so langen Schwanz.

KNABE

Trinken sie auch Wasser?

SAPHAT

Nur Wasser, mein Sohn, ungeheuer viel Wasser, und doch wird der Nil nie leer. Ganze Tierherden leben im Nil, Nilpferde, Nilkühe ...

KNABE

Nilschafe?

SAPHAT

Nilschafe ...

KNABE

Nilkamele?

SAPHAT

Nilkamele? Nein, Nilkamele gibt es nicht. Kamele lieben das Trockene.

KNABE

Warum haben wir kein Wasser?

SAPHAT

Als Mose noch lebte, war das anders. Mose war ein grosser Mann.

MANN

Ein Heiliger. Er hat Gott gesehen und mit ihm gesprochen.

SAPHAT

Mose, mein Kind, hatte eine Stimme, vor der die Berge zitterten. Wenn er sagte «Wasser» und mit seinem Stock auf den Fels schlug, sprang Wasser aus dem Fels. Und wenn er sah, dass wir Hunger hatten, streckte er die Arme gegen den Himmel, und siehe da: es regnete Manna, und wir wurden alle satt.

KNABE

Was ist Manna?

SAPHAT

Honigkuchen, mein armer Sohn.

KNABE

Mutter, ich will Manna haben!

FRAU

Sei still, mein Kind, ich habe kein Manna.

KNABE

Und Josua? Kann er nicht machen, dass Gott uns Manna schickt?

SAPHAT

Josua? Der hat sowenig Wasser und Manna wie du und ich. Josua ist kein heiliger Mann. Josua ist ein General.

ERSTER MANN

Mit Josua haben wir die Truppen von Ur, Ai und Makkeda geschlagen.

ZWEITER MANN

Den König von Ai haben wir an einem Baum aufgehängt! *Publikum lacht*

SAPHAT

Und was haben wir davon?

DRITTER MANN

Nicht einmal plündern durfte man. Alles musste verbrannt werden.

ERSTER MANN

Es war unrein!

DRITTER MANN

Gesunde Kühe und Schafe waren es, das habe ich genau gesehen, damals in Makkeda. Ein Jammer, das alles zu verbrennen.

SAPHAT

Eine Sünde.

ERSTER MANN

Was sagst du?

SAPHAT

Ich sage: eine Sünde. Eine Sünde, Viehherden zu töten und dieses tapfere Volk hungern zu lassen.

ERSTER MANN

Sei froh, dass Josua dich nicht hört.

SAPHAT

Ich habe keine Angst vor Josua. Ich war noch mit Mose und Aaron zusammen in Ägypten. Josua könnte mein Sohn sein. Mose sagte: Du sollst deinen Vater und deine Mutter ehren.

ERSTER MANN

Auf dass du lange lebst in dem Lande, das dir der Herr, dein Gott, gibt.

DRITTER MANN

Doch was für ein Land?

SAPHAT

Das weiss Josua allein, der dieses geduldige Volk in der Wüste herumführt. Er wird wohl auch wissen, warum er Jericho nicht angreift. Und wird auch wissen, warum er mit Posaunen um die Stadt geht, um die siebenfachen Mauern von Jericho. Josua weiss das alles ganz genau. Wer wüsste es sonst?

*Einige vom Musikkorps, vom Zug um die Stadt zurückgekehrt, treten auf, die Posaunen auf den Rücken geschnallt. Sie machen einen ausgesprochen abgekämpften Eindruck.*

SAPHAT

Ach, unsere lieben Musiker!

DRITTER MANN

Wie war's denn?

ZWEITER MANN

Habt ihr schön trompetet?

ERSTER POSAUNIST

Posaunt, Dummkopf.

2. Posaunist

Staub geschluckt. Wenn ich auf die Zähne beisse, knirscht es.

3. Posaunist

Mein Mund ist eine trockene Höhle und meine Zunge ein feuriger Drache. Ich muss Wasser haben, um sein Feuer zu löschen.

2. Posaunist

Wir waren dicht an der Mauer. Die war so heiss, dass wir kaum atmen konnten. Diese verfluchte Stadt liegt am heissesten Ort der Erde. Der Sand brennt, die Mauern brennen, die Luft brennt. Die Sonne speit auf die Erde.

Saphat

Man hat uns in der Tat in einen ungewöhnlich trockenen Landstrich geführt.

3. Posaunist

Mein Durst ist grösser als die Erbsünde und mein Hunger beinahe so gross. Die Tagesration?

Mann

Esau ist noch nicht gekommen.

1. Posaunist

So spät? Wenn er so spät kommt, bedeutet es nichts Gutes. Die Rationen werden immer kleiner.

Frau

Mein Gott, wie soll das weitergehen? Sollen wir denn in der Wüste verdursten?

Erster Mann

Du hast damals auch mitgetanzt ums goldene Kalb.

Frau

Du etwa nicht?

Erster Mann

Gott straft uns für unsere Sünden.

Frau

Aber mein Kind?

Erster Mann

Frau, dein Kind trägt die Erbsünde. Das Kainszeichen. Wir alle tragen es. Wir alle töten, stehlen, hassen. Jeder Schluck, jeder Bissen ist ein Mord oder ein Diebstahl.

Saphat

Die Erbsünde ist die beste Entschuldigung Gottes, und seine Erbsünde die Schöpfung.

*Da diese Sätze von den Juden offensichtlich nicht verstanden werden, geht das Gespräch auf einer weniger philosophischen Ebene weiter und muss Saphat ihre Konsequenzen vorerst nicht tragen. – Die Soldaten treten auf.*

Erster Soldat

Schlafen, schlafen, eine kurze Weile nur tot sein!

Zweiter Soldat

Was für ein Durst!

Dritter Soldat

Nimm mir dieses verdammte Kettenhemd ab. Ich kann nicht mehr. Wozu diese Rüstung, da wir doch nur hinter den Musikern herlaufen wie das Vieh im Tross.

Vierter Soldat

Wir, die Helden von Makkeda.

Fünfter Soldat

Ist die Sonne wirklich untergegangen? Ich sehe nichts als Feuer vor den Augen. Herr, nimm die Sonne aus dem Himmel. Nimm dieses Feuerungetüm weg.

Sechster Soldat

Ich sah einen See mit herrlichen Palmen. Ich rannte hin und wollte mich ins Wasser werfen, da war er weg. Das gelobte Land!

Saphat

Eine Fata Morgana! Ein Spiegelbild unserer Wünsche. Hast du etwa auch Milch und Honig gesehen, du armer Tor? Alles Fata Morgana, sage ich euch, Trugbilder; wir alle sind krank.

Einer

Wasser, Wasser, Wasser! *springt einem anderen an die Gurgel*

Soldat

Haltet ihn, er ist verrückt geworden.

Zweiter Soldat

Hitzschlag.

Der Verrückte

Wasser, Wasser, hier, graben, graben. *wühlt im Sand*

Saphat

Du armes Volk, wie führt man dich in die Irre. Von Fata Morgana zu Fata Morgana.

Soldaten *abwechselnd*

Ich würde jetzt sogar ein Schwein essen. Herr, gib ihnen zu essen und zu trinken, damit sie fromm werden, pfui!

Weib, ich küsse dich, denn du hast noch Speichel auf deinen Lippen!

Wenn wir wenigstens kämpften, da würde doch Blut fliessen. Schon sein Anblick löscht den Durst.

Wo ist Esau mit seinen Vorräten, dass ich mich an einen Wasserschlauch hänge und meinen Bauch vollaufen lasse. Die Priester, die trinken wieder, und wir sitzen da.

Die Jerichoner tranken uns auf den Mauern zu.

Gott ist gnädig mit seinen Priestern.

Wenn wir nichts zu trinken bekommen, machen wir uns ein goldenes Kalb. Dann soll Josua sehen, wie er den Zorn des Herrn beschwichtigt.

Saphat

Hunger und Durst sind stärker als Gott.

Soldaten *abwechselnd*

Einen Fisch möchte ich haben, einen geschuppten, wässrigen Fisch, einen wundervollen Wasserfisch.

In den Gärten von Jericho gibt es Springbrunnen. Dort spielt man mit dem Wasser und badet darin, und getrunken wird nur Wein und Bier.
Als wir kämpften, da gab es wenigstens zu essen und zu trinken.
Lieber verbluten als verdursten.
Tot ist tot.
Sieben Priester essen weniger als 10000 Soldaten. Habt ihr es nicht gemerkt? Josua hat keine Vorräte mehr.
*Esau tritt auf.*

ESAU
Hosianna; heute ist ein grosser Festtag!

ERSTER SOLDAT
Festtag heisst fasten!

ZWEITER SOLDAT
Das kann nicht wahr sein, Esau, heute ist kein Festtag. Kein Sieg, kein Wunder ist geschehen.

DRITTER SOLDAT
Ein ganz gewöhnlicher Donnerstag.

ESAU *mürrisch*
Freuet euch, jubilieret.

VIERTER SOLDAT
Wir wollen uns nicht freuen, wir wollen Wasser und Brot.

ESAU
Zur Feier des bevorstehenden Falls von Jericho wird heute gefastet. So hat Josua gesagt. Die Ration: ein Becher Wasser.

SOLDATEN
Und was bekommen die Priester?

ESAU
Das geht euch einen Dreck an.

SOLDAT
Das geht uns einen Dreck an, und vielleicht sollen wir auch Dreck fressen, was? Freunde, was hier gespielt wird, das ist eine Schweinerei.

ESAU
Halt's Maul. Habt ihr denn heute gekämpft, ihr Feiglinge?

SOLDAT
Unsere Mägen kämpfen mit dem Hunger. Und der ist schlimmer als der stärkste Feind.

EIN ANDERER
Unter Mose wäre so etwas nicht vorgekommen.

SAPHAT
Er hat recht, Esau, unter Mose nicht.

ESAU
Ihr selber habt Josua gewählt. Warum? Weil ihr genau wisst, dass er der einzige ist, der euch ins gelobte Land führen kann, ihr traurigen Sünder. Wegen Josua hat Gott Erbarmen mit euch. Weil Josua zu Gott sagt: Tu ihnen nicht, was sie verdienen, hab Geduld mit ihnen.

SAPHAT

Du lästerst, Esau. Wer ist denn geduldig? Dieses Volk, das Gott auserwählt hat, ja. Dieses tapfere Volk leidet Hunger und Durst, seit vierzig Jahren. Es ging aus Ägypten fort, weil man ihm das gelobte Land versprochen hatte, das Land, wo Milch und Honig fliesst. Es irrt in der Wüste umher, seit vierzig Jahren. Auf seinem Weg liegen seine Toten, und die leben, denen brennen die Füsse vom heissen Sand. Dieses Volk kämpft und erringt Sieg um Sieg. Doch die Früchte der Siege werden ihm aus der Hand gerissen. Es verdurstet, und sein Same vertrocknet in der Wüste. Ich bin ein alter Mann, und was weiter geschieht, berührt mich nicht. Aber das weiss ich: dies ist nicht die Verheissung, die uns aus Ägypten herausgeführt hat. Dieses Volk ist wahrhaftig geduldig, doch vielleicht ist auch seine Geduld einmal erschöpft und, wer weiss, vielleicht sogar bald. Das sollte auch Josua wissen.

ESAU

In drei Tagen sind wir in Kanaan.

SAPHAT

Wenn die Mauern fallen, ja. Doch manchmal geschehen auch keine Wunder. Und warum, wenn es doch so ist und wirklich, wie ihr sagt, Milch und Honig fliesst in Kanaan, warum denn öffnet ihr zum Beispiel nicht die Lager?

EIN SOLDAT

Sehr weise, Saphat! Warum jetzt hungern, wenn wir in drei Tagen doch in Kanaan sind, wo Milch und Honig fliesst?

EIN ANDERER

Jetzt wollen wir essen, jetzt wollen wir trinken, denn jetzt haben wir Hunger und Durst.

EIN ANDERER

Dort in dem Zelt hängen die Wasserschläuche und die Mehlsäcke. Auf Brüder, drei Schritte nur, und wir sind alle satt!

ESAU

Seid ihr verrückt geworden? Wer zum Vorratszelt geht, den haue ich eigenhändig in Stücke. Wollen doch sehen, wer hier befiehlt.

SAPHAT

Hier befiehlt das auserwählte Volk Gottes.

ALLE

Hier befiehlt das auserwählte Volk *Sie nehmen eine drohende Haltung an und rücken gegen Esau vor, der sich vor das Vorratszelt gestellt hat; Esau schlägt den Vordersten mit der Faust nieder.*

ESAU

Das fürs erste, für den nächsten nehm ich das Schwert.

EIN SOLDAT

Pass auf, Esau, auch wir haben Schwerter.

*Josua tritt auf.*

JOSUA

Esau, was hast du wieder getan! *zum niedergestreckten Soldaten* Steh auf, sei kein Schwächling, Habakuk!

Ein Soldat

Wir verdursten, Josua, wir verhungern, und Esau sagt, heute sei Fasttag.

Josua

Zur Feier des bevorstehenden Falles von Jericho. In drei Tagen sind wir im gelobten Land. Danket dem Herrn.

Soldat

Wir danken, wenn wir gegessen haben.

Ein anderer

Mach die Lager auf, Josua!

Josua

Esau, öffne das Zelt.

Esau

Aber ...

Josua

Öffne das Zelt.

*Das Zelt wird geöffnet.*

Josua

Geh ins Zelt, Habakuk. *Habakuk zögert.* Geh hinein! *Habakuk geht zögernd.*

Habakuk

Es ist leer.

Josua

Sieh dich genau um.

Habakuk

Fast leer.

Josua

Zähl die Wasserschläuche, die vollen.

Habakuk

Neun grosse voll, alle anderen leer.

Josua

Zähl die Mehlsäcke.

Habakuk

Drei.

Josua

Wie lange reicht das?

Habakuk

Zwei Tage, vielleicht drei.

Josua

So, und jetzt iss und trink! *Habakuk tut nichts.* Häng dich an den Wasserschlauch, füll dir deinen Beutel mit Mehl, und ihr alle, geht hinein, sauft und fresst euch voll. Was wartet ihr? Tut, was ihr tun wolltet! Für euch reicht's gewiss, ihr gefrässigen Bäuche. Ist doch besser, die Weiber und Kinder verhungern und verdursten, als ihr, ihr tapferen Sieger von Ur, Ai und Makkeda. *Sie weichen zurück* Habt ihr euren Mut verloren? Oder seid ihr nicht mehr hungrig? *Pause* Esau, schliess das Zelt. In drei Tagen sind wir in Kanaan, Saphat, *Pause* hörst du, in drei Tagen.

Saphat

Was geht mich das an? Warum sagst du das mir?

Josua

Du weisst es, Saphat.

Saphat

Ich weiss nichts, als dass du Jericho erobern willst mit Posaunen. Das ist zum Lachen.

Josua

In drei Tagen sind wir in Kanaan.

Saphat

Wie hat man dich betrogen, Israel! Du törichtes, verführtes Volk! In Ägypten hatten wir Esel, denen band man einen Stock über den Kopf mit einem Bündel Heu daran. Das hatten sie immer vor Augen, und liefen dem Heu nach und trugen geduldig alle Lasten und meinten, sie bekämen das Heu. Aber sie bekamen es nie. So lauft ihr nach Kanaan! Kanaan, das gelobte Land, das heilige Land, das Land, wo Milch und Honig fliesst! Ich habe Männer gesehen, die von Kanaan kamen, Ammoniter und Philister. Wisst ihr, was die sind? Schafzüchter. Das Land ist so dürr, dass es keine Kuh aufzubringen vermag. Schafzüchter sollt ihr werden. Ich habe lange geschwiegen, Josua. Aber endlich muss ich diesem Volk die Wahrheit sagen: Kanaan ist nicht viel besser als die Wüste. Und dafür seid ihr 40 Jahre lang durch die Wüste geirrt: für eine Wüste.

*Josua winkt die Kundschafter aus Kanaan herein, die an einer Stange die bekannte Riesentraube hereintragen. Sie gehen über die Bühne und treten wieder ab.*

Volk

Grosser Gott!

Josua

Das ist Kanaan, Saphat.

Saphat

Das ist Schwindel. Solche Trauben gibt es auf der ganzen Welt nicht. Wir haben genug von dir, Josua.

Josua

In drei Tagen sind wir in Kanaan. Du aber wirst das Land nie betreten, Saphat; denn es ist nur denen verheissen, die nicht in Ägypten geboren sind. Mit deinem Tod wirst du beweisen, dass die Verheissung sich erfüllt. In drei Tagen sind wir in Kanaan, und du, Saphat, zum Beweis, den du ja gefordert hast, wirst sterben. Die Ältesten sollen urteilen.

*Aufruhr. Die Ältesten treten auf Saphat zu.*

Saphat

Was habe ich getan?

Einer

Er hat Gott gelästert. Er hat gesagt, das gelobte Land ist eine Schafweide, eine halbe Wüste.

DIE ÄLTESTEN

Er hat gegen Gottes Verheissung gelästert! Steinigt ihn! *Saphat wird hinausgeführt. Von draussen das Geschrei der Menge, die ihn steinigt.*

JOSUA *der allein zurückgeblieben ist*

Herr! Herr, hörst du mich? Ich habe Saphat getötet, damit die Verheissung sich erfüllt. Wären wir nach Kanaan gekommen, und er hätte noch gelebt, dann hätte die Verheissung gelogen, oder Mose hätte sich geirrt. Doch Mose *konnte* nicht irren, Herr, nicht wahr? Herr, warum antwortest du mir nicht? Saphat musste sterben, weil er recht hatte. Herr, die vierzig Jahre in der Wüste waren nicht notwendig. Wir hätten es in drei Jahren schaffen können, ich habe es genau berechnet. Aber es mussten vierzig Jahre sein, damit Mose stirbt und alle die anderen, die in Ägypten waren, auf dass deine Verheissung sich erfülle. Viele sind gestorben, Herr, und da sie für deine Verheissung gestorben sind, muss die Verheissung erfüllt werden, sei es auch durch meinen schwachen Arm. 37 Jahre zuviel, 37000 Tote zuviel, Herr, ich verzeihe dir; Herr, verzeih auch mir. *Pause.* Herr, wo bist du?

## DER SIEBTE TAG

*Palast des Königs von Jericho. Thronsaal. König Jobab tritt auf, gefolgt vom Oberhofmeister, von zwei Flötenspielern und einem Harfenisten. Während des Gesprächs mit den Musikanten wehrt Jobab mehrmals den Oberhofmeister ab, der ihm etwas anscheinend Dringendes mitteilen will*

JOBAB *nachdem er sich Watte aus den Ohren genommen hat, zu den Musikanten*

Ich war nie gegen Musik, doch wenn sie nicht mehr aufhört ... Ihr sollt dieselbe Melodie spielen wie die Juden, hört ihr, aber musikalisch, nicht so gewalttätig, am besten in Moll, mit einem Ton lieblicher Trauer, nicht zu laut und nicht zu leise, mit anmutigen Varianten. Nur keine Eintönigkeit! Wir sind nicht gewillt, uns von den Dingen, wie sie sind, überwältigen zu lassen. Verwandelt das Schreckliche in Annehmlichkeit, adelt die nackten Verhältnisse durch schöne Kleider.

Flötenspieler

Zwei Flöten und eine Harfe – ich weiss nicht –

Jobab

Die ungewohnte Kombination wird uns in Erstaunen versetzen, und wenn ihr es gut macht, in Entzücken.

Flötenspieler

Wir wollen es versuchen.

*Sie beginnen zu spielen, so dass von ihrem Spiel die Musik der Juden übertönt wird. Sie spielen während der ganzen Szene.*

Jobab *zum Oberhofmeister*

Ich will den Verteidigungsminister sprechen und den Generalstab. Das Hoforchester wird uns weniger stören als die Musik von draussen.

Oberhofmeister

Majestät, der Verteidigungsminister lässt sich entschuldigen. *überreicht eine Tontafel*

Jobab *liest*

«... dass infolge der unglücklichen Verkettung der Umstände es unumgänglich wird, Jericho mit einem anderen Ort zu vertauschen ...» Vertauschen schreibt er. *unterbricht die Musikanten* Aber doch nicht so munter! Leise Trauer soll mitspielen, ein undefinierbares Bedauern mit dem Menschsein, wie nur die Musik es ausdrücken kann. Und dass ihr mir keine Pausen einlegt! Musik ist Ersatz für Gedanken, und ich will jetzt nicht denken.

Oberhofmeister

Majestät! Der Verteidigungsminister hat heute früh die Stadt verlassen!

Jobab

Er gibt also zu, dass seine Verteidigungspolitik ein Fehlschlag war.

Oberhofmeister

Die Armee ist ohne Oberbefehl, die Generale und der grösste Teil der Offiziere sind geflohen, die Soldaten meutern, das Volk ist in Aufruhr, Majestät. Es muss sofort etwas geschehen, sonst sind wir verloren. Sie müssen Befehle erteilen!

Jobab

Gut, ich befehle, dass sofort etwas zu geschehen hat.

Oberhofmeister

Es ist keine Zeit für Spässe, Majestät.

Jobab

Ich scherze nicht, Oberhofmeister. Ich befehle, dass Jerichos Mauern nicht einstürzen am siebenten Tag – das wäre heute – und dass die Stadt nicht den Juden in die Hände fällt. Ich befehle, Oberhofmeister, und du haftest mit deinem Kopf dafür, dass die Befehle ausgeführt werden.

Oberhofmeister

Ich bin doch nur Oberhofmeister, Majestät ...

JOBAB *unheimlich*
Ich befehle, dass du allen befiehlst, den Befehlen nachzukommen. Wer ihnen nicht nachkommt, den köpfst du, und wenn du diesen Befehl nicht ausführst, befehle ich, dass du selber geköpft wirst.

OBERHOFMEISTER *sehr erschrocken*
Ich habe verstanden, Majestät. *zieht sich zuerst langsam, dann sehr schnell zurück Die Exkönige Sihon, Hoham, Og, Japhia, Debir treten auf, jeder einen Koffer in der Hand.*

JOBAB
Was? Ihr seid noch da?

SIHON *feierlich*
Wir kommen, um uns von dir zu verabschieden, Jobab, König von Jericho. Wir danken dir für deine Gastfreundschaft, die wir sieben Tage lang genossen haben. Doch nun müssen wir weiterziehen.

JOBAB
Wohin?

HOHAM
Zu Jabin. König von Hazor. Hazor liegt jenseits des Jordans und bietet mehr Sicherheit.

JOBAB
Ich kann es euch nicht verübeln, dass ihr Jericho verlasst. Es war klug ausgedacht von Josua, der ganzen Bevölkerung den Tod anzudrohen. Sonst hatten wenigstens die Generale eine Chance, einen verlorenen Krieg unversehrt zu überstehen. Leider kann ich euch keinen Geleitschutz geben.

OG
Mach dir keine Sorgen um uns. Der Ring um die Stadt ist nicht geschlossen, wie wir gesehen haben. Sogar deine Minister und Generale sind unbehelligt durchgekommen.

JOBAB
Und Uri mit seinen 26 Gattinnen.

JAPHIA
Die Kronen legen wir in die Koffer: so fallen wir unterwegs nicht auf. *Sie legen die Kronen in die Koffer.*

DEBIR
Wir reisen inkognito.

JOBAB
Das ist ein guter Gedanke.

SIHON
Willst du dich uns nicht anschliessen?

JOBAB
Nach Hazor?

HOHAM
Zu König Jabin.

OG
Jetzt ist noch Zeit.

Japhia

Morgen wird es zu spät sein.

Jobab

Ist das euer Ernst?

Debir

Jericho ist bei der gegenwärtigen Lage nicht mehr zu halten.

Jobab

Was soll ich bei König Jabin?

Sihon

Wir sammeln unsere Kräfte und setzen den Widerstand fort.

Jobab

Indem ihr von Land zu Land flieht. Nein, meine Herren. Jericho ist noch nie erobert worden. Und wenn, dann geh ich eben unter, mit meinem Volk.

Hoham

Wir bewundern diese hohe Gesinnung.

Japhia

Und werden dir ein ehrendes Andenken bewahren.

*Die Exkönige treten ab; Jobab sitzt eine Weile stumm.*

Jobab

Oberhofmeister! *Pause* Oberhofmeister! *Der Oberhofmeister tritt auf.*

Jobab

Du bist der einzige, der mich nicht verlassen hat. Leider kann ich diese beispielhafte Treue nicht so belohnen, wie sie es verdient, weil der Finanzminister den Kronschatz und die Staatskasse mitgenommen hat. Oberhofmeister, diese Stadt hat zwar Mauern, aber keine Bürger mehr, und darum, verstehst du, wird sie untergehen. So bitte ich dich denn um einen letzten Dienst; dann magst du gehen, wie die andern.

Oberhofmeister

Solange Sie leben, Majestät, ist nichts verloren. Ich weiche nicht von Ihrer Seite.

Jobab

Bis in den Tod?

Oberhofmeister

Bis in den Tod!

Jobab

Ich weiss, dies ist der letzte Tag von Jericho, wie Josua gesagt hat. Ich glaube zwar nicht, dass die Mauern einstürzen, wie er behauptet, sondern die Juden werden ganz einfach die Tore aufstossen und einmarschieren, und niemand wird sie daran hindern. Ich bin der letzte König von Jericho, der ältesten Stadt der Welt. Darum wird die Nachwelt ein Auge haben auf unsere Haltung in diesem historischen Moment. Wie wir *auftreten*, können wir nicht bestimmen. So muss denn unsere ganze Kunst dem *Abgang* gelten, damit die Ewigkeit uns sicher ist. Man wird einst nicht sagen können, Jericho sei sang- und klanglos untergegangen, dafür haben schon die Juden gesorgt. Doch für das weitere haben wir zu sorgen. Die Gestik soll vollendet sein und die letzten Worte bedeutend. Im Beifall der Nachgeborenen leben wir weiter. Ich habe das Königsschwert, das meine Vorfahren bei den feierlichsten Gelegenheiten trugen, aus dem Kriegsmuseum holen und die Spitze etwas schärfen lassen.

OBERHOFMEISTER

Majestät!

JOBAB

Da ... zittere nicht. Du wirst das Schwert halten, während ich mich hineinstürze. Das Herz befindet sich hier, neben dem Brustbein.

OBERHOFMEISTER

Ich kann nicht, Majestät.

JOBAB

Du musst das Schwert stillhalten, und ja nicht zurückweichen! sonst trifft es das Brustbein, eine Rippe oder gar den Magen.

OBERHOFMEISTER

Aber ...

JOBAB

Noch kein Getreuer hat seinem König diesen letzten Dienst verweigert.

OBERHOFMEISTER

Ich zittere zu sehr, Majestät.

JOBAB

Dann stell es am Boden fest. So. Halt – meine letzten Worte! Beinahe hätte ich das Wichtigste vergessen. Du musst sie dir genau merken und der Nachwelt überliefern. Sie sollen kurz und prägnant sein, abschliessend und doch zu weiterem Nachdenken anregen, historisch, aber nicht zu monumental, nur in Verbindung mit der einmaligen Situation, gross, aber diese an Grösse übersteigend, ohne lauthalses Pathos, gerade bedeutend durch ihre Bescheidenheit, die vom Sterbenden wegweist auf das Licht, das die Geschichte auf ihn wirft. Und er wird ein Stern sein, den man noch sieht, nachdem er schon lange verloschen ist. *Rahab tritt auf.*

RAHAB

Jobab!

JOBAB

Rahab! Was willst du hier? Wer hat dich freigelassen?

RAHAB

Es war nicht sehr klug von dir ausgedacht, mich einzusperren und mir den Schmuck zu lassen – bei der Bestechlichkeit und Feigheit deiner Leute. Sie sind alle verduftet. Das Tor des Zuchthauses steht offen.

JOBAB *setzt sich wieder erschöpft auf den Thron*

Ich *musste* dich verhaften lassen. Du hast das Spiel zu weit getrieben: einen jüdischen Kundschafter aufzunehmen, und das in aller Öffentlichkeit! Wozu? Als Herausforderung? Sag mir bloss nicht, du hättest dich in den Juden verliebt! Wie deine Häuserkäufe: um deine Macht zu demonstrieren!

RAHAB

Mag sein.

JOBAB

Seit je hast du es geliebt, die Überlegene zu spielen, die Unnahbare. *bewundernd* Wie dir das gelang, bei deinem Beruf!

RAHAB

Lass uns zum Geschäft kommen. Wir haben keine Zeit zu verlieren.

JOBAB *versonnen*

Ich überlege gerade: ein Tod in deinen Armen –

RAHAB

Tod? *sieht das Schwert, das der Oberhofmeister noch ratlos in der Hand hält* Ach du willst eine grosse Szene aufführen? Merkst du nicht, wie komisch das wirkt? Mit einem rostigen Schwert! Du könntest dir eine Infektion zuziehen.

*Die Musik wird etwas stärker.*

JOBAB

Sterben ist sterben.

RAHAB

Unsinn. Du verkaufst mir jetzt die Staatsgüter. Auch das Zuchthaus, und die königlichen Privatgüter. Das ist alles, was mir noch fehlt. Hier die Urkunden. Der Notar hat sie noch unterschrieben, bevor er sich nach Babylon absetzte. *Die Musik wird noch stärker.*

JOBAB

Er war bei mir. Ich habe ihn weggejagt.

RAHAB

Ich weiss.

JOBAB

Ich kann nicht ohne den Ministerrat unterschreiben.

RAHAB

Es gibt keinen Ministerrat mehr. *Die Musik wird noch stärker.*

JOBAB *fast schmollend*

Ich will aber nicht. *zu den Musikern* Nicht so laut, meine Herren, seht ihr nicht, dass wir uns unterhalten? *Die Töne schwellen weiter an, Jobab brüllt*

Hört auf, sage ich, hört sofort auf. *Die Musiker legen ihre Instrumente beiseite; aber die Lautstärke nimmt weiter zu.*

JOBAB *starr*

Die Juden! Sie sind in der Stadt!

RAHAB

Ja. *Pause*

DIE MUSIKER

Wir gehen, Majestät. *ab*

JOBAB *schreit*

*Du* hast sie hereingelassen! *Darum* deine Käufe! Nicht auf den Abzug der Juden hast du spekuliert, sondern auf ihren Sieg! Du hast einen jüdischen Spion bei dir gehabt und dich mit ihm im Bett gewälzt, um dich bei den Siegern beliebt zu machen. Und ich habe dich immer in Schutz genommen. Ich meinte: was soll uns der Spion, die Mauern sind unüberwindlich, auch für den, der sie von innen kennt. Aber ich habe dich unterschätzt. Du hast diese Stadt verschachert, um dich zu retten, um sagen zu können: Ich bin nicht mehr die Hure von Jericho, ich bin die Königin von Jericho. Hure zu sein war dir nicht genug! Jericho hat mit dir gehurt, jetzt hurst du mit Jericho. Eine herrliche Rache, eine totale, in der Tat, und der König von Jericho soll dein Sklave sein. Nie, nie, nie!

RAHAB

Schrei nicht, unterschreib!

JOBAB

Nie, nie, nie! Gib mir das Schwert, Oberhofmeister! *Der Oberhofmeister übergibt ihm das Schwert. Der König ist zu schwach, um es zu halten*

RAHAB

Zu schwer für einen schwachen Mann. Es wird keinen Mord geben und auch keinen Selbstmord. Unterschreib!

*Die Musik ist inzwischen zu unerträglicher Lautstärke angewachsen. Die jüdischen Blechmusikanten treten auf, hinter ihnen Josua und die Juden, unter ihnen auch Gabriel. Jetzt erst, aus der Schreckerstarrung plötzlich gelöst, unterschreibt Jobab hastig die Tontafeln, die ihm Rahab schnell, eine nach der anderen, vorhält. Josua tritt auf Jobab und Rahab zu. Auf seinen Wink verstummt die Musik. Ein gefesselter Mann wird auf einen weiteren Wink von Josua vor den König geworfen.*

JOSUA

Dein Botschafter, König von Jericho. Das Angebot, dich mit deinem Vermögen frei aus der Stadt ziehen zu lassen, hat der Herr der Heerscharen nicht annehmen können; denn er lässt nicht mit sich handeln.

*Auf einen weiteren Wink werden die Exkönige, der Finanzminister, der Notar und einige andere, ebenfalls gefesselt, vor den König geworfen.*

JOSUA

Auch diese hat der Herr wieder nach Jericho gebracht – mit Hilfe unserer Aussenposten, die wir in einiger Entfernung rings um die Stadt aufgestellt hatten. Uns war es wichtig, euch das Gefühl zu geben: wer flieht, kommt davon. *abschliessend* Und jetzt, Kinder Israels, fällt diese Stadt unter das Schwert und das Feuer des Herrn.

RAHAB

Josua! Wenn ein Mann dem Herrn ein Gelübde tut oder einen Eid schwört, so soll er sein Wort nicht brechen; genau wie er es ausgesprochen hat, soll er es halten.

Josua
4. Mose 30,3. Wer bist du?

Rahab
Rahab. Ich kenne die Bücher Mose.

Josua *mit einer Mischung von Verachtung und Bewunderung*
Die Hure Rahab!

Rahab *langsam und deutlich*
Im Hause der Hure Rahab hat dein Neffe, den du als Kundschafter nach Jericho geschickt hast, hat Gabriel, als er von unserer Polizei verfolgt wurde und ich ihn aufnahm, bei dem Herrn geschworen, dass die Kinder Israels meine Häuser und Grundstücke und alle Personen und Sachen, die sich auf den Grundstücken oder in den Häusern befinden, verschonen werden.
*Pause*

Josua
Gabriel! Gabriel, mein Sohn, die Hure lügt, nicht wahr?

Gabriel
Nein.

Josua
Hast du diesen Eid, diesen verrückten, diesen gotteslästerlichen Eid wirklich geschworen, bei dem Herrn?

Gabriel
Ja.

Josua *voller Verachtung*
Um dein Leben zu retten.

Gabriel *langsam und betont*
Nein.

Josua *nach kurzer Pause, fassungslos*
Für die Hure hast du es getan?

Gabriel *ganz einfach und selbstverständlich*
Für Rahab.

Rahab *erschrocken und zärtlich*
Gabriel!

Josua *der alles schnell erledigen will, um rasch über die peinliche Sache hinwegzukommen*
Wo steht dein Haus?

Rahab
Meine Häuser stehen in der ganzen Stadt. Der Boden, auf dem du stehst, gehört mir.

Josua
Dies ist der Palast des Königs. König Jobab, ist diese Lügnerin von Sinnen?

Jobab *der inzwischen begriffen hat, ängstlich und beflissen*
Sie hat recht. Der Palast gehört ihr, alles in Jericho gehört ihr; sogar das Zuchthaus hat sie gekauft.

Rahab
Die ganze Stadt ist mein. Kein Haus könnt ihr zerstören, keinen Menschen töten. Der Herr hält seine Hand über uns.

Josua

Hör auf, den Herrn zu lästern, Betrügerin!

Rahab

Bitte, das Grundbuch und die Verträge. *Ein mit Tontafeln beladener Karren wird hereingeführt* Der König ist Zeuge, der Notar und alle anderen.

Josua *stösst den Karren um*

Scherben, nichts als Scherben.

Rahab

Zu spät, Josua. Der Bruch der Tafeln bricht nicht den Vertrag: §5321 Bürgerliches Gesetzbuch von Jericho. Denk an die Tafeln, die Mose im Zorn zerbrach. Durftet ihr da töten, stehlen und ehebrechen?

Josua

Eure Gesetze binden uns nicht. Der Eid ist ungültig. Nur Gabriel hat geschworen. Sein Eid ist nicht mein Eid.

Rahab

Kein Meineid, in der Tat!

Josua

In Verblendung und gegen das Gesetz hat er geschworen. Sein Eid ist Meineid.

Rahab

Also hatte ich recht: Sein Eid ist dein Eid.

Josua *verliert die Nerven*

Falscheid, sage ich, und nicht von mir geschworen.

Rahab

Der Herr hat seinen Bund mit dem *ganzen* Volk Israel geschlossen. Was einer von euch schwört, müsst ihr alle erfüllen.

Josua *leise, düster und beinahe traurig*

Es sei denn, der Meineidige werde gesteinigt. «Auf dass du das Böse von mir tust» (5. Mose 13,5). Gabriel, mein Sohn, was hast du getan! *tonlos* Ich kann dir nicht mehr helfen. Denn der Herr sprach zu seinem Diener Josua: «Die Stadt soll mit allem, was darin ist, dem Bann des Herrn verfallen sein» (Josua 6,17). Und zu Mose sprach der Herr: «Werdet ihr aber die Einwohner des Landes nicht vertreiben vor eurem Angesicht, so werden auch die, die ihr übrigbleiben lasst, zu Dornen werden in euren Augen und zu Stacheln in euren Seiten und werden euch drängen in dem Lande, darin ihr wohnet. So wird's dann gehen, dass ich euch gleich tun werde, wie ich gedachte ihnen zu tun» 4. Mose 33,55 f.).

Rahab *verzweifelt*

Ich verzichte auf den Schwur. Gabriel ist unschuldig!

Gabriel *ruhig*

Ich habe es ihr geschworen, bei dem Herrn.

Josua *starr, leise*

Das Gesetz muss sich erfüllen. Es kann sich nicht täuschen. Die Worte des Herrn sind wahr.

Rahab *mit dem letzten Mut der Verzweiflung, schreit*

Nicht der Herr hat gesagt, Jericho muss zerstört werden. Du selber hast es gesagt, du allein. Nie hat der Herr zu dir gesprochen, das weisst du genau. *Josua erschrickt.* Zu Mose hat er gesprochen und auch zu Gabriel, weil er ein unschuldiges Herz hat; aber zu dir nie, nicht ein einziges Wort. Du bist ein falscher Prophet, Josua, und du weisst auch, was Mose gesagt hat von den falschen Propheten: «Wenn der Prophet redet in dem Namen des Herrn, und es wird nichts daraus, und es kommt nicht, das ist das Wort, das der Herr nicht geredet hat; der Prophet hat's aus Vermessenheit geredet, darum scheue dich nicht vor ihm» (5. Mose 18,22). Weil du weisst, dass du ein falscher Prophet bist, musst du dir und den anderen vormachen, der Herr spreche durch dich. Weil du es gesagt hast und weil du beweisen musst, dass geschieht, was du sagst, auf dass du kein falscher Prophet seist, darum muss Jericho, darum muss Gabriel sterben. Aber es wird nichts daraus, was immer du auch sagst und was immer du auch tust, der Herr spricht nicht zu dir.

Josua *bleich*

Sie lästert Gott! Schafft die Hure fort und tut, was ich gesagt habe.

Rahab *wirft sich zu Boden*

Herr, lass diesen bösen Mann nicht gewähren! Fall ihm in seinen mörderischen Arm, löse seinen bösen Starrsinn, Herr, sprich du selber, Herr, Herr, sprich du selber!

Stimme von oben

Josua!

*Josua erstarrt, alle blicken nach oben. Der nun folgenden Erscheinung muss grösste Unglaubwürdigkeit verliehen werden. Mittels eines komplizierten und gebrechlichen Mechanismus aus Rädern, Seilen und Brettern wird ein Gestell von oben auf die Bühne heruntergelassen, auf dem der als Gott verkleidete Autor des Stückes steht.*

*Das Ächzen und Quietschen der Rollen muss laut vernehmbar sein. Einige Stockungen im Ablauf des Mechanismus könnten zur Verdeutlichung dessen, was der Autor will, sehr beitragen. Die Verkleidung des Autors entspricht den Bildern des lieben Gottes in den Kinderbibeln.*

Josua

Herr! *triumphierend* Der Herr spricht zu mir!

*Der Autor setzt sich auf Jobabs Thron, legt die göttliche Verkleidung samt dem wallenden Bart und der Perücke ab und kommt als Durchschnittsmensch des 20. Jahrhunderts zum Vorschein.*

Autor

Mach dir nichts vor, Josua. Ich bin nicht Gott, das siehst du. Ich bin ein Mensch und lasse mit mir reden. Ich weiss nicht einmal, ob es Gott gibt.

Josua
Wer bist du?
Autor
Der Autor dieses Stückes.
Josua
Was willst du?
Autor
Mit dir sprechen.
Josua
Sprich!
Autor
Du solltest deine Zweifel nähren, Josua, nicht unterdrücken.
Josua
Ich zweifle nicht.
Autor
Zweifeln ist menschlich, und wer zweifelt, handelt menschlich.
Josua *wütend*
Ich sagte dir: ich zweifle nicht. Ich habe immer und um jeden Preis an der Verheissung des Herrn und an seinem Gesetz festgehalten, immer sein Wort genau erfüllt.
Autor
Denk an die weisse Wolke, die euch in der Wüste voranging!
Josua
Ich bin ihr treulich gefolgt und keinen Schritt von ihrem Weg abgewichen.
Autor
Und jede Nacht bist du vor dein Zelt getreten, und jedesmal warst du erleichtert, wenn die Sterne dir zeigten, dass ihr den richtigen Weg gegangen wart, den kürzesten nach Kanaan.
Josua
Den kürzesten? Erst in diesem Jahr, nachdem Mose mir den Oberbefehl übertragen hatte. Vorher hat Mose sein Volk vierzig Jahre in der Wüste herumgeführt, sinnlos, und die Wolke hat es nicht verhindert. Er wusste nicht einmal, wo das gelobte Land lag, ein Landstrich in seiner phantastischen Seele. Vierzig Jahre: Ich musste wie immer die Erklärung finden: weil keiner, der noch in Ägypten geboren war, das gelobte Land betreten darf.
Autor
Eine seltsame Erklärung.
Josua
Sie stimmt; denn alle, die noch aus Ägypten kamen, sind tot. Die Wüste. Keiner hat die vierzig Jahre überlebt.
Autor
Bei den Wasserrationen hast du die Jungen bevorzugt.
Josua
Wir brauchten Männer, die kämpften, und Weiber, die gebären konnten. Es war nicht anders zu machen. Vierzig Jahre Wüste! Durch die Wüste Sinai, durch die Wüste Pharan, durch die Wü-

ste Hazeroth, durch die Wüste Zin, durch die Wüste Kades, sinnlos kreuz und quer, ohne Richtung. Allein fünfmal wanderten wir ums Gebirge Seir herum, vierzig Jahre in der Wüste, die wir in drei Jahren hätten durchqueren können! Aber Mose war ein Prophet; was er sagte, war Gottes Wort. Er vollbrachte Wunder.

AUTOR

Und du! Wie war das mit der Riesentraube?

JOSUA

Ich *musste* beweisen, dass Kanaan das gelobte Land ist. Bei Mose murrten sie nur, bei mir meuterten sie. Die Traube hat uns gerettet.

AUTOR

Die Traube war zu gross.

JOSUA

Was hätte ich tun sollen? Moses Wunder kritisierst du nicht.

AUTOR

Sie waren natürlicher.

JOSUA

Und als sie aufhörten, als der Mannaregen plötzlich aufhörte, als keine Wachteln mehr kamen, musste ich immer neue Erklärungen finden.

AUTOR

Wenn die Wunder aufhören, beginnt die Theologie.

JOSUA

Ich hatte mich an das Schweigen Gottes gewöhnt und mich an das Gesetz und die Verheissung gehalten: Wer sich uns in den Weg stellt, der ins gelobte Land führt, wird vernichtet. Dieses Volk kann es sich nicht leisten, Feinde in seinem Rücken zu haben.

AUTOR

Und jetzt wäre Jericho an der Reihe, eine schöne, eine freundliche Stadt, von hohem historischem Wert.

JOSUA

Der Herr hat die Stadt unter seinen Bann getan, so steht es geschrieben.

AUTOR

Ist es auch richtig? Was ist das für eine Verheissung, die hunderttausend Männer, Frauen und Kinder tötet?

JOSUA

Wenn wir sie nicht töten, töten sie uns.

AUTOR

Weil ihr euch voreinander fürchtet, bringt ihr einander um. Du bist genauso ängstlich wie die Einwohner von Jericho.

JOSUA

Ich fürchte nur den Herrn und sein Gesetz.

AUTOR

Der Herr und das Gesetz! Es fällt schwer, mit einem Dogmatiker zu diskutieren. Ihr wollt Gott auf Ansichten festlegen, die er längst geändert hat. Nur habt ihr ihn inzwischen nicht mehr zu Wort kommen lassen. Diese Frau aber hat ihn überzeugt. Sie hat mit grosser Kühnheit auf euren Sieg gesetzt. Es würde dem Herrn schwerfallen, ihre Hoffnung zu enttäuschen.

JOSUA

Sie wollte ihn überlisten, mit einer wahnsinnigen Spekulation.

AUTOR

Hoffnung ist immer Spekulation. Gott hat sich gerne von Rahab überlisten lassen.

JOSUA *gibt auf*

Wenn du besser weisst als ich, was Gott will, bitte ... Du bist der Autor des Stückes: Befiehl, ich werde meine Rolle spielen.

AUTOR

Ich möchte durchaus nicht befehlen. Auch Gott befiehlt viel weniger als ihr glaubt oder glauben macht. Ich frage bloss: Könntest du dir keinen anderen Schluss dieses Stückes vorstellen?

JOSUA

Wir sind deine Geschöpfe, wir laufen an deinen Fäden, und du kannst uns in den Mund legen, was du willst. Man weiss auch nie, wann du selber eingreifst. Dauernd änderst du das Stück.

AUTOR

Ihr braucht überhaupt nicht mitzuspielen.

JOSUA

Ohne dich wären wir nicht hier.

AUTOR

Ohne euch würde ich nicht aufgeführt.

JOSUA

Aber doch gelesen.

AUTOR

Vielleicht. Das genügt mir aber nicht.

JOSUA *nach wie vor trotzig, nicht überzeugt, gelangweilt und ungeduldig*

Also, Jericho soll nicht zerstört werden. Was nun?

AUTOR

Wir spielen noch einmal von dem Augenblick an, in dem du mit deinem ganzen Gefolge auftrittst. Du hast Jericho erobert, dabei bleibt's. Rahab und König Jobab bleiben auf der Bühne, ihr tretet ab. *Auf den Wink des Autors verschwinden alle ausser Rahab, Jobab und Josua.* Überlege genau, wie du das Gespräch mit Rahab führen willst. Du musst einen Trick finden, um von deiner Voraussage, dass Jericho zerstört werde, abzukommen, ohne dir dabei zu widersprechen.

*Josua ab.*

RAHAB *zum Autor*

Ich danke dir!

AUTOR

Zu früh, Rahab. Wir wissen nicht, was Josua noch vorhat.

*Josua und Gefolge treten wieder auf.*

JOSUA *lustlos*

Die Mauern sind gefallen. Jericho, dein Ende ist gekommen.

RAHAB

Wo ist Gabriel?

JOSUA *gespielt erstaunt*

Gabriel? Welcher Gabriel?

RAHAB *kann nicht anders, als echt mitspielen. Als vollendetes Schauspielertalent lässt sie sich von der Situation mitreissen und kommt nicht von ihrer Rolle los* Gabriel! Hilf mir, Gabriel! *zu Josua, bös* Du hast Gabriel zurückgehalten, weil du weisst dass er bei mir wohnte, fünf Tage lang, und mir schwor, bei dem Herrn, dass meine Häuser und alles, was darinnen ist, vom Zorn Gottes verschont würden.

JOSUA *gelangweilt*

Ich weiss, ich weiss, und daraufhin hast du die ganze Stadt gekauft.

RAHAB

Woher weisst du das?

JOSUA

Ach, wir haben das doch alles schon gespielt.

RAHAB *zum Autor*

Warum lässt du dieses Spiel zu?

AUTOR

Warte ab.

JOSUA

Es soll dir gelungen sein, Hure Rahab, den Herrn zu überlisten. Solches ist ein eindeutiges Zeichen von Gnade. *zum Gefolge* Kniet nieder vor diesem Weib! *sie knien* Ich habe hier einen mutigen Menschen gefunden; natürlich eine Frau. Alle anderen sind vor Angst umgekommen und wenn sie jetzt wieder leben, haben sie es allein ihr zu verdanken. *zum Autor, ärgerlich* Ihr ist es gelungen, den Herrn zu überreden. Er liess sich gerne von ihr überreden, scheint mir; er stand einige Zeit ganz unter ihrem Einfluss, wie die einflussreichen Männer Jerichos, und ist dabei ein anderer Gott geworden, kaum mehr ein Gott.

AUTOR

Ein Mensch.

JOSUA

Die Verheissung ist in den Schoss dieses Weibes gelegt: Gott ist human geworden. Dieses Weib hat alles auf ihn gesetzt. Soviel Glaube, soviel Hoffnung, soviel Liebe dürfen nicht enttäuscht werden. *mit einem gemeinen Hintergedanken* Empfange nun, armer König Jobab, aus den Händen der Hure Rahab deine Krone und dein Reich. Knie vor ihr nieder! *Jobab kniet. Josua nimmt Jobabs Krone und gibt sie Rahab, zu Rahab.* Setz sie ihm auf.

RAHAB

So war es nicht gemeint. *zögert*

JOSUA *barsch*

Tu, was ich sage.

RAHAB *zum Autor*

Soll ich?

AUTOR *zuckt mit den Schultern*

RAHAB *setzt Jobab die Krone auf*

So wollte ich es nicht, Jobab.

JOSUA *zum Gefolge*

Der Herr ist vom Himmel heruntergestiegen und hat, wie einst zu Mose, zu mir gesprochen und gesagt: Verschone diese Stadt um dieser Rahab willen, die auf mich gehofft hat. Der Herr hat gesprochen. Wir verlassen jetzt deine Stadt, König Jobab, die dir die Hure geschenkt hat, und ziehen nach Kanaan, ins gelobte Land, wo an klaren Bächen fette Herden weiden. Da wird sich mein Volk niederlassen und für immer seinen Durst löschen und sich satt essen. Es wird Städte bauen, Häuser, feste Dächer über den Köpfen, Steppen bewässern, Kulturen schaffen, Universitäten und Kunststätten gründen und in die gleichen Irrtümer verfallen wie ihr, und sündigen und huren wie ihr, und schwach und ängstlich werden wie ihr, wenn nicht der Herr ihm von Zeit zu Zeit einen Propheten schenkt, der es zur Wahrheit des Gesetzes zurückruft.

AUTOR *verblüfft*

Er war nicht zu halten.

RAHAB

Gabriel!

JOSUA

Es gibt keinen Gabriel. Lasst mich allein mit Kaleb. *Alle ab*
Kaleb, schreib: Buch Josua, Kapitel sechs: «Jericho aber schloss und blieb verschlossen vor Israel ... So war der Herr mit Josua, und sein Ruf ging durch das ganze Land.»

*Beide ab. Die Bühne bleibt eine Weile leer. Jobab tritt auf mit einigen Soldaten, die Rahab gefesselt mitführen.*

JOBAB

Die Juden sind fort, die Stadt ist frei. Aber der Verrat muss gesühnt werden. Die Ältesten sollen urteilen. *Die Ältesten treten vor.*

RAHAB *erschöpft, leise*

Gabriel!

Vorhang

# Schriftenverzeichnis Peter NOLL


1947

Beitrag zur Lösung der Studienproblematik, unter spezieller Berücksichtigung des juristischen Studiums, in: Basler Studentenschaft, Heft 5, Basel 1947.

1949

Die Einwilligung des Verletzten bei den Delikten gegen die Persönlichkeit, Diss. Basel 1949, Maschinenschrift.

1950

Die letzten Menschen, Basel 1950.

1954

Das Unrechtsbewusstsein im Schweizerischen Strafrecht, in: Schweizer Beiträge zum IV. Kongress für Rechtsvergleichung, Genf 1954, S. 209ff.

Der subjektive Tatbestand der Gefährdung des Lebens nach Art. 129 des Strafgesetzbuches, ZStrR 69 (1954) 19ff.

1955

Übergesetzliche Rechtfertigungsgründe, im besonderen die Einwilligung des Verletzten (Habilitationsschrift), in: Schweizerische Criminalistische Studien, Bd. 10, Basel 1955.

1956

Der Einfluss von Kompensation und Retention bei den Delikten gegen das Eigentum, ZStrR 71 (1956) 148ff.

Stimmbürger und Gesetz. Gedanken zur gegenwärtigen Gesetzgebung und ihren Aufgaben von Andreas LINN und Peter NOLL, in: Basler Politische Schriften, Bd. IV, Basel 1956.

Übergesetzliche Milderungsgründe aus vermindertem Unrecht, ZStW 68 (1956) 181ff.

1957

Die neueren Eidgenössischen Nebenstrafgesetze unter rechtsstaatlichen Gesichtspunkten. Erweiterte Wiedergabe der am 20. Mai 1957 an der Universität Basel gehaltenen öffentlichen Habilitationsvorlesung, ZStrR 72 (1957) 361ff.

Zur Frage der sogenannten Deckrezepte. Bemerkungen zum Verhältnis zwischen Betrug, Urkundenfälschung und falschem ärztlichem Zeugnis, ZStrR 72 (1957) 66ff.

1958

Das ärztliche Berufsgeheimnis im Schweizerischen Strafrecht, in: Schweizer Beiträge zum V. Internationalen Kongress für Rechtsvergleichung, Zürich 1958, S. 233ff.

1959

Bericht vom 5. Internationalen Kongress für Rechtsvergleichung 1958, ZStrR 74 (1959) 115ff.

Besprechung KOHLRAUSCH / LANGE: Strafgesetzbuch mit Erläuterungen und Nebengesetzen, 42. Aufl., Berlin 1959, ZStrR 74 (1959) 392ff.

Gewaltenteilung und Unabhängigkeit des Richters im Strafrecht. Festschrift mit Oscar Adolf GERMANN zum 70. Geburtstag, ZStrR 75 (1959) 294ff.

Nebenstrafrecht und Rechtsgleichheit, ZStrR 74 (1959) 29ff.
Satirische Ehrverletzungen, Basler Juristische Mitteilungen (1959) 3ff.

1960

Geheimnisschutz und Zeugnispflicht, in: Festgabe zum siebzigsten Geburtstag von Max GERWIG, Basel 1960, S. 135ff.

1961

Besprechung des Strafgesetzbuch-Kommentars von SCHOENKE/SCHROEDER, 10. Aufl., München/Berlin 1961, ZStrR 77 (1961) 435ff.

1962

Die ethische Begründung der Strafe (unveränderter, durch Anmerkungen ergänzter Text der am 22. Juni 1961 an der Rechts- und Wirtschaftswissenschaftlichen Fakultät der Johannes Gutenberg-Universität Mainz gehaltenen Antrittsvorlesung); in: Recht und Staat, Heft 244, Tübingen 1962.
Zum gegenwärtigen Stand der deutschen Strafrechtswissenschaft. Bemerkungen zur Festschrift für Eberhard SCHMIDT, ZStrR 78 (1962) 377ff.

1963

Werner NIESES strafrechtliches Werk, in: Ansprachen anlässlich der akademischen Trauerfeier der Rechts- und Wirtschaftswissenschaftlichen Fakultät der Johannes Gutenberg-Universität Mainz am 10. Dezember 1963, S. 13ff.
Zur Gesetzestechnik des Entwurfes eines Strafgesetzbuches, JZ (1963) 297ff.

1964

Die Rechtfertigungsgründe im Gesetz und in der Rechtsprechung. Vortrag gehalten am 23./24. Januar 1964 im Kriminalistischen Institut des Kantons Zürich, ZStrR 80 (1964) 160ff.
Diskussionsvotum an der Strafrechtslehrertagung vom 21.–23. Mai 1964 in Hamburg, ZStW 76 (1964) 707ff.
Staatsbewusstsein und Kritik am Staat, in: Barsinghauser Gespräche (1964).

1965

Tatbestand und Rechtswidrigkeit: Die Wertabwägung als Prinzip der Rechtfertigung, ZStW 77 (1965) 1ff.
Vorschläge für eine realisierbare Form des juristischen Studiums an der Universität Mainz, JZ (1965) 17ff.
Zur Reform des juristischen Studiums, JZ (1965) 567ff.

1966

Der ärztliche Eingriff in strafrechtlicher Sicht, Deutsche Zeitschrift für die gesamte Gerichtliche Medizin 57 (1956) 12ff.
Der Überzeugungstäter im Strafrecht. Zugleich eine Auseinandersetzung mit Gustav RADBRUCHs rechtsphilosophischem Relativismus, ZStW 78 (1966) 638ff.
Mitarbeit am Alternativ-Entwurf eines Strafgesetzbuches, Allgemeiner Teil, Tübingen 1966–1969.
Schuld und Prävention unter dem Gesichtspunkt der Rationalisierung des Strafrechts, in: Beiträge zur gesamten Strafrechtswissenschaft. Festschrift für Hellmuth MAYER zum 70. Geburtstag, Berlin 1966, S. 219ff.

1967

Grenzen für das politische Strafrecht. Ziele und Möglichkeiten einer Reform, in: Frankfurter Allgemeine Zeitung, Nr. 32 vom 7. Februar 1967, S. 10.

Liberté et égalité en tant que problème législatif, Archiv für Rechts- und Sozialphilosophie 53 (1967) 215ff.

1968

Buchbesprechung von JESCHECKs Aufbau und Behandlung der Fahrlässigkeit im modernen Strafrecht, Monatsschrift für Kriminologie und Strafrechtsreform, Heft 3 (1968) 142ff.

Der gegenwärtige Stand der Gesetzgebungslehre und der Gesetzgebungstechnik, in: Bulletin des Presse- und Informationsamtes der Bundesregierung Nr. 87 vom 10. Juli 1968, S. 762ff.

Die NS-Verbrecherprozesse strafrechtsdogmatisch und gesetzgebungspolitisch betrachtet, in: Rechtliche und politische Aspekte der NS-Verbrecherprozesse. Vortrag gehalten anlässlich der Gemeinschaftsvorlesung des Studium Generale an der Johannes Gutenberg-Universität Mainz im Wintersemester 1966/67, Mainz 1968, S. 38ff.
Daselbst: Kolloquium für die Bedeutung der Nürnberger Prozesse für die NS-Verbrecherprozesse, S. 5ff.

Die Sachentziehung im System der Vermögensdelikte. Vortrag gehalten am 7./8. Februar 1968 im Kriminalistischen Institut des Kantons Zürich, ZStrR 84 (1968) 337ff.

Jesus und das Gesetz. Rechtliche Analyse der Normenkritik in der Lehre Jesu, in: Sammlung Gemeinverständlicher Vorträge und Schriften aus dem Gebiet der Theologie und Religionsgeschichte, Heft 253, Tübingen 1968, S. 3ff.

Mitarbeit am Alternativ-Entwurf eines Strafgesetzbuches, Besonderer Teil: Politisches Strafrecht, Tübingen 1968.

Vorschlag zur Reform der ersten juristischen Staatsprüfung, JZ (1968) 372ff.

Zur Gesetzgebungstechnik des Alternativ-Entwurfs, in: Programm für ein neues Strafgesetzbuch, Frankfurt a.M./Hamburg 1968, S. 42ff.

1969

Begriff und Funktion der «guten Sitten» im Strafrecht, in: Festschrift zum 150jährigen Bestehen des Oberlandesgerichtes Zweibrücken, Wiesbaden 1969, S. 206ff.

Die Normativität als rechtsanthropologisches Grundphänomen, in: Festschrift für Karl ENGISCH, Frankfurt a.M. 1969, S. 125ff.

Ideologie und Gesetzgebung. Vortrag gehalten an der Kölner Tagung der deutschen Sektion der Internationalen Vereinigung für Rechts- und Sozialphilosophie vom 9.–11.3.1966, in: Ideologie und Recht, hsgg. von Werner MAIHOFER, Frankfurt a.M. 1969, S. 63ff.

Le contre-projet d'un code pénal allemand, in: Revue de droit pénal et de criminologie 8 (1969) 751ff.

Polizeiliche Kriminalstatistik der freien und Hansestadt Hamburg, Hamburg 1969.

Prinzipien der Gesetzgebungstechnik, in: Rechtsfindung. Beiträge zur juristischen Methodenlehre. Festschrift für Oscar Adolf GERMANN zum 80. Geburtstag, Bern 1969, S. 159ff.

Rechtsfindung. Beiträge zur juristischen Methodenlehre. Festschrift für Oscar Adolf GERMANN zum 80. Geburtstag, hsgg. von Peter NOLL und Günter STRATENWERTH, Bern 1969.

Strafe ohne Metaphysik, in: Misslingt die Strafrechtsreform?, hsgg. von Jürgen BAUMANN, Neuwied 1969, S. 48ff.

1970

Der Schutz des Menschen und seiner natürlichen Umwelt. Strafrechtliche Aspekte (Antrittsvorlesung), in: NZZ Nr. 409 vom 3. September 1970, S. 17, und Nr. 411 vom 4. September 1970, S. 21.

Die Zahl der Verbrechen verringern (Interview), in: Der Schweizerische Beobachter Nr. 10 vom 31. Mai und Nr. 11 vom 15. Juni 1970.

Mitarbeit am Alternativentwurf eines Strafgesetzbuches, Besonderer Teil: Straftaten gegen die Person, Tübingen 1970.

Innere Pressefreiheit, in: Entwurf eines Gesetzes zum Schutze freier Meinungsbildung und Dokumentation des Arbeitskreises Pressefreiheit, hsgg. von Hubert ARMBRUSTER u. a., Berlin und Neuwied 1970.

Mitherausgeber der Schweizerischen Zeitschrift für Strafrecht, Bern ab 1970.

Neue Wege und alte Widerstände in der deutschen Strafrechtsreform, ZStrR 86 (1970) 1ff.

Papierene Paragraphen? Über die soziale Wirksamkeit von Gesetzen, in: Theorie und Praxis. Vortrag gehalten anlässlich der Gemeinschaftsvorlesung des Studium Generale der Johannes Gutenberg-Universität Mainz im Wintersemester 1969/70, Mainz 1970, S. 53ff.

Strafrecht im Übergang. Bemerkungen zu JESCHECKs Lehrbuch des Strafrechts, Goltdammer's Archiv für Strafrecht 1970, S. 176ff.

1971

Der Schutz des Menschen und seiner natürlichen Umwelt heute. Strafrechtliche Aspekte, in: Universitas. Zeitschrift für Wissenschaft, Kunst und Literatur (1971) 1021ff.

Der strafrechtliche Handlungsbegriff. Tagungsberichte der Deutschen Kriminologischen Gesellschaft 1969 und 1970, in: Kriminologische Schriftenreihe, Bd. 54, Hamburg 1971, S. 21ff.

1972

Gründe für die soziale Unwirksamkeit von Gesetzen, in: Zur Effektivität des Rechts. Jahrbuch für Rechtssoziologie und Rechtstheorie, Bd. 3, Düsseldorf 1972, S. 259ff.

Ist die Schweiz ein Rechtsstaat?, in: Tages-Anzeiger Magazin Nr. 39 vom 30. September 1972, S. 29ff.

Mitarbeit an: Entwurf eines Gesetzes zum Schutze freier Meinungsbildung, hsgg. von Hubert ARMBRUSTER u. a., Tübingen 1972.

Straflose Schwangerschaftsunterbrechung, Die Vorschläge des Alternativentwurfs eines deutschen Strafgesetzbuchs, in: NZZ Nr. 109 vom 5. März, S. 37.

Von der Rechtsprechungswissenschaft zur Gesetzgebungswissenschaft, in: Rechtstheorie als Grundlagenwissenschaft der Rechtswissenschaft. Jahrbuch für Rechtssoziologie und Rechtstheorie, Bd. II, Düsseldorf 1972, S. 524ff.

Welche strafrechtlichen Mittel empfehlen sich für die wirksamere Bekämpfung der Wirtschaftskriminalität? Referat gehalten am 49. Deutschen Juristentag in Düsseldorf 1972, in: Verhandlungen des 49. Dt. Juristentages, Bd. 2, Teilbd. 1, hsgg. von der ständigen Deputation des Deutschen Juristentages, München 1972, S. 7ff. und S. 20ff.

1973

Die Arbeitserziehung, ZStrR 89 (1973) 149ff.

Gesetzgebungslehre, rororo Studium Rechtswissenschaften, Bd. 37, Reinbek bei Hamburg 1973.

Strafrechtlicher Umweltschutz, in: Schweizerisches Umweltschutzrecht, hsgg. von H.-U. MUELLER-STAHEL, Zürich 1973, § 34.

Zur Frage der Vereinheitlichung des Strafprozessrechts in der Schweiz, in: Festschrift zum 70. Geburtstag von Max GULDENER, Zürich 1973, S. 231ff.

## 1974

Mitarbeit am Entwurf eines Gesetzes gegen Ladendiebstahl, Tübingen 1974.
Strafrecht I. Allgemeine Lehren, Vorlesungsskriptum, Zürich 1974.
Zusammenhänge zwischen Rechtssetzung und Rechtsanwendung in allgemeiner Sicht, in: Hundert Jahre Bundesverfassung 1847–1974. Probleme der Rechtssetzung. Referate zum Schweizerischen Juristentag 1974, ZSR 93 II (1974) 249 ff.

## 1975

Mitarbeit am Entwurf eines Gesetzes zur Regelung der Betriebsjustiz (In Zusammenhang mit dem Alternativentwurf eines Strafgesetzbuches), Tübingen 1975.
Pressefreiheit in Gefahr. Unveränderter Text von 7 Vorträgen, die der Verfasser 1973 im Rahmen der «Internationalen Radio- und Fernseh-Universität» (URTI, Paris) am Schweizer Radio, am ORTF Paris und am Hessischen Rundfunk gehalten hat, Zürich 1975.
Strafrecht, in: Die Schweiz, vom Bau der Alpen bis zur Frage nach der Zukunft, Ein Nachschlagwerk ... Red. von Niklaus FLUELER u. a., Zürich 1975, S. 365 ff.
Technische Methoden zur Überwachung verdächtiger Personen im Strafverfahren, ZStrR 91 (1975) 45 ff.

## 1976

Erfahrung mit Gesetzen, in: Studien zu einer Theorie der Gesetzgebung, hsgg. von Jürgen ROEDIG, Berlin 1976, S. 552 ff.
Mitherausgeber der Reihe «Der Schweizerische Strafvollzug». Eine empirische Untersuchung des schweizerischen Strafvollzugs an Erwachsenen, Aarau 1976–1983.

## 1977

Legende Schweiz. Die Einigkeitslegende, die Freiheitslegende und die Legende von der militärischen Potenz, in: Tages-Anzeiger Magazin Nr. 30 vom 30. Juli 1977, S. 12 ff.
Strafprozessrecht, Vorlesungsskriptum, Zürich 1977.
Strafrecht I. Allgemeine Lehren (Unveränderter Nachdruck der 1. Aufl., 1974) Vorlesungsskriptum, Zürich 1977.
Rechtspolitische Überlegungen zum Tatbestand der Warenfälschung, in: Lebendiges Strafrecht. Festgabe zum 65. Geburtstag von Hans SCHULTZ, ZStrR 94 (1977) 147 ff.

## 1978

Die Mitwirkung des Betroffenen bei rechtlichen Regelungen, in: Gesetzgebungstheorie, juristische Logik, Zivil- und Prozessrecht, in: Gedächtnisschrift für Jürgen ROEDIG, Berlin/Heidelberg/New York 1978, S. 59 ff.
Mitherausgeber der «Zürcher Studien zum Strafrecht», Zürich ab 1978.
Wert und Wirklichkeit. Zur Möglichkeit rationaler Wertentscheidung in der Gesetzgebung, in: Recht und Gesellschaft. Festschrift für Helmut SCHELSKY zum 65. Geburtstag, Berlin 1978, S. 353 ff.

## 1979

Militärjustiz im Zweiten Weltkrieg, in: Tages-Anzeiger Magazin Nr. 48 vom 1. Dezember 1979, S. 34 ff.
Ungehorsam. Eine Predigt, gehalten am 1. Dezember 1978 in der Predigerkirche Zürich: in: Tages-Anzeiger Magazin Nr. 22 vom 2. Juni 1979, S. 23 ff.
Übungen im Strafrecht von Peter NOLL, Martino IMPERATORI, Hansjörg UTZ, Zürich 1979.
Zum 90. Geburtstag von Oscar Adolf GERMANN, SJZ 75 (1979) 268 ff.

1980

Landesverräter: 17 Lebensläufe und Todesurteile 1942–1944, Frauenfeld/Stuttgart 1980.
Oscar Adolf GERMANN (1889–1979), SJZ 76 (1980) 36 ff.
Strafrechtswissenschaft und Strafgesetzgebung, ZStW 92 (1980) 73 ff.

1981

Die Strafverteidigung und das Disziplinarrecht der Rechtsanwälte, ZStrR 98 (1981) 179 ff.
Schweizerisches Strafrecht. Allgemeiner Teil I. Allgemeine Voraussetzungen der Strafbarkeit (mit 26 Illustrationen von Kaspar FISCHER), Zürich 1981.
Symbolische Gesetzgebung. Vortrag gehalten am 12. Februar 1981 an der Universität München, ZSR 100 I (1981) 347 ff.

1982

Die Berücksichtigung der Effektivität der Gesetze bei ihrer Schaffung, in: Methodik der Gesetzgebung, Legistische Richtlinien in Theorie und Praxis, Gesamtred. Theo OEHLINGER, Wien/New York 1982, S. 131 ff.
Übungen im Strafrecht, von Peter NOLL, Martino IMPERATORI, Hansjörg UTZ, 2. neubearbeitete Aufl., Zürich 1982.

1983

Schweizerisches Strafrecht. Besonderer Teil I. Delikte gegen den Einzelnen, Zürich 1983.

# Abkürzungen

ARSP Archiv für Rechts- und Sozialphilosophie
JZ Deutsche Juristenzeitung
SJZ Schweizerische Juristenzeitung
ZSR Zeitschrift für Schweizerisches Recht (Neue Folge)
ZStrR Schweizerische Zeitschrift für Strafrecht
ZStW Zeitschrift für die gesamte Strafrechtswissenschaft
Aufl. Auflage
Bd. Band
hsgg. herausgegeben
Red. Redaktion

*Peter Noll im pendo-verlag*

---

**Peter Noll – Diktate über Sterben und Tod**
360 Seiten, gebunden, 1984

**Peter Noll – Gedanken über Unruhe und Ordnung**
320 Seiten, gebunden, 1985
Dieses Lesebuch legt eine Vielfalt von veröffentlichten und unveröffentlichten Belegen von Peter Nolls Denken vor: Vorträge, Aufsätze, Predigten und eine Erzählung «Die letzten Menschen».

**Peter Noll / Hans-Rudolf Bachmann**
**Der Kleine Machiavelli** – Handbuch der Macht für den alltäglichen Gebrauch – eine Satire
ca. 240 Seiten, gebunden, 1987

*weitere Titel in der Reihe* **pendo-sauerteig**

---

**Reinhild Traitler – Briefe an die Unglücklichen**
210 Seiten, gebunden, 1988
Sieben Annäherungen in Briefen an Verstorbene, u. a. Johanna von Orléans, Rosa Luxemburg, Elisabeth Käsemann, Aldo Moro und Ulrike Meinhof

**Josep M. Espinas – Dein Name ist Olga**
Briefe an meine mongoloide Tochter
120 Seiten, gebunden 1988

**Jim Forest – Dorothy Day – Das Mass ist Liebe**
Eine Biographie
220 Seiten, gebunden, 1989

Gerhard Schmied

# Sterben und Trauern in der modernen Gesellschaft

Mit einem Nachwort zur Taschenbuchausgabe.
221 Seiten. Serie Piper 936

Das Verhältnis zum Tod hat sich in der modernen Gesellschaft grundlegend gewandelt. Der Umgang mit dem eigenen Sterben ebenso wie mit der Trauer über den Tod eines anderen Menschen wird hier aufgearbeitet. Definitionen (wann beginnt das Sterben?) und Charakteristika des modernen Sterbens (tabuisiert, verdrängt, privatisiert?), von physischen und sozialem Tod, die verschiedenen Phasen des Trauerns – dies sind nur einige Stichworte hierbei. Der Autor will durch diese umfassende Behandlung des Themas vor allem informieren: »Die sachliche und wissenschaftliche Auseinandersetzung mit Tod und Trauer kann die Bewältigung eines Verlustes erleichtern« (Schmied). Das Buch bietet durch Informationen und Aufklärung Hilfen für Betroffene wie auch für professionelle Helfer.

»Das Buch könnte zu einem Leitfaden für Lehre und Praxis in der Medizin, der Krankenpflege, der Sozialarbeit und der Seelsorge werden. Aber auch Angehörige von Sterbenskranken sowie Trauernde werden sich in ihrer Situation angesprochen fühlen.«
Der Kassenarzt

Sandol Stoddard

## Leben bis zuletzt

Die Hospiz-Bewegung. Ein anderer Umgang mit Sterbenden
Aus dem Amerikanischen von Elisabeth Albrecht.
Vorwort von Gustava Everding.
195 Seiten. Serie Piper 1076

Dieses Buch macht mit den Zielen und Traditionen der Hospiz-Bewegung bekannt, die sich in jüngster Zeit auch in der BRD rasch ausbreitet. An konkreten Beispielen aus England und USA wird gezeigt, wie man bei Schwerkranken und Sterbenden mittels richtiger Medikation Schmerzen lindern und durch menschliche Nähe Ängste abbauen kann, ohne den Kranken hilflos und einsam der »Apparate-Medizin« zu überlassen. Ein menschenwürdiges Sterben, begleitet von den Angehörigen, Freunden und einem Team aus Medizinern, Psychologen, Seelsorgern und Pflegenden nimmt uns das Entsetzen vor der Grenzsituation Tod. Statt »Sterbehilfe« wird hier Hilfe angeboten, um Leben bis zuletzt lebenswert zu gestalten.

# Heinz Zahrnt

## Gotteswende

Christsein zwischen Atheismus und neuer Religiosität.
276 Seiten. Geb.

Heinz Zahrnt analysiert die religiöse Situation der Gegenwart und ihre Zukunftsperspektive. Der kämpferische, humanistische Atheismus des 19. Jahrhunderts ist zur religiösen Gleichgültigkeit verkommen, andererseits hat die globale Bedrohung der Menschheit einen »metaphysischen Schock« versetzt. Eine neue Gottsuche auf oft fragwürdigen Wegen ist die Folge. Wenn das Christentum den Dialog mit den Suchenden nicht scheut und auf eine Verbindung von Weltvernunft und Spiritualität hinarbeitet, kann es Antworten finden, die auch in der Zukunft tragfähig sind.

## Jesus aus Nazareth

Ein Leben. 320 Seiten. Geb.

Heinz Zahrnt hat *sein* Jesus-Buch geschrieben: keine Biographie, keine Christologie, sondern »ein Lebensbild, geformt aus den verschiedenen Aspekten seiner Erscheinung und so lebendig und anschaulich erzählt, wie Stoff und Autor es hergeben«.

## Martin Luther

Reformator wider Willen. 264 Seiten mit 7 Abbildungen.
Serie Piper 5246

## Die Sache mit Gott

Die protestantische Theologie im 20. Jahrhundert.
430 Seiten. Serie Piper 890

## Westlich von Eden

Zwölf Reden an die Verehrer und die Verächter der christlichen Religion.
238 Seiten. Kart.

## Wie kann Gott das zulassen?

Hiob – Der Mensch im Leid.
96 Seiten. Serie Piper 453

# Hans Küng

**Christ sein**
676 Seiten. Geb.

**Ewiges Leben?**
327 Seiten. Serie Piper 364

**Existiert Gott?**
Antwort auf die Gottesfrage der Neuzeit. 878 Seiten. Geb.

**Freud und die Zukunft der Religion**
160 Seiten. Serie Piper 709

**Die Kirche**
605 Seiten. Serie Piper 161

**Rechtfertigung**
Die Lehre Karl Barths und eine katholische Besinnung
Geleitbrief von Karl Barth. 393 Seiten. Serie Piper 674

**Strukturen der Kirche**
Mit einem Vorwort zur Taschenbuchausgabe und einem Epilog.
369 Seiten. Serie Piper 762

**Theologie im Aufbruch**
Eine ökumenische Grundlegung. 320 Seiten. Geb.

Piper 17/6b

PIPER

# Hans Küng

---

**24 Thesen zur Gottesfrage**
134 Seiten. Serie Piper 171

**20 Thesen zum Christsein**
75 Seiten. Serie Piper 100

**Katholische Kirche – wohin?**
Wider den Verrat am Konzil.
Herausgegeben von Norbert Greinacher und Hans Küng.
467 Seiten. Serie Piper 488

**Hans Küng/Josef van Ess/**
**Heinrich von Stietencron/Heinz Bechert**
**Christentum und Weltreligionen**
Hinführung zum Dialog mit Islam, Hinduismus und Buddhismus
631 Seiten. Geb.

**Hans Küng/Julia Ching**
**Christentum und Chinesische Religion**
319 Seiten. Geb.

**Menschwerdung Gottes**
Eine Einführung in Hegels theologisches Denken als
Prolegomena zu einer künftigen Christologie.
Mit einem Vorwort zur Taschenbuchausgabe.
704 Seiten. Serie Piper 1049

---